子育て支援 制度と現場

よりよい支援への社会学的考察

白井千晶・岡野晶子［編著］

新泉社

はじめに

筆者たちは今まさに子育てまっただ中の，社会学研究者である。個人的な体験を手がかりに子育てや保育のフィールドワークを進め，現代社会における子育て支援の社会的ありようを描こうとしたのが本書だ。

本書の特徴は，子育てする当事者の視点から，子育て支援の現場，具体的には筆者たちが実際に経験・利用した認可外保育施設，家庭福祉員(保育ママ)，夜間保育所，幼稚園，その他の民間保育などを事例としながら，子育て支援全体を考えていくところにある。

まず序章で，本書の出発点でもある編著者の出産・子育て体験を紹介する。そして第I部では，子育て支援の制度をみる。1章で子育ての現状を整理し，2章で国・自治体が進める少子化対策と子育て支援政策をまとめる。3章では誰が保育を受けられるか振り分ける制度の問題提起を行う。4章では「育児する父親像」が矮小化されてきたことを社会学的に論じる。第II部では，これまで認可保育所に焦点が当てられてきたことに鑑み，戦後保育史を認可外保育施設からみる（5～7章)。第III部では，多様な子育て支援の現場を紹介する。認可保育所だけでなく，夜間保育所，家庭福祉員，幼稚園，認定子ども園，子ども家庭支援センターなどを具体的に紹介する（8～11章)。第IV部では，子育て支援の背景を扱う。12章で出産・育児期の女性の職業キャリアをとらえ，13章で育児中の母親とその親とのかかわりをみる。14章では子どもの発達と社会のかかわりを考える。最後に，15章でヨーロッパの子育て支援と比較しながら，今後のよりよい子育て支援を提起する。

本書では子育て支援のうちいわゆる保育に重心があるが，ワーク・ライフ・バランスの「ワーク」つまり就労の側面も学べるように配慮した。子育て支援にかかわる方，子育てしている方に，ぜひ自らの経験やフィールドに照らし合わせながら本書を読み進めてほしい。子育てはリアルな社会学的経験そのものなのだから。

白井千晶

目 次

装幀　勝木雄二

序　章
私たちの出産・子育て体験
――個人的なことは社会的なこと

岡野晶子・白井千晶

1　いっぺんに2人の子の親になって（岡野晶子）

双子の妊娠

私が妊娠に気がついたのは，結婚して８カ月，大学の助手を勤めはじめて５カ月，慣れない家事と仕事の生活に少しずつ慣れてきた頃であった。

「子どもがほしい」「母親になりたい」というのは幼い頃からの夢だったので，妊娠を知り，最初はただ単純に「嬉しい」と感じた。しかし，２回目の妊婦健診で，なんと一度に二人恵まれたことがわかった時は複雑な気持ちであった。「双子の育児とは，いったいどんなことになるのだろう」「私に二人を育てられるであろうか」，しかも就職が決まってまだ日が浅い。「職場に迷惑をかけるのではないか」「この先仕事を続けられるのだろうか」――いろいろな不安が心の中に生まれた。

医師に双子の妊娠を告げられた日，その事実を夫に伝えることはできなかった。しかし，妊娠８週目，軽い出血があり，医師から切迫流産の恐れがあるから入院を勧められた時，私は，自分のおなかに芽生えた「二つの命を何としても守りたい」という自分の強い気持ちに気がついた。この入院の時に，夫は初めて双子に恵まれたことを知った。

双子の出産は特別扱いされることが多かった。まず，受診した近所の総合病院の医師に，双子の出産は扱えないから，どこか別の大きな病院

（大学附属病院など）へ移るように言われた。そのため実家の近くの大学病院に移ることになった。大学病院でも双子は特別扱い，窓口が別であった。そして，「双子の出産は帝王切開が安全でよい」というのが通説だった。

私は，その通説に疑問を感じた。おなかにいるのは二人だけれど，一人の子と変わらず「普通に自然分娩したい」と願った。その時，出会ったのが，きくちさかえさんの自然出産のクラスであった。また自然なお産に関する情報誌を発行する『リボーン』を通して，共編者の白井さんと出会ったのであった。

妊娠中は，初めての出産・育児を前にして，不安になることが多い。しかも，双子の出産の特別扱いに疎外感も感じていた。そんな時に，自然出産のクラスに参加して，「双子の出産でも，特別扱いはしません」と力強く励ましてくれたのが，きくちさんであった。このクラスの仲間が妊娠中の大きな支えとなった。

第1子・第2子，なつみ・めぐみの出産

1999年4月の水曜日のお昼，一人目と引き続いてわずか30秒ほどの差で二人目が生まれた。前日の朝，破水が始まり，あわてて実家から車に乗って病院に駆け込んだ。出産予定日より40日ほど早かったので，「できるだけおなかに入れておいてください」「あまり動かないで」などと言われて，ベットの上で「いよいよだ」と感じながら，ただ待つしかなかった。

おなかの張りをおさめる薬を飲んだり，じっと動かないで安静にしていたものの，夜になると，どんどん陣痛が始まってくる。何度もナースコールで助産師を呼び，「どんどん下りてきている」「出てきそう」と訴える。夜遅いため職員も少ないから，「もう少し待って」と言われるが，赤ん坊は待ってくれない。

朝になって，実母や夫が病院にやって来た。普通病室から陣痛室に移った。規則的な陣痛がやってくるたびに，助産師や実母が腰をマッサージしてくれた。10時ぐらいになると，分娩室に移された。そこからも長かった。今まで「待って」「待って」と言われていたのに，今度は急に「早く出しなさい」に変わる。陣痛促進剤も打たれた。そして，分娩

台に乗り，足を広げた時には，病院関係者が10名ほど見学に来ていた。双子の自然分娩はめずらしいからだ。

11時すぎになって，一人目なつみの頭が見えてきた。助産師が「もう少しですよ。頭が見えてますよ。頑張って」と声をかける。11時49分，なつみが誕生した。ほっとする間もなく，二人目めぐみの頭がすぐそこにあった。医師が「1回のいきみで出してしまいましょう」と声をかける。11時50分，めぐみの誕生であった。

出産直後は，二人が無事生まれたことへの安堵感や，天使が運んでくれた命に感謝し，なんとも言えない満足感，そして女性に生まれたことへの幸福感に包まれていた。今までの人生の中で，これほど幸せな時はあっただろうか。助産師が，生まれたばかりのめぐみを連れてきた。ただ「ありがとう，ありがとう」と目の前の赤ん坊に言った。少し時間をおいて，なつみも私のところに連れてこられた。初めて抱く二人のわが子の感触は今でも忘れない。人生で最高の喜びにあふれた時間であった。

さまざまな保育施設と親，妹まで

二人は小さく生まれたため，はじめはNICU（新生児集中治療室）に入り，私より長い入院となった。その後の育児は，睡眠不足との闘いであった。最初の3カ月は実家で，三食昼寝付きの，一日のいつが朝で夕方なのか，わけのわからない時間を過ごした。

それでも生後4カ月目からは，自宅近くの保育室に入所が決まり，自宅に戻り，私と夫，なつみとめぐみの四人家族で，育児と仕事の生活が始まった。

朝は，夫が二人用ベビーカーになつみとめぐみを乗せ，保育室まで送り，お迎えは基本的には私が担当した。しかし，都内に住む両方の両親および妹の協力がなければ，成り立たない生活であった。月曜日は義父，火曜日は実母，水曜日は義母，木曜日は実母または妹，金曜日は義父というように，夕方になると，お風呂を入れるのや食事の準備など，家事や育児の手伝いに入れ替わり訪れてくれた。

双子の育児はたいへんだけれども，多くの人の助けを得られて，二人はすくすく成長することができた。しかしまた，仕事と育児の両立が，ことばで言うほど簡単でないことを実感した日々であった。二人が利用した保育制度は以下のとおりである。

①保育室「マミー保育所」(0歳の時，7カ月間)
②公立認可保育所「蓮根保育園」(10カ月〜3歳)
③ファミリーサポート(1〜4歳まで，保育園のお迎えや主に日中の利用)
④認証保育所「ベネッセチャイルドケアセンター板橋」(3歳の時，7カ月間)
⑤認可外保育施設「ピノキオ幼児舎」(3歳の時，夜間および日曜祭日の数回利用。現在，認証保育所となる)
⑥私立幼稚園「帝京幼稚園」の預かり保育(夕方の利用)
⑦シルバー人材センターの育児支援者(4〜6歳，主に夕方から夜間の利用)
⑧マンション内保育施設「グランキッズ」(4〜5歳，幼稚園のお休みの時に利用。現在は，認可保育所の分園となる)
⑨民間ベビーシッター(4〜5歳，夜間のみ利用)

＊②蓮根保育園および⑥帝京幼稚園については第8章で取り上げる。
＊＊認証保育所とは東京都独自の基準によるもので，規模の大きいA型と小さいB型がある。

第3子・ひろたかの出産

なつみとめぐみが，小学校に入学する年，三人目のひろたかが誕生した。初めての出産から少し間があき，私も30代後半，出産に対する不安はあったけれど，やはり今度も自然出産にこだわりたいし，できれば上の子どもも含めた家族立ち合いの出産を希望した。しかし，夫の立ち合いを認める病院は増えてきたけれど，上の子を認めるところはほとんどない。そのため私は，初めは近所の助産院での出産を希望した。

ところが，夫は安全重視の人なので，猛反対する。妊娠34週(9カ月)になっても出産場所が決まらないという状況であった。結局，最後の最後になって，自宅からは少し離れてしまうけれども，家族立ち合いのできる，自然分娩を重視した日本赤十字社医療センターでの出産を決めた。

出産場所を決めるにあたっては，上の子たちの時と同様，きくちさんやマタニティクラスの仲間が大きな支えとなった。妊娠中，不安定な気持ちになることもあり，こうした妊娠中のストレスは，おなかの子にも影響しただろう。けれども，2006 年 5 月の日曜日，ひろたかは，父親，お姉さんたちの目の前で，元気に誕生した。「(父とお姉さんたちの都合で）日曜日に生まれてね」とおなかに言い聞かせていたら，本当に日曜日の夕方であった。

おっぱいを重視した病院の方針で，出産当日から母子同室はありがたかった。上の子たちの時のことはすっかり忘れて，生まれてきたばかりの子どもとどう接したらいいかわからない。わけもわからず泣く子どもを目の前にして，一生懸命あやしたり，抱っこしたりしながら，最初から一緒に過ごした。

おしっこが出る前にこんなに激しく泣くとは初めて知った。上の子たちの時は，おっぱいは出たけれど，小さく生まれたため，直接あげられないという悲しさがあった。けれどもひろたかは，最初からおっぱいをくわえてくれた。母子密着の最初の 2 カ月間，おっぱいをたっぷり飲んでくれたひろたかは，夜泣きもほとんどしない。上の子たちの時は，あんなにたいへんであった最初の数カ月が，幸福の毎日であった。しかし，生後 3 カ月になると，非常勤の仕事ではあるが職場復帰し，育児と仕事の生活が始まった。

ひろたかが利用した保育制度は以下のとおりである。

①シルバー人材センターの育児支援者（生後 3 カ月〜 7 カ月間）
②ファミリーサポート（生後 6 カ月〜半年間）
③家庭福祉員（保育ママ）（生後 10 カ月〜 1 年間）
④私立認可保育所「やまと保育園」（1 歳 10 カ月〜現在）
＊③家庭福祉員および④やまと保育園については第 10 章，第 8 章で取り上げる。

これから本書で紹介するのは，主になつみ，めぐみ，ひろたかの子育てを通して利用した制度のこと，出会った多くの子育て支援者のうちのごく一部である。子どものための保育とはどのようなものか，少子化対策でない子育て支援とは何か，それが本書のテーマである。

2　どだい私一人では無理なのだ（白井千晶）

第1子・要の出産

第1子は2001年にようやくやって来てくれた。私は結婚などするはずがないと長年思ってきたが，出産の社会史を研究するために助産院に勤めてからたくさんの出産と家族にふれ，家族をつくるのもいいなぁと思いはじめていた（婚姻や出産によらない家族も含めて）。

2001年10月8日，勤めていた助産院で第1子・要（かなめ）が生まれた。助産院では，マットレス，布団，クッション，分娩椅子，テレビ，トイレなどのある30畳大の多目的室で自由に過ごす。子宮口が全開大になり水中出産を試みるが，途中でお産が進まなくなり，分娩室に移動した。臍帯が二重巻絡していたので進まなかったのだ。

その日から始まった育児は，別世界と思えるほどの感動，発見，喜び，幸せの連続だった。しかしそれと同時に，悩み，挫折，ストレスを感じたり，自己評価が低くなることの連続でもあった。30歳をすぎて，半人前ながら地に足もつきはじめていたのに，それまでの人生とはまったく不連続なとまどいの日々だった。

その時は大学の助手を勤めながら大学院博士課程に在学中だったが，第1子・要を保育園には預けなかった。3歳までは母親が育てなければという「3歳児神話」や「母性愛神話」をもちあわせてはいなかったけれども，保育園に預けると，乳児や1，2歳の幼児は自分が捨てられたと思うのではないかという不安と恐怖感，罪悪感があった。そこで，一時保育のサービスなど，子どもが身近な人と思えるような数人の保育者だけに依頼した。その時は不定期就労だったこともあって，それでなんとか綱渡りで保育できた。

第2子・保の出産

その2年後，第2子・保（たもつ）が誕生した。妊娠中は心身共に順調であった。第1子・要の時は，妊婦は戦力外，邪魔になってはいけないとまわりの人たちに気を張っていたが，第２子の妊娠の時は遠慮なく甘えさせてもらった。

しかし，社会は妊婦に厳しい。助産院での健診の帰りのことである。冬の寒い雨が降ってきた。１歳の要はベビーカーで寝てしまい，つわりもきつい。電車の乗換えの階段で要の乗ったベビーカーを一人で担ぐことができないので，遠まわりで時間もかかるがバスに乗った。

すると運転手が，ベビーカーの利用規定により，ベビーカーをたためという（要を起こして抱っこになる)。そして，妊婦の対応規定により，座席に座れという。車内はすいていたのに，ベビーカーの脇に立って乗車するということが許されず，子どもを起こし，傘と荷物を持ったまま泣く子を抱っこし，濡れたベビーカーを片手でたたんで持ち，椅子に座らなければならなかった。別の日には，通勤時間帯の満員電車に乗ったのが邪魔だったのだろう（私も通勤なのに！)，中年男性に「誰の税金の世話になってると思っているんだ」と怒鳴られたこともあるし，バス内で赤ん坊が泣いて乗客に「降りろ」と言われたこともある。

さて出産。また勤務先の助産院で水中出産にトライした。第１子・要は明け方にもかかわらずパッチリと目を覚まして，陣痛の合間に握りしめたお菓子を私に差し出した。まだ言葉が出ない年齢で，「ん，ん」という。「食え」というのである。何かしてあげたい，あるいは母親のいつもと違う様子に心配である，といったところだろうか。今度は臍帯巻絡もなく，つるんと産まれてきた。血液も胎脂もついていない，すべすべの赤ちゃんだ。

育児ノイローゼ

第２子・保の誕生で私は幸せであったが，それからの子育てがたいへんだった。

退院後しばらくして，要は状況がわかってきたようだ。どうも思っていたのと違う，赤ちゃんが来るのはそんなにハッピーなことじゃない，と。赤ん坊にちょっかいを出すどころではなく，時には赤ん坊の腹の上に乗った。繊細で優しい要が，身を挺して，母親がどちらを選ぶか試しているのだ。捨て身である。

それに追い打ちをかけるように，育児と仕事を抱え込んでの一時保育の綱渡りは，二人目が生まれてかなり煮詰まってしまった。誰でもあることだろうが，イライラしたり，子どもに当たったりした。育児ノイローゼのようだった。

マンションのドアの内側で母子カプセルに入っているのが危険だと思い，要と赤ん坊の保を連れて，児童館の乳幼児向けプログラムに行った。各児童館で違うプログラムがあり，児童館を曜日ごとに転々とした。児童館の支援員さんが声をかけてくれた瞬間，うわっと泣きだしたこともあった。

そして10カ月たってようやく嵐がすぎた。第2子が乳児から幼児になったことと，要を保育園に入園させて安定したからである。要は入園して2カ月もの間，毎朝登園時に捨てられるかのように泣きさけんだ。私は振り返らずに声をださないで泣いたものだったが，保育士さんと子どもの成長を分かち合えるようになったことが，私の精神状態を大きく安定させてくれた。

第3子・環の出産

さらに3年後の2006年，第3子・環（たまき）を出産した。最後の出産になるかも，という思いもあり，自宅出産を選択した。今までの助産院での出産もよかったが，陣痛が始まってから頃合いを見はからってタクシーを呼び，スタッフに迷惑をかけないタイミングで入院しようと気をつかった。それは非常にプレッシャーだ。自宅出産ならば，そうした気遣いはない。子どもの緊張感がないし，私の生活圏でもある。

自宅出産は，開業助産師を自宅に呼んで行う。法的に医療者が立ち会う義務はないが，正常産を分娩介助する職務を独占的にもつ助産師さんにはそばにいてほしい。妊娠2カ月で近所の産婦人科の分娩予約が埋まってしまう「お産難民」時代。自宅出産をサポートしてくれる助産師さんを見つけるのには苦労した。

しかも，妊娠中の経過にトラブルがあったりして，自宅分娩ができなくなりそうになった。依頼していた開業助産師さんに介助してもらって病院で産むか（オープン・システム），病院に転院するか，自宅出産をサポートしてくれる別の病院を見つけるか。結局，サポートしてくれる病院・医師が見つかり，願いかなって自宅出産となった。

出産当日は，そろそろかなと判断してから助産師さんに電話をかけ，子どもたちが眠る寝室で陣痛期を過ごし，自宅の風呂で水中出産した。

本人のために保育園に行ったほうがよい

今になって思えば，第１子が生まれてから際限なく自宅と公園と職場を往復した兼業主婦の２年間と，第２子出産後の煮詰まってつらかった10カ月を経験したことは，私の人生にとってなくてはならないものだったと思う。

第１子を出産した後は，子どもの成長をそばでつぶさに見守りたい，不安な思いをさせたくないと思って，短時間の一時保育を綱渡りしてきた。しかし，第２子が生まれ育児ノイローゼを経験して，本人のために保育園に行ったほうがよいと思う時期が来た。親が働いているから保育園に行くのではなく，本人のために保育園に行ったほうがよい，保育園に行かせるために仕事を続けなければならないとさえ思うようになった。

要の保育園入園が思ったより母子にとってよかったことから，保は要より１歳早く保育園に入園している。そして環はさらに１歳早い生後６カ月で入園した。もう，最初から，みんなで育てるような感覚である。どだい私たちだけでは無理なのだ。

そして現在。要は小学校１年生になり，私は「小一の壁」に突き当たっている。卒園当時，保育園は土曜日も含めて７～20時まで開所していたが，私の住んでいる自治体では，学童は夏休みなどは９～18時，児童館は17時までしか開所していない。それ以外の時間，要は親が出勤してから一人で家を出たり，帰宅して長時間一人だったりする。病児・病後児保育もないので，本人の体調が悪い時は仕事を休むしかないし，体調が悪いのに仕事先近くに連れて行ってどこかで待たせたり，家に一人で留守番させたりするしかない。テレビの前に床をとり，私の携帯電話へのかけ方とビデオの操作の仕方を教え，小さなおにぎりをたくさん枕元に並べて，インターホンに出ないよう言いふくめて，鍵をかけて，出勤したこともある。

3　私の保育サービス利用体験（白井千晶）

認可保育から「はみだす」時

託児は，シンプルに認可保育所一つでおさまるわけではない（保育施設にどのようなものがあるかは2章で扱う。表2.8参照）。認可保育所に入園できる月齢でなかったり，集団保育をためらったり，待機児童になって入園できなかったり，夜間の保育が必要だったり，子どもが病気をしたり，出張に行ったり，日曜日に仕事があったり……，託児に困るのは，いつもそのような認可保育から「はみだす」時であった。

「はみだす」場合，これまで，そしてほとんどの女性が決断してきたのは，仕事をキャンセルしたり，転属・パートへの変更・転職・退職で対応することである。私も人並みに育児によってたくさんのことを諦めてきたが，情報と経験を武器にさまざまな保育を利用して仕事を続けてきた。これまでに利用した保育を簡単に紹介しよう。それは一個人の体験ではあるが，現在の社会では「保育園に預ければ働きながら子育てはできる」というように簡単にはいかないことが見えてくるだろう。

このほか出張時に親族に同行してもらい保育を依頼したり，友人に送迎や宿泊を依頼したり，子連れで研究会に参加して関係者にみてもらったり，職場に連れて行き職員にみてもらったりということまで含めたら数えきれない。また，利用にはいたらなかったが，ベビーシッターサービス業者の資料は数十と取り寄せたし，認可外保育施設の資料のファイリングは数冊におよぶ。電話帳もインターネットのブラウザのブックマークも，いざという時の連絡先でいっぱいである。そうしないと育児と仕事の綱渡りが成立しないのである。

以下，くわしい内容は後章で述べるとして，それぞれを簡単に紹介しよう。

①エスクの預かる会員宅での保育

第1子を出産した当時，私は大学院の博士課程に在籍し，個人的な研究をしながら共同研究に参加し，また大学の夜間課程の助手（勤務は夕方から夜10時）と，助産院の事務，家庭教師（夜間）も行っていた。

夫は大学の非常勤講師で，二人の収入で一家の家計をなんとかやりくりしていたが，勤務を調整して交代して育児にあたれるというメリットはあり，子どもを保育園に預けずに子育てを始めた。

しかし，出産後2カ月たって完全に仕事に復帰する際に，二人とも子どもをみる時間のやりくりができない時に，いろいろ調べて，「エスク」に初めて託児を依頼した。「エスク」とは，1973年に誕生した一般の人による家庭保育のネットワークで，預かる会員と預ける会員が登録し，エスクが仲介して，預かるほうの家庭で子どもを見守る「家庭保育」が基本スタイルである。

費用は当時，私の場合，入会金16,800円と年会費は子ども2人で22,050円（2002年1月施行料金）と値がはったが（ちなみに預かる会員も年会費を支払う），エスクは時給のうち105円を事務経費として差し引くのみで，シッター会社より安価であったのも魅力であった（2009年現在，活動一時間当たり子ども一人約1,000～1,600円）。

預かる会員は「エスク」で講習を受け「チャイルドマインダー」と呼ばれる。チャイルドマインダーは，「エスク」の認定資格で，国家資格である保育士，幼稚園教諭とは異なる。

さて，わが家の利用の頻度は一定ではなかったが，月数回，主に夜間であった。生後数カ月の第1子・要は，東京のおばあちゃんの家であるかのように，チャイルドマインダーのAさん宅になじんだ。Aさんの成人した子どもたちが要の相手をし，Aさんの夫の膝に乗り，お風呂に入れてもらった。Aさんは，第1子の成長に合わせ，祖母が孫を待つように，年齢にあった玩具を準備して待っていてくれたり，保育中の写真を送ってくれた。成長をつぶさに見守ってくれる人を得ることができた安堵感が非常に大きかった。

②エスクの預かる会員による自宅への出張保育

それでも，夜間の帰宅が夜11時頃になる時は，預かる会員宅での保育は，子どもの負担になった。そうした場合は「エスク」の自宅への出張保育を利用した。第2子が生まれてから，週3回，出張会員Kさんに数年間お世話になった。Kさんは1時間半かけて自宅に来てくれ，子ども二人と夕食を食べ，入浴し，布団を敷き，寝かしつけてくれた。Kさんは，私がKさんの子どもの勉強をみることになったり，ペットを旅行中に預かってもらったりと，保育の枠を越えてお付き合いさせていただいた。

③ファミリーサポート

エスクの出張会員Kさんは親戚のおばさんのようで，週3回ほど来てもらうのはありがたかったが，経済的負担が大きかった。2人目のきょうだいは1割引であったが，それでも1カ月にほかの一時保育と合わせて保育料が16万円かかってしまった。経済的負担が大きいので，自治体が行っているファミリーサポートも積極的に依頼することにした。

ファミリーサポート事業とは，1994年に労働省が全国の市町村にファミリーサポートセンターの設置を義務づけたことから始まった。「エスク」の活動と同様で，ファミリーサポートセンターは，依頼会員と提供会員を登録し，依頼に応じてマッチングを行って紹介し，面接，依頼の成立までコーディネートする。提供会員はファミリーサポートセンターが実施する講習会を受講して登録する。依頼会員も説明会などを受講して登録する。依頼できるのは生後3カ月前後から10歳または小学校6年生未満の子どもの保育である。謝礼は一時間当たり800～900円で，ファミリーサポートセンターへの支払いはない。謝礼は直接授受するが，センターは雑所得として収入を把握している。

さて，ファミリーサポートMさんには，第2子の妊娠中，つわりの時期からお世話になった。外遊びを中心に週に2～3回，定期的に依頼した。これは第2子の出産後しばらく続いた。日中の定期的な保育は，妊娠・出産期の身体的負担のためだけでなく，授業準備や研究等の時間を確保するためでもあった。また夜8時くらいまでの保育も依頼した。Mさん宅での家庭保育であったので，家族ぐるみでかわいがっていただいた。

初めてMさんに第1子の保育を依頼したのは，大学の授業の準備をするためだった。子どもをそばにおいてやっていたが，集中できず精神的にかなり疲弊するので，依頼したのだ。自分が自宅にいるのに子どもを預ける空虚感と罪悪感を感じないように，がむしゃらにパソコンに向かった。数時間後に第1子を連れてきた時のMさんの言葉は，「そわそわして，落ち着かなかったでしょう」だった。図星で涙が出そうになった。Mさんは先輩母親として，私も支援してくれた。土曜日に依頼した時などは，Mさんの小学生の娘さんと三人で，子ども動物園に行ったりしてくれた。きょうだい二人を夜間に依頼した時は，Mさんの子どもさんやご主人がいるリビングで，Mさんは第2子をおんぶし，第1子はMさんの娘・息子さんにブロックをつくってもらい，みんなで夕食を囲んだりしていた。第1子も2子も，「Mさんの日」は喜んだものである。

こうして「エスク」とファミリーサポートのAさん，Mさん，さらに別のファミリーサポートの方にも依頼して，何とか仕事を続けながら子育てをした。

④私立認可保育所「東京自由保育園」

さて，2節でも述べたように，第2子が生まれて二人の子どもの子育てに行き詰まってしまい，第1子を2歳半で保育園に入園させた。さまざまな保育園を見学して，自宅から自転車で25分とちょっと遠かったが，東京自由保育園に申請を決めた。

東京自由保育園は，認可園として歴史の古い保育園で，1947年に全日本進駐軍労働組合（全駐労）東京自由分会が中心となって，主に駐屯地で働く婦人向けに開園し，1948年に児童福祉法の施行後，すぐに認可園となった（東京都認可第一号）。モンテッソーリ教育（20世紀初めにイタリア人精神科医，マリア・モンテッソーリが提唱した，子どもの自立を促す教育法）の考えを取り入れた教育を行っている。

⑤認可外保育施設：保育室「子供の家保育園」

第2子が東京自由保育園の1歳児クラスに入園するまでの半年間，子供の家保育園の一時保育を利用した（第1子は認可保育所在園）。昼間は子どもをみて，睡眠時間を削って授業準備・研究をする生活に疲れてしまい，週3回，日中3時間定期的に利用して，講義に出かけたり講義の準備をしたり，研究をした。

子供の家保育園については第5～7章でくわしく述べるが，ガラガラガラと引き戸を開けて入る一軒家の民家だ。玄関脇にある子どもの靴履き用腰掛けは牛乳パックで手づくり。保育士さんたちは飾らない明るい方々で，子どもを迎えにいくといつも，元気な子どもたちよりさらに大きな声で笑っていたのが印象的だった。まだ1歳にもならないのに，第2子を集団保育に入れるのはためらいがあったけれども，子供の家保育園は親戚の家のようでハードルが低かった。また，依頼する頻度と時間が多くなり，個人の預かり手ではスケジュール調整が難しくなってきたことや経済的負担が少ない点（当時，子供の家保育園の一時保育は1時間500円）もあった。

低月齢でも安心して託児できる施設が身近にあると，つぎの子の妊娠・出産イメージがポジティブになる。第3子の妊娠がわかった時，子供の家保育園閉園決定の知らせを受けたのは非常にショックが大きかった。またふり出しに戻ったような，そんな気分だった。

⑥私立認可保育所「宮元保育園」

第3子は2月初旬に生まれた。大学が休みの時期に産めたのはいいけれど，保育園入園にはタイミングが悪かった。保育園の4月のいっせい入園の時期には，まだ「産休明け」の月齢に達していない。0歳児は定員が4月に埋まってしまうので，その後の入園は難しい。さらに1歳児クラスとなると，ほとんどは0歳児クラスからのもち上がりでさらに入園は難しい。転勤などで偶然空いた席を椅子とりゲーム並みに奪い合うことになる。非常勤講師で「就労」と見なされる時間が短い私に，翌年の4月入所まで待っても，ほとんど見込みはないだろう。

そこで妊娠がわかったときに，半期科目は後期（9月開講）などにさせていただいて，2月の出産後に半年ほど仕事を緩やかにして「自主的・半育休」とし，生後6カ月から入園できる近所の宮元保育園に，ちょうど9月に入園させることができた。だが，出産してすぐに入園までのカウントダウンが始まったようで，母乳を授乳するにも何をするにも保育園で生活できることに照準をあわせてしまい，つらかった。実際，7月にはもう入園の申請をすることになる。離ればなれになることがわかっている里子を預かっているような，そんな心境だった。

宮元保育園は，1954年に地元自治会が町内の3～5歳児を対象に設立した，地元のネットワークを基盤にした保育園であった。その後1975年5月に社会福祉法人・宮元福祉会が設立され，翌月に認可保育所となった。地域密着型の保育園で，これまで運動会は自治会と共催で地元公立小学校を借用して開催され，氏神神社の例大祭は保育園行事として御輿をひいた。民家の一軒家で園庭のない，低年齢定員3人・総定員32人の，自治体で最も小規模なわが家のような保育園である。

定員の空きの都合で上のきょうだいとは別の保育園に入園となり，二カ所の送迎を続けている。

⑦自治体による病後児保育室

保育園では病気の子どもを預かってくれないので，子どもが病気になった場合や病後の時期は，仕事を休まなければならない。こうした場合は基本的に，仕事を休めるよう職場の就労環境を問題にするべきだが，現状では仕事を続けるためには子どもの面倒を誰かにみてもらわなければならなくなる。

私の住んでいる東京都北区では，2006年度に病後児保育室を開始しており，自宅から行ける距離の保育園で開始された2007年度から，病後児保育室を利用しはじめた。先日も，微熱のあった第3子を病後児保育に託児したばかりだ。広く清潔な保育室で，看護師が一対一で子どもの体調に留意しながら保育にあたってくれた。病児対応のシッター会社に登録していない現在，もし病後児保育室を利用できなかったら，生活のさまざまなところに支障をきたしただろう。

病後児保育室は，処方箋のある薬の投薬をしてくれ，一回の利用料が安価である（2008年末現在，一日2,000円，食事500円）。しかし，この制度は事前の登録と事前の医師の診断が必要で，土日を除く8～18時であり，延長保育を行っていないなど，制度的には利用しにくい面がある。たとえば37.6度の微熱があった時，当日朝に病医院の開始を待って受診し，診察を受けて病後児保育可能と判断され，空きがあれば予約を入れ，病後児保育室に向かったとしても，昼近くになってしまう。18時のお迎えでは，夕方も早退しなければならない。風邪の季節にはすでに定員が埋まっていたりする（定員4人）。病児ではなく病後児対象なので，38度になったらお迎えコールだ。

したがって，制度的には利用が困難で，仕事を休むか，親族などインフォーマルなネットワークに依頼するか，病児対応ベビーシッターなど確実なサービスに依頼するか，別の選択肢を検討するのが現状だ。

いずれにしても，病中・病後で体調が万全でない子どもは精神的に不安定だったり，いつもと違う保育所におびえたりする。いかんともしがたい理由で託児をするのであるが，こんな時にそばにいてやれないなんてと，仕事を辞めたくなったり，身を切られるような思いがするものである。夕方迎えに行くと，一日中柵にしがみついて「ママ」と泣いたという第３子は声がかれていた。保育ではなく就労のほうで柔軟に対応できるほうが望ましいのは言うまでもない。

⑧早稲田大学の地域開放型保育所「ももちゃんナーサリー早稲田ルーム」

夜間に大学講義がある時に，夕方第１子・第２子が登園している保育園に迎えに行ってから，ももちゃんナーサリー早稲田ルーム（現・東京都認証保育所「ポピンズナーサリー早稲田」）に預けたことがある。ここは早稲田大学が設置主体で，業務運営主体が業者（当時コティ）の保育所である。地域開放型の保育所で，早大の学生が利用する時は，学生割引がある（その後，東京都の認証を取得した。業務運営ポピンズ・コーポレーション）。

広々とした保育室に専門の保育士が常駐しているのは魅力的であったが，私の場合，子ども二人連れで通勤時間帯に電車で移動するのは困難で，片道７キロを自転車で行った。雨の日の寒い夜間は，私は泣きそう，子どもは風邪をひき，やはり託児はたいへんだと思ったものである。

⑨お茶の水女子大学「いずみナーサリー」でのイベント託児

お茶の水女子大学で開催されたシンポジウムで，画期的な試みとして託児が併設された（運営はポピンズ・コーポレーション）。学会での託児併設も増えてきたが，シンポジウム，研究会ではまだまだ少ない。週末に開催されることの多い学会，シンポジウム，研究会は，第１子の出産以来遠ざかっていたが，７年ぶりに一日フルに刺激的な研究発表を聞くことができた。週末は「いずみナーサリー」は閉室のため，場所の提供を受けて民間業者に委託されたのだが，このような柔軟な形態は今後の参考になるだろう。

⑩生協の有償ボランティアネットワークによる紹介者

日本生活協同組合に所属する生協の多くは，地域コミュニティの担い手活動として，組合員向けの有償のボランティアネットワークを整備している（2007年6月現在，128カ所）。ファミリーサポートとは異なり，育児のほか家事援助，病院への送迎，話し相手など，さまざまな助け合い活動を行っており，生協福祉活動保険にも加入している。

私はこの有償ボランティアネットワークから紹介を受けて，第2子・第3子の出産直後に家事援助を受けた。炊事，食器洗いなど主に水仕事を依頼したが，母子カプセルに入りがちな産後の不安定な時期に，気心の知れた近所の組合員が定期的に尋ねてくれ，手料理をつくってくれるというのは強力なサポートであった。年会費1,000円，活動謝礼は一時間750円（うち50円事務費）であった。

以上のように，私が模索しながら経験してきた保育は，さまざまな制度とかかわっているとともに，病後児保育の整備やネットワーク形成事業（ファミリーサポート事業）など時代の変遷とも大いにかかわっている。次章からは，この「個人的な経験」を手がかりに，「社会的な経験」の現状と問題点を検討していこう。

第1章
子育ての現状
——子どもと母親のおかれている状況

白井千晶

1 出生動向

合計特殊出生率

まず，子どもがどのくらい生まれているのか，出生動向をみてみよう。

図1.1は，この50年ほどの合計特殊出生率の推移を示したものである。合計特殊出生率とは人口統計上の指標で，一人の女性が一生の間に産む子どもの数の平均を示し，この数値が2.08以下になると，人口は減少に向かうとされている。図1.1をみると，1970年から74年の第2次ベビーブーム以降，年々低下していることがわかる。

とくに1990年には，その前年（89年）の合計特殊出生率が1.57であることが判明し，「1.57ショック」といわれた。これは「ひのえうま」という特殊要因により過去最低であった1966年の合計特殊出生率1.58を下回ったことで，今後日本の国力が落ちていくのではという危機感をもたらした。

これに対して政府は，「少子化対策」としてさまざまな政策を実施するが，その後も少子化は進行し，2003年には1.29，05年には過去最低の1.26となった（06年には1.32，08年には1.37と多少回復している）。都道府県別にみると，東京都の出生率が飛び抜けて低く（図1.1参照，2003年に1.0を切り0.9987，05年に最低の0.98），北海道，京都府も低くなっている。

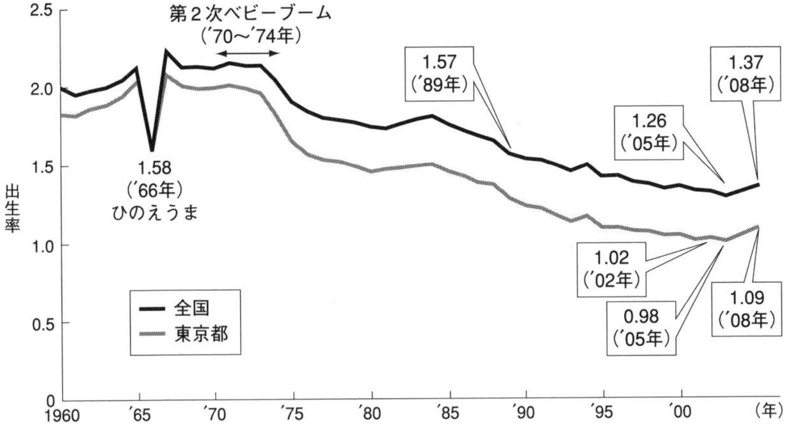

図 1.1　合計特殊出生率の推移（全国・東京都）
出典：厚生労働省「人口動態統計」

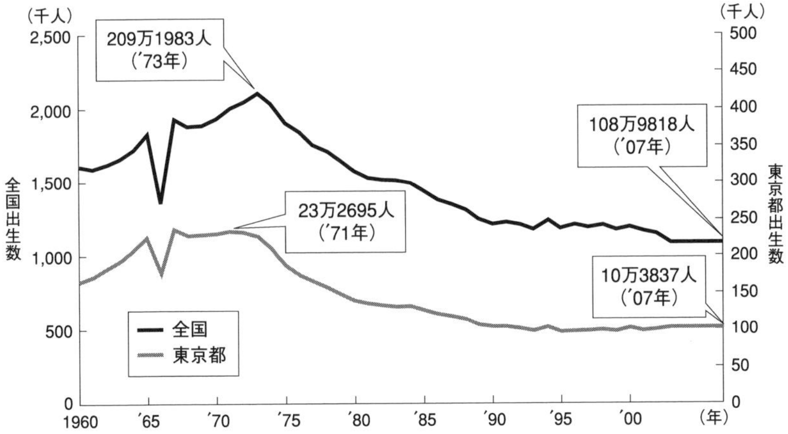

図 1.2　出生数の推移（全国・東京都）
出典：厚生労働省「人口動態統計」

実際の出生数

合計特殊出生率は，一人の女性が一生の間に産む子どもの数の平均であるから，女性人口によって数値が変わってくる。実際に生まれた子どもの数をみると（**図 1.2**），図 1.1 同様，右下がりのカーブである傾向は変わらないが，出生数は 1990 年以降，それほど減少していないことがわかる。

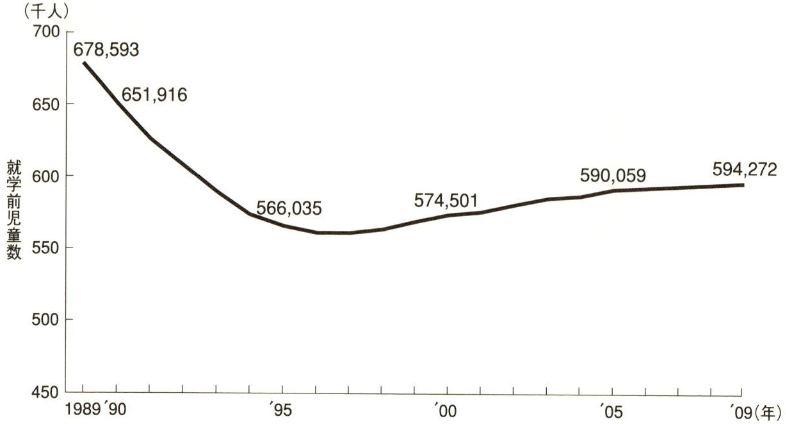

図 1.3　都内の就学前児童数（0～5歳）の推移

出典：東京都総務局「住民基本台帳による東京都の世帯と人口」(各年1月1日現在)

また人は移動するから，その土地にどれくらいの子どもがいるかということは，都道府県別出生率や出生数とは一致しない。本書の事例となっている東京都でみると，都市部への人口の流入と住宅造成などにより，都内の就学前児童数（0～5歳）は増加傾向にある（**図 1.3**)。東京都の出生率が目立って低いことと対照的であるが，東京都の出生率が低いのは，東京都の人口構成・人口構造によるところが大きいのである（全国水準に比して高齢者率が低く生産年齢人口割合が高い。また未婚率が高い)。

2　母親の就労状況

それでは，幼少の子どもたちを育てる親の就労状況はどのようになっているのだろうか。

図 1.4 は，末子の年齢別に，子どものいる世帯における母親の就業状態を，働いているかいないか，フルタイムかパートタイムかなどの構成比で示したものである。これをみると，末子が4～6歳児という就学前の子どものいる母親でも，就業率51.8％と過半数を超えている。ただし週の労働時間が36時間未満，すなわちパートなどの短時間就業者の

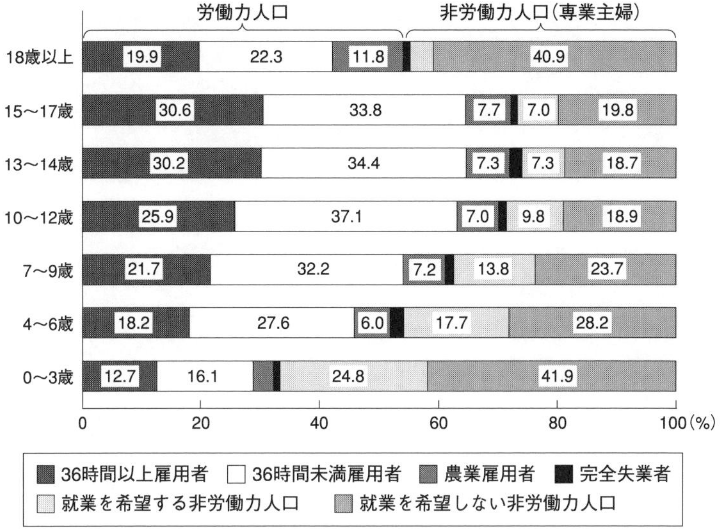

図 1.4　末子の年齢別・子どものいる世帯における母親の就業状態
出典：総務省統計局『平成17年労働力調査詳細結果』

割合が高い（27.6％）。また，就業を希望しない非就業者（つまり本人の希望でいわゆる「専業主婦」である者）は3割弱にすぎず，現在働いていないが就業を希望している者が2割弱いることもわかる。

末子が0～3歳の乳幼児をもつ母親では「就業を希望しない非労働力人口」が4割強と割合が大きいが，それでも3割が就業していることに注目すべきだろう。この数値は1995年より7.5ポイント増えている。

こうしたことから，「子どもが小学校に入るまでは専業主婦でいる」という状況は，現代ではむしろ少数派になりつつあることがわかる。

ちなみに，この就業状況も地域差がある。東京都の例をあげると，全国平均にくらべ東京都のほうが末子が未就学の家庭での共働き率が低い（2000年の全国平均が32.8％に対して，東京都が28.8％。1990年の全国平均が33.9％に対して，東京都が27.7％）。

3　子どもたちが過ごす場所

高い通園率

子どもたちは日中，どこで過ごしているのだろうか。図 1.5 は，就学前の子どもが育つ場所の比率を示したものである。これによると，0歳児では9割が家庭であるが，1歳ごとに保育所の割合が高くなり，2歳では3割が保育所で過ごしている。

さらに「家庭等」の中には，待機児童や就業の意思はあるが就業していない母親も含まれていることに注意しなければならない。3歳になると幼稚園の3年保育が始まるので施設通園率が高くなり，保育園と合わせて8割強が何らかの施設に通園している。

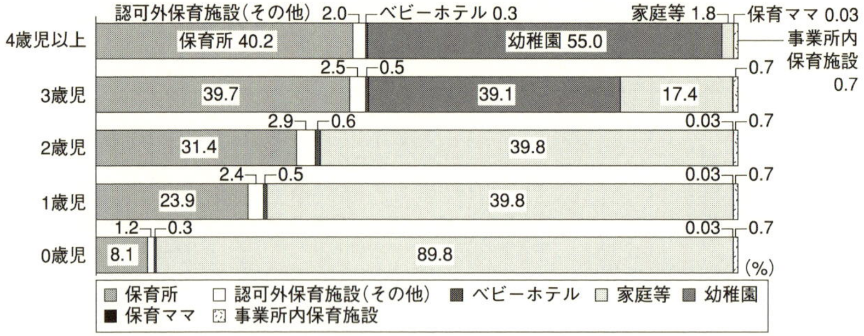

図 1.5　就学前児童が育つ場所（2007,08年現在）

出典：厚生労働省社会保障審議会少子化社会特別部会／第1次報告（人口動態統計・学校基本調査・福祉行政報告例）

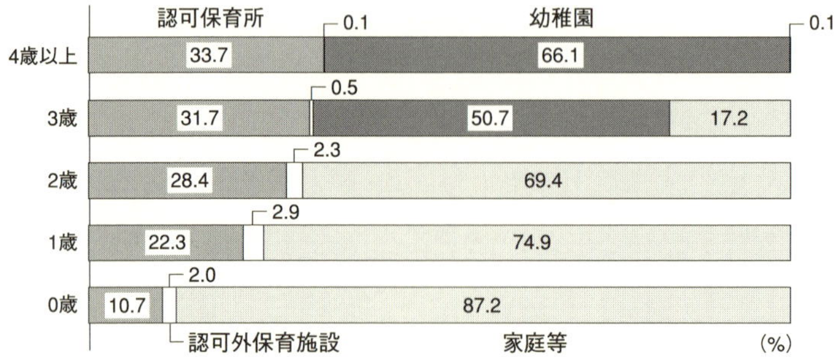

図 1.6　東京都における就学前児童の保育サービス等の利用状況

出典：東京都『東京都保育計画』2005

表 1.1　日中に預けている場合の主な預け先

	認可保育所	認証保育所	幼稚園	その他の家族	同居していない親族や友人	その他
0歳	38.7	16.1	-	25.8	12.9	6.5
1歳	76.3	11.8	-	0.7	3.7	7.5
2歳	77.8	10.8	0.5	1.6	1.1	8.2
3歳	53.2	4.9	34.1	1.8	1.8	4.2
4歳	41.9	1.7	55.0	-	-	1.4
5歳	37.2	0.8	61.3	-	0.2	0.5
6歳	42.8	1.4	53.6	-	-	2.2

注：「その他」は認定子ども園，職場内保育所，ファミリーサポートセンター，家庭福祉員，ベビーシッター，その他。
出典：「東京都福祉保健基礎調査」2007年度報告書から一部改変・再集計して作成

施設通園が主流

東京都では，先に示したように，全国平均より共働き率が低いにもかかわらず，認可外保育所を含めた保育施設通園率が全国データより高い傾向にある（**図 1.6**）。また幼稚園通園率も高く，家庭のみで過ごす割合が低くなっている。主な預け先がどこかという観点からみると（**表 1.1**），核家族率が高いこともあって，施設に行かず祖父母らが預かっている割合はごくわずかである。0歳児ではその他の家族，同居していない親族や友人が預け先になっている割合が38.7％あるが，1歳児ではごくわずかになり認可保育所が76.3％である。

4　子育て負担感

心理的負担

さて，こうした中で親は子育てにどのような負担を感じているのだろうか。子育ての負担には，経済的負担，時間的負担，身体的負担などもあるが，近年では子育てする者の心理的な負担（子育て負担感）の大きさが注目されている。

こども未来財団の「平成12年度子育てに関する意識調査事業調査報告書」によると，共働き世帯の母親の29.1％が「負担感大」，43.4％が「負担感中」と答え，負担感が小さいと答えた者は27.5％にすぎな

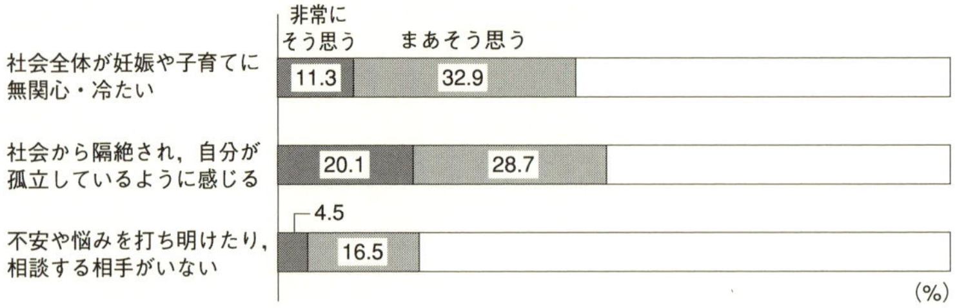

図 1.7　子育ての負担感

出典：「子ども・子育て応援プラン」パンフレット（こども未来財団「子育て中の母親の外出時等に関するアンケート調査2004年」）

かった。とくに一人の親だけが就労している世帯（ほとんどは専業主婦世帯）の母親では，「負担感大」が 45.3 %，「負担感中」が 31.8 %と，「負担感大」が半数近くを占めている。専業主婦の母親のほうが，一人で育児を担って疲弊していることがわかる。

拘束感・疲労感

その具体的内容は，厚生労働省の 2002 年度「第 2 回 21 世紀出生児縦断調査」によると，「自分の自由な時間がもてない」と答えた母親が 6 割を占め（共働き 58.2 %，専業主婦 66.4 %），「子育てによる身体の疲れが多い」（共働き 35.8 %，専業主婦 40.9 %），「目が離せないので気が休まらない」（共働き 27.7 %，専業主婦 37.1 %）など，拘束感や疲労感が訴えられている。「夫婦で楽しむ時間がない」，「子育てで出費がかさむ」といった夫の忙しさや経済的な項目よりも，こうした拘束感，疲労感のほうが高い割合を占めていることが注目される。

孤独感

とくに現代社会で注目したいのが「孤独感」だ。**図 1.7** はこども未来財団が行ったアンケート調査の結果であるが，妊娠中または 2 歳以下の子を育てている母親で，「社会全体が妊娠や子育てに無関心・冷たい」と感じる者が 44.2 %，「社会から隔絶され，自分が孤立しているように感じる」者が 48.8 %もいるのである。夫が育児を共有できない・してくれないといった拘束感や閉塞感だけでなく，こうした社会的疎外感や孤独感もまた，現代社会では顕著だといえる。

第2章
子育て支援制度の現状
——少子化対策としての子育て支援

白井千晶

1　エンゼルプラン，新エンゼルプラン

少子化対策の展開

「少子化対策」が本格的に始まったのは1995年の「エンゼルプラン」からである。これ以降，「新エンゼルプラン」，「子ども・子育て応援プラン」と，3期各5年間の政策をへて現在にいたっている。まず，この3期の概要を紹介しよう（**表2.1**）。

第1章でふれたように，第2次世界大戦後で，年間出生数が減少しはじめたのは第2次ベビーブームがおさまろうとしていた1973年であった。72年に合計特殊出生率は2.16だったのが，それ以降は減少傾向に転じ，89年には1.57を記録した。この数値は，発表された翌1990年に大きな衝撃をもたらし，「1.57ショック」といわれている。

それまでの保育政策は，保育制度を拡充していこうとする方向と予算を削減していこうとする方向の両面があった。たとえば，1989年には認可保育所へ入園する際の所得制限をなくしたり，夜間保育園ができたり，延長保育制度が始まった。しかしその一方で，ベビーホテルでの乳幼児の死亡事故が続発するなどしたことから，「家庭へ帰ろうキャンペーン」が叫ばれ，保育予算への国庫負担金が削減されたりした。

1990年の「1.57ショック」を受けて関係省庁連絡会議が組織され，91年に政策指針「健やかに子どもを生み育てる環境づくりについて」

表 2.1　少子化対策の概要

年度	計　画	施策・トピックス	要　点
1990 '91 '92 '93 '94		合計特殊出生率「1.57ショック」 少子化に対する危機感	
'95 '96 '97 '98 '99	エンゼルプラン 5カ年計画	「緊急保育対策等5か年事業」 少子化対策推進基本方針	子育てと仕事の両立支援(保育政策が中心)
2000 '01	新エンゼルプラン 5カ年計画	 「仕事と子育ての両立支援策の方針について」(待機児童ゼロ作戦)	
'02 '03 '04		「少子化対策プラスワン」 「少子化社会対策基本法」 「次世代育成支援対策推進法」 「少子化社会対策大綱」	保育政策から拡大 働き方の見直し(ワーク・ライフ・バランス) 地域の子育て支援
'05 '06 '07 '08 '09	子ども・子育て応援プラン5カ年計画	「新しい少子化対策について」 仕事と生活の調和(ワーク・ライフ・バランス)憲章「仕事と生活の調和推進のための行動指針」「子どもと家族を応援する日本」重点戦略会議	社会保障における次世代支援 子どもの教育支援 若者の就労支援
'10- '14	子ども・子育てビジョン 5カ年計画	子ども手当の創設	保育サービスを多様化 少子化社会対策大綱と子ども・子育てビジョンを一体化

が発表された。1994年には総合的な少子化対策5カ年計画「エンゼルプラン」が公表され，95年から実施された。エンゼルプランでは「緊急保育対策等5か年事業」として，保育所の拡充に主眼がおかれた。

しかし，その後も合計特殊出生率は下がりつづけ，5カ年の最終年に示された「少子化対策推進基本方針」にもとづき，2000年には「新エンゼルプラン」5カ年計画が策定された。

さらに，新エンゼルプラン3年目の2002年には，少子化対策を拡充するため「少子化対策プラスワン」が公表された。保育所をつくるだけでは女性は子どもを産まないとの認識から，保育政策からより広い「子育て支援」へと政策を転換しようとしたものである。

しかし，さらに出生率は下がりつづけ，2003年の合計特殊出生率は1.29と史上最低を記録する（「1.29ショック」）。

これに対して厚生労働省は，2003年の「少子化社会対策基本法」の制定（7月30日公布・9月1日施行）にもとづき，「少子化社会対策大綱」を閣議決定し（04年6月4日），09年まで5カ年計画の「子ども・子育て応援プラン」を策定して，子育て支援事業を推進した。

「子ども・子育て応援プラン」では，女性の就労支援，つまり「子育てと仕事の両立」を支援することによって少子化を食い止めようとする保育政策だけでなく，両立できるような働き方の見直し（ワーク・ライフ・バランス），育児負担感を軽減したり子育て仲間をつくるための地域の子育て支援，若年世帯の経済的基盤を保障するための就労支援などが盛り込まれた。2007年には「仕事と生活の調和（ワーク・ライフ・バランス）憲章」「仕事と生活の調和推進のための行動指針」が策定され，関係大臣と有識者による「子どもと家族を応援する日本」重点戦略会議が開催されている。なお，2010年には次の5カ年計画「子ども・子育てビジョン」が決議された（**表2.1**）。

エンゼルプラン，新エンゼルプランの内容

エンゼルプラン，新エンゼルプランでは，保育所入所児童数を上げること（待機児童を減らすこと），延長保育・放課後児童クラブ・地域子育て支援センターを拡充すること，育児休業給付水準を上げることが主要な対策であった（**表2.2**）。あてられる予算規模からいうと，ほとんど保育所の拡充に傾倒した対策であった。

エンゼルプラン，新エンゼルプランの2期10年が終わった時点で，保育園入所児童数は約44万人増，延長保育実施施設は1万カ所増，放課後児童クラブは1万カ所増など，数としては一応の実績を上げたことになる（**表2.3**）。

表 2.2　少子化対策の内容

エンゼルプラン（1995～'99年）	[1]子どもを産むか産まないかは個人の選択に委ねられるべき事柄であるが，「子どもをもちたい人がもてない状況」を解消し，安心して子どもを生み育てることができるような環境を整えること。 [2]今後とも家庭における子育てが基本であるが，家庭における子育てを支えるため，国，地方公共団体，地域，企業，学校，社会教育施設，児童福祉施設，医療機関などあらゆる社会の構成メンバーが協力するシステムを構築すること。 [3]子育て支援のための施策については，子どもの利益が最大限尊重されるよう配慮すること。	
	(1)仕事と育児との両立のための雇用環境の整備 ①育児休業給付を確実に，②事業所内託児施設の推進，③再就職支援，④時短	(4)住宅および生活環境の整備 ①住環境整備，②遊び場等整備 (5)ゆとりある教育の実現と健全育成の推進
	(2)多様な保育サービスの充実 ①保育サービスの多様化（駅型保育，在宅保育サービス），②低年齢児保育，延長保育，一時的保育事業の拡充，③保育所の多機能化のための整備（乳児保育，地域子育て支援），④放課後児童対策	(6)子育てにともなう経済的負担の軽減 ①幼稚園就園奨励事業，②保育料の見直し（乳児や多子世帯の保育料の軽減，共働き中間所得層の負担軽減等の保育料負担の公平化）
	(3)母子保健医療体制 ①母子保健，周産期・新生児医療，②乳幼児健康支援デイサービス事業（病後児保育）	(7)子育て支援のための基盤整備 ①地域子育て支援センター，②地方自治体の取組み
新エンゼルプラン（2000～'04年度）	(1)保育サービス等子育て支援サービスの充実 ①低年齢児（0～2歳）の保育所受入れの拡大，②多様な需要に応える保育サービスの推進（延長保育，休日保育，乳幼児健康支援一時預かり，多機能保育所），③在宅児も含めた子育て支援の推進（地域子育て支援センター，一時保育，ファミリーサポートセンター等の推進），④放課後児童クラブの推進	(5)地域で子どもを育てる教育環境の整備 ①子どもセンター，②子ども24時間電話相談，③幼稚園における地域の幼児教育センターとしての機能
	(2)仕事と子育ての両立のための雇用環境の整備 ①育児休業給付金水準の引き上げ，②時短や看護休暇，③再就職支援，④事業所内託児施設助成金制度の拡充，⑤フレーフレーテレフォン事業	(6)子どもたちがのびのび育つ教育環境の実現 ①学校週休5日制，②学習指導要領改訂，③カウンセリングやスクールカウンセラー，④中高一貫校・単位認定校
	(3)働き方についての固定的な性別役割分業や職場優先の企業風土の是正 ①広報啓蒙活動，②中小企業対象セミナー	(7)教育にともなう経済的負担の軽減 ①育英奨学事業の拡充，②幼稚園就園奨励事業等の充実

<table>
<tr><td></td><td>(4)母子保健医療体制の整備
①国立成育医療センター(仮称)，周産期医療ネットワークの整備，②小児救急医療体制整備，③不妊専門相談センター</td><td>(8)住まいづくりやまちづくりによる子育ての支援</td></tr>
<tr><td rowspan="4">子ども・子育て応援プラン(子ども子育て支援事業)
(2005～'09年)</td><td colspan="2">保育事業中心から，若者の自立・教育，働き方の見直し等を含めた幅広いプランへ。きめ細かい地域の子育て支援や児童虐待防止対策など，すべての子どもと子育てを大切にする取組みを推進(子どもが減少する(量)ことへの危機感だけでなく，子育ての環境整備(質)にも配慮)</td></tr>
<tr><td>(1)若者の自立とたくましい子どもの育ち
①若年者試用(トライアル)雇用の積極的活用，②日本学生支援機構奨学金事業の充実，③学校での体験活動の充実</td><td>(3)生命の大切さ，家庭の役割等についての理解
①若年者のふれあい体験，②青少年の理解教育</td></tr>
<tr><td>(2)仕事と家庭の両立支援と働き方の見直し
①企業の行動計画の策定・実施の支援と好事例の普及(ファミリーフレンドリー企業)，②個々人の生活等に配慮した労働時間の設定改善に向けた労使の自主的取組みの推進，長時間にわたる時間外労働の是正(育休，時短)</td><td>(4)子育ての新たな支え合いと連帯
①地域の子育て支援の拠点づくり(つどいの広場事業，地域子育て支援センター事業)，②待機児童ゼロ作戦のさらなる展開，③児童虐待防止ネットワークの設置，④小児救急医療体制の推進，⑤子育てバリアフリーの推進(建築物)</td></tr>
<tr><td colspan="2">とくに保育政策に関して
(1)地域子育て支援
①働いている，いないにかかわらず，親と子の育ちを地域で支え，家庭の中だけでの孤独な子育てをなくしていく(つどいの広場事業，地域子育て支援センター事業，一時・特定保育，子育て支援事業，子育て短期支援事業(ショートステイ事業，トワイライトステイ事業))，②就学前教育(幼稚園の幼児教育センター機能，幼稚園就園奨励事業，幼保一元化)，③地域住民による主体的な子育て支援の促進(ファミリーサポートセンター，シルバー人材センター，子育てNPOや子育てサークル)
(2)保育
①待機児童ゼロ作戦，②放課後児童クラブ，③多様な保育サービス(延長保育，休日保育，夜間保育，乳幼児健康支援一時預かり(病後児保育))
(3)家庭教育支援
(4)とくに支援が必要な子どもと家庭
①虐待防止ネットワーク，②育児支援家庭訪問事業の推進，③児童家庭支援センター，④情緒障害児短期治療施設，⑤地域小規模児童養護施設の整備，⑥里親の拡充，⑦自立援助ホーム，⑧母子家庭等ひとり親家庭への支援の推進，⑨障害児等への支援の推進，⑩小児医療・母子医療・周産期医療ネットワーク，⑪心の健康支援，⑫不妊専門相談センター・特定不妊治療費助成事業</td></tr>
<tr><td>子ども・子育てビジョン</td><td colspan="2">子ども・子育て応援プランをほぼ引き継ぐ。子ども手当の創設，幼保一体化を含む一元的制度の構築。少子化社会対策大綱と一体化して，周産期医療体制の確保，若者の就労支援等を含める。</td></tr>
</table>

表 2.3　少子化対策の数値目標と実績

	1994年 4月	エンゼルプラン終了時数値目標 (1999年度)	同実績 (1999年度)	新エンゼルプラン終了時数値目標 (2004年度)	同実績 (2004年度)	子ども・子育て応援プラン数値目標 (2009年度)	同実績 (2008年度)
保育所入所児童数	159万人	—	—	—	203万人 (44万人増)	215万人	215万人
うち低年齢児 (3歳児未満)	41万人	60万人	58万人	68万人	62万人 (21万人増)	—	75万人
うち家庭的保育							0.3万人
延長保育実施 保育所	2,230 カ所	7,000カ所	7,000カ所	10,000カ所	12,783カ所 (10,553カ所増)	16,200カ所(全国の保育所の約7割で実施)	(79万人)
休日保育実施 保育所	—	—	(実態 100カ所)	300カ所	666カ所	2,200カ所(全国の保育所の約1割で実施)	(7万人)
夜間保育の実施	—	—	—	—	66カ所	140カ所(人口30万人以上の市の約5割で実施)	77カ所
病後児保育の実施		500カ所	450カ所	500市町村	507カ所	1,500カ所(全国の市町村の約4割で実施)	(延べ 31万人)
多機能保育所		1,500カ所	—	2,000カ所	—	—	
認定子ども園							358カ所
放課後児童 クラブ数	4,520 カ所	9,000カ所	9,000カ所	11,500カ所	15,133カ所 (10,613カ所増)	17,500カ所(全国の小学校区の約4分の3で実施)	81万人
ファミリーサポートセンターの推進	—	—	(62カ所)	180カ所	368カ所	710カ所(全国の市区町村の約4分の1で実施)	570市町村

	1994年4月	エンゼルプラン終了時数値目標(1999年度)	同実績(1999年度)	新エンゼルプラン終了時数値目標(2004年度)	同実績(2004年度)	子ども・子育て応援プラン数値目標(2009年度)	同実績(2008年度)
地域子育て支援拠点	―	―	―	―	2,954カ所	6,000カ所(全国の中学校区の約6割で実施)	7,100カ所
うち地域子育て支援センター数	236カ所	―	(1,500カ所)	3,000カ所	2,786カ所(2,550カ所増)	4,400カ所	
一時・特定保育の実施	―	3,000カ所	(1,500カ所)	3,000カ所	5,935カ所	9,500カ所(全国の中学校区の約9割で実施)	延べ348万人
ショートステイ事業	―	―	―	―	569カ所	870カ所(全国の児童養護施設，母子生活支援施設，乳児院の約9割で実施)	613カ所
トワイライトステイ事業	―	―	―	―	310カ所	560カ所(全国の児童養護施設，母子生活支援施設，乳児院の約6割で実施)	304カ所
育児休業制度	2002年度導入	―	―	―	[2002年61.4%]	育児休業制度を就業規則に規定している企業の割合を100%に	
育児休業給付水準	当初なし→1995年度25%	―	―	―	2001年度より40%	―	

注：(　)内はエンゼルプラン前からの増数。－は，当該項目が数値目標・実績発表にないことを示す。

出典：「当面の緊急保育対策等を推進するための基本的考え方」(1994年12月18日大蔵・厚生・自治3大臣合意／エンゼルプラン)，「重点的に推進すべき少子化対策の具体的実施計画について」(1999年12月19日大蔵・文部・厚生・労働・建設・自治6大臣合意／新エンゼルプラン)，「少子化社会対策大綱に基づく重点施策の具体的実施計画について」(2004年12月24日少子化社会対策会議決定／子ども・子育て応援プラン)

2 子ども・子育て応援プラン

ワーク・ライフ・バランス

2005年度より始まった「子ども・子育て応援プラン」の特徴は二つある。一つは保育政策だけでなく，よりトータルな「次世代育成支援対策」（厚労省）に拡大したことである。仕事をしながら妊娠・出産・育児できるように制度を整備することによって少子化を食い止めようとした政策から，さらに働き方の見直しを図り（ワーク・ライフ・バランス），地域の子育て支援や若者の就労支援などを組み込むことによって，より子どもを生み育てやすい社会を目指す政策へと転換した。仕事と子育てを両立できたからといって出生率が上がらないこと，現代日本社会が生み育てにくい社会であることがあらためて認識されたからだ。

その助走は新エンゼルプランの3年目から始まっていた。「少子化対策プラスワン」（2002年）で，「男性を含めた働き方の見直し」が叫ばれ，保育政策一辺倒から脱皮した。具体策としては「少子化社会対策基本法」と「次世代育成支援対策推進法」が制定された。少子化社会対策基本法は国・地方公共団体の責務を示したもので，内閣府に少子化社会対策会議をおいた。これによって「少子化社会対策大綱」（04年6月閣議決定），「新しい少子化対策について」（06年）が策定されたのである。

行動計画策定の義務

第二の特徴は，国だけでなく都道府県，市区町村，一般事業主の三者に行動計画の策定を義務づけたことである。「次世代育成対策支援法」（2005年から10年間の時限立法）では，市区町村および都道府県が，地域子育て支援，母子健康保険，教育環境整備，住環境確保，職業と家庭の両立推進に関し，具体的な行動計画（対策と数値目標）を示し，一年ごとにその状況を報告する義務をもつとされた。

保育政策は地方公共団体に委譲され，通常保育のほか延長保育，休日保育，夜間保育，トワイライトステイやショートステイ，地域子育て支援センター，学童クラブなどについて，国の責任と義務によってではなく，各地方公共団体が行動計画を立てることになった。

また，一般事業主（企業など）も義務をもつとされた。公布当初は行動計画策定義務があるのは従業員 301 人以上の事業主だったが，改正されてこれまで努力義務であった 101～300 人の事業主も 2011 年以降は義務になっている。厚労省労働局がこれを管理管轄し，基準適合企業はホームページなどで認定企業として公開されている。

その一方で，前者の法律でも後者の法律でも，ともに「父母その他の保護者が子育てについての第一義的責任をもつ」ことがあえて冒頭で明記された。

「子ども・子育て応援プラン」の実施状況

現在までの「子ども・子育て応援プラン」の実現状況は**表 2.4** に示した。実施義務は地方公共団体に移り，国は指導することになり，また地方公共団体と国の費用負担割合もそれぞれ変更しているが，保育所定員数，放課後児童クラブ，トワイライトステイ事業など，既存の制度の拡

表 2.4　子ども・子育て応援プラン実現状況（地方公共団体行動計画実施状況）

事業名	2004年度実績	2005年度実績	2006年度実績	プラン目標値
通常保育事業 (保育所定員数)	205万人 (2005.4.1現在)	208万人 (2006.4.1現在)	211万人 (2007.4.1現在)	215万人
放課後児童クラブ	15,184カ所 (2005.5.1.現在)	15,857カ所 (2006.5.1.現在)	16,685カ所 (2007.5.1.現在)	17,500カ所
地域における子育て拠点の整備	2,936カ所	3,629カ所	4,130カ所	6,000カ所
・つどいの広場	(154カ所)	(480カ所)	(694カ所)	(1,600カ所)
・地域子育て支援センター	(2,782カ所)	(3,149カ所)	(3,436カ所)	(4,400カ所)
ファミリーサポートセンター	344カ所	437カ所	480カ所	710カ所
一時保育・特定保育事業	5,534カ所	6,219カ所	7,580カ所	9,500カ所
ショートステイ事業	364カ所	481カ所	643カ所	870カ所
トワイライトステイ事業	134カ所	270カ所	524カ所	560カ所
病児・病後児保育事業	496カ所	598カ所	688カ所	1,500カ所
延長保育事業	12,954カ所	13,083カ所	15,261カ所	16,200カ所
休日保育事業	607カ所	681カ所	798カ所	2,200カ所
夜間保育事業	64カ所 (2005.4.1現在)	66カ所 (2006.4.1現在)	69カ所 (2006.11.1現在)	140カ所

注 1：「2004年度実績」は，2004年度終了後における各事業の実績値（子ども・子育て応援プラン策定時は，まだ2004年度の事業が実施途上であったことから，プランには実施見込み数で表記していたため，上記の数値とは異なっている）。
注 2：2006年度実績は交付決定ベース。その延長保育事業については，公立分6,285カ所，民間分8,976カ所となっている。
出典：厚生労働省ホームページ報道発表資料

表 2.5　2008年度少子化社会対策関係予算

子育て支援策	妊娠・出産・乳幼児期	①産科小児科医療の確保等母子保健医療の充実(厚生労働省)278億円 ②生後4カ月までの全戸訪問事業(こんにちは赤ちゃん事業)の推進(厚生労働省)次世代育成支援対策交付金(375億円)の内数 ③子どもを守る地域ネットワーク(要保護児童対策地域協議会)の機能強化(厚生労働省)次世代育成支援対策交付金(375億円)の内数
	未就学期	④地域における子育て支援拠点の拡充(厚生労働省)101億円 ⑤待機児童ゼロ作戦の推進や多様な保育サービスの提供など保育サービスの充実(厚生労働省)3,905億円 ⑥事業所内託児施設の設置・運営等に対する支援の推進(厚生労働省)40億円 ⑦子どもの事故防止対策の推進(経済産業省)1.2億円 ⑧就学前教育費負担の軽減(文部科学省)192億円
	小学生期	⑨全小学校区における「放課後子どもプラン」の推進　放課後子ども教室(文部科学省)78億円／放課後児童クラブ(厚生労働省)187億円 ⑩地域における家庭教育支援基盤形成の促進(文部科学省)12億円〈新規〉 ⑪学校や登下校時の安全対策(文部科学省)17億円
	中学生・高校生・大学生期	⑫奨学金事業の充実(文部科学省)1,309億円(事業費総額9,305億円)
	とくに支援を必要とする家庭の子育て支援	⑬社会的養護体制の拡充(厚生労働省)799億円 ⑭子どもの心の診療拠点病院の整備(厚生労働省)48億円の内数〈新規〉 ⑮発達障害等支援・特別支援教育の総合的な推進(文部科学省)5億円〈新規〉 ⑯発達障害教育情報センターによる情報提供(文部科学省)運営交付金12億円の内数〈新規〉
働き方の改革による仕事と生活の調和の実現	①仕事と生活の調和の実現に向けた社会的機運の醸成(厚生労働省)10億円〈新規〉 ②仕事と生活の調和の実現のための企業の取組みの促進(厚生労働省)15億円 ③パートタイム労働者の均等待遇確保と短時間正社員制度の導入促進(厚生労働省)10億円 ④マザーズハローワークの事業の拠点の拡充と機能の強化(厚生労働省)10億円	

	⑤フリーター常用雇用化プランの推進や，若者等のチャレンジ支援等(厚生労働省)333億円の内数 ⑥テレワークの普及促進(厚生労働省)1.4億円 ⑦働き方の見直しを含む官民一体子育て支援推進事業(内閣府)0.4億円
社会全体の意識改革のための国民運動の推進	少子化社会対策の総合的な推進(内閣府)2.6億円
地域における少子化対策の推進	地域における少子化対策の推進体制の充実(内閣府，厚生労働省)地方財政措置
その他の重要な施策	住宅対策(国土交通省等)記載あるが予算組まないため省略

出典：社会保障審議会第１回少子化対策特別部会資料

充や既存施設がある場合は，目標どおり実現しているようだ。一方で，病児・病後児保育，夜間保育などはなかなか進展していない（この具体的な試みについては本章の後半および9，15章で詳述する）。

現在の少子化対策の全容をみると，拡大したとはいえ，予算のほとんどは保育サービスの充実に割かれていることがわかる（**表2.5**）。他のものは予算規模が小さいか，既存の助成金をあてるように予算組みされている。

現物給付（サービスの提供）だけでなく現金給付（児童手当など現金の支給）も含めた総合的な予算については，欧米と比較しながら15章で述べることとする。

3　自治体独自の施策

地域子育て支援事業

「子ども・子育て応援プラン」では，全国で50市区町村を指定して「地域子育て支援事業」を開始した（総額111億円，東京都では足立区，品川区，世田谷区，八王子市の4市区）。

「地域子育て支援事業」のうち各自治体の必須事業としているのは，①放課後児童健全育成事業（放課後児童クラブ），②一時保育事業，③病後児保育，④ファミリーサポートセンター事業，⑤育児支援家庭訪問事業，⑥地域子育て支援センター事業，⑦つどいの広場事業，⑧子育て支援総合コーディネート事業の８項目である（**表 2.6**）。これらは「子育て短期預かり支援事業」，「居宅子育て支援事業」，「子育て相談支援事業」，「子育て支援総合コーディネート事業」に分類されており，家庭での子育ての支援を目指していることがわかる。具体的な事業については市区町村にまかされているが，ほとんどの事業はNPO法人や社会福祉法人への委託が許されており，実際には，事業者に委託されるケースが多い。

以下，地域子育て支援事業の中で特色ある事業として，一時保育事業とショートステイ事業をあげておく。

一時保育事業

先に述べたように，子ども・子育て応援プランでは数値目標の実現が自治体に課せられ，財源が委譲されたのと同時に，自治体独自の施策を実施することも可能になった。財源が不足している自治体にとっては困難であるが，地域によって違いがあるニーズに対応できるというメリットはある。

東京都および都内の市区町村では，**表 2.7** に示したように，産後支援ヘルパー制度，育児支援ヘルパー制度，子育て相談やサークル活動などの自治体単独事業が展開されている。

こうした施策の中で，近年の就業形態の多様化（在宅就労，パートや不定期就労など）や，いわゆる専業主婦の子育て負担感の軽減・リフレッシュに必要とされている保育の一つは，一時保育である。典型的な一時保育は，①非定型保育サービス事業〔週に３日以内の利用〕（パート就労やハローワーク向け），②緊急保育サービス事業〔月に15日以内の利用〕（保護者の入院等向け），③私的理由による保育サービス事業〔週に３日以内の利用〕（育児にともなう心理的負担の軽減）が設定され，半日，全日単位の一時保育事業を認可保育所，都の保育室運営事業補助対策を受けている保育室，家庭福祉員，認定子ども園を利用して展開している（保育所では専用の保育士を２名以上おき，専用室を設けることとされている。費用は半日保育でおおむね2,000円以内，全日保育でおおむね3,000円以内。園に直接申し込み）。

表 2.6 子育て支援総合推進モデル 指定市区町村における地域子育て支援事業（2004年50市区町村指定）

必須事業	(1)放課後児童健全育成事業(放課後児童クラブ)	保護者が仕事等により昼間家庭にいない小学校低学年児童に対し，授業の終了後に児童館等において適切な遊びと生活の場を与える。【子育て短期預かり支援事業】
	(2)一時保育事業	専業主婦等が育児疲れの場合や急病の場合などに保育所において一時的な保育を行う。【子育て短期預かり支援事業】
	(3)病後児保育(施設型)	乳幼児健康支援一時預かり事業。病気回復期にある乳幼児を保育所，病院等において一時的に預かる。【子育て短期預かり支援事業】
	(3)病後児保育(派遣型)	乳幼児健康支援一時預かり事業。病気回復期にある乳幼児を居宅で一時的に預かる。【居宅子育て支援事業】※選択制
	(4)ファミリーサポートセンター事業	育児を受けたい人と行いたい人を会員とする組織により，保育所までの送迎，保育所閉所後の一時的な預かり等，育児についての助け合いを行う。【居宅子育て支援事業】
	(5)育児支援家庭訪問事業	児童虐待の未然防止や諸問題の解決等を図るため，①出産後間もない時期の家庭への子育てOBや産褥ヘルパーの派遣による育児等の援助，②対人接触を図ろうとしない等の育児困難な家庭への保健師等の派遣による専門的な支援を実施する。【居宅子育て支援事業】
	(6)地域子育て支援センター事業	子育て不安に対する相談・指導や，子育てサークルへの支援等地域の子育て家庭に対する育児支援を行う。【子育て相談支援事業】
	(7)つどいの広場事業	主に乳幼児(0～3歳)をもつ子育て中の親が，うちとけた雰囲気の中で気軽に集い交流するとともに，子育ての相談に応じる「つどいの場」の提供を行う。【子育て相談支援事業】
	(8)子育て支援総合コーディネート事業	「子育て支援総合コーディネーター」を配置し，地域における多様な子育てサービス情報を一元的に把握するとともに，子育て家庭に対する総合的な情報提供，利用援助等の支援を行う。【子育て支援総合コーディネート事業】
選択事業	(9)ショートステイ事業	子育て短期支援事業。保護者が病気になった場合などに児童養護施設等において一時的に児童を短期間(7日間程度)預かる。
	(10)トワイライトステイ事業	保護者が仕事等により帰宅が夜間になる場合や休日の勤務の場合に，児童養護施設等において一時的に預かる。
	(11)訪問型一時保育事業	乳幼児健康支援一時預かり事業。保護者が病気になった場合などに一時的に児童の居宅に保育士等を派遣して保育を行う。
	(12)特定保育事業	保護者がパートを行っている等により保育が困難な就学前児童に対して，週2，3日程度または午前か午後のみ等の柔軟な保育を行う。

出典：2004年6月厚生労働省報道発表資料

表 2.7　東京都の育児支援制度

支援事業名		事業区分	財源	主な事業内容
子ども家庭支援センター		都事業	都1/2，区市町村1/2	①子どもと家庭に関する総合マネジメント事業(総合相談，関係施設との連携で各種サービスの提供)，②地域ボランティア・子育て支援グループの育成，③要支援家庭サポート事業(見守りサポート，虐待防止支援訪問，育児支援ヘルパーの派遣)
子ども家庭在宅サービス	ショートステイ	国事業	全額国	児童福祉施設，養育家庭等で短期間(７日程度)預かる。
	トワイライトステイ		全額国	児童福祉施設，養育家庭等で夜10時頃まで預かる。
	一時保育		国・都・区市町村各1/3	未就学児を日中一時的に保育所で預かる。
	訪問型一時保育		全額国	緊急・一時的に保育士等を保護者宅に訪問して保育を行う。
	特定保育		国・都・区市町村各1/3	比較的に長い日時(＞64時間/月)にわたり児童を保育所で預かる。
	その他	自治体単独事業	全額区市町村	例，①産後支援ヘルパー事業(千代田区，杉並区，小金井市)，②乳幼児一時預かり事業(港区，練馬区，大島町)，③育児支援ヘルパー事業(台東区，清瀬市)
ファミリーサポートセンター		都事業	当初５年間 都1/4，区市町村3/4；６年目以降 都1/8，区市町村7/8	育児の援助を受けたい者(利用会員)と援助を提供したい者(協力会員)からなる会員組織で，会員相互の援助活動の橋渡しをする。
子育てひろば	A型	国事業	国・都・区市町村各1/3	①親子のつどいの場の提供，②子育て相談，③子育て啓発事業(子育て講座の実施，子育てサークルの育成等)＋選択事業
	B型※(国事業名)地域子育て支援センター		国・都・区市町村各1/3	上記①〜③事業に加え，④特別保育の実施・普及促進，⑤保育資源の情報提供，⑥家庭的保育を行う者への支援
	つどいの広場		全額国	上記①〜③事業

子育て相談		全額区市町村	保育所，児童館等の公共施設で子育て講座や育児相談を行う．電話での相談もある。一部のサービスが子育てひろば事業と重なることもある。
子育てに関する講座・サークル活動	自治体単独事業	全額区市町村	両親学級，離乳食講習会，親子体操教室，育児交流会，子ども読書フェア等の活動。
冊子等の発行		全額区市町村	子育て便利帳，地域安全マップ，子育て支援総合情報誌等の無料配布。
子育て家庭への家賃助成		全額区市町村	住み替え家賃助成(文京区，墨田区)，中堅ファミリー家賃助成(目黒区)等。

出典：周燕飛『区市町村におけるこども家庭支援事業の実施状況』2007，p. 210

ショートステイ事業

ショートステイ事業とは，保護者が病気になった場合などに児童養護施設等において一時的に児童を短期間（7日間程度）預かるものである。またトワイライトステイ事業（夜間養護等事業）とは，保護者が仕事などにより帰宅が夜間になる場合や休日勤務の場合に，児童養護施設等において一時的に預かるものである。これらはもともと母子家庭に対する福祉制度として法制化された（2002年11月22日成立，03年4月1日施行）ものだが，「子ども・子育て応援プラン」では「保護者の疾病や育児疲れ，恒常的な残業などの場合における児童養護施設等での児童の一時的な預かりを推進する」として，母子家庭福祉の枠組みがはずされ子育て支援に位置づけられた。たとえば，次子の出産時に入院をする場合などにも利用が拡大されたことになる。

2007年現在，ショートステイ事業は511カ所，トワイライトステイ事業は236カ所で実施されており，5カ年目標は2009年度にショートステイ事業870カ所（全国の児童養護施設，母子生活支援施設，乳児院の約9割で実施)，トワイライトステイ560カ所（全国の児童養護施設，母子生活支援施設，乳児院の約6割で実施）である。

筆者が居住する東京都北区では，2006年1月にショートステイ事業が開始された。①病気や出産の入院，②家族の介護，③事故や災害，④冠婚葬祭の出席，⑤仕事（残業・出張等)，⑥その他，特別な事情，で申し込みができ，証明書類を添えて1週間前までに申し込むと，2～12歳（小学校6年生）までの子どもで，1日5人の定員を超えていなければ，区内の児童養護施設に短期入所できる。費用は一日 2,800 円プラス実費。年間 7 日間までしか利用ができない。

トワイライトステイ事業は午後 1 時から午後 10 時までの入所で一日 800 円，年間 30 日が限度である。

4　行政の保育サービスの全体像

就労支援と保育支援

以上のように保育政策が進められてきたが，現在の次世代育成支援に関係する制度をまとめると，**図 2.1** のようになる。

就労の面での支援は，子どもが 1 歳までの育児休業，子どもが就学するまでの勤務時間短縮（時短）が柱になっている。

保育での支援は，保育所と就学後の放課後児童クラブ（学童）がメインになっている。3 歳からは幼稚園があり，原則 4 時間の通所であるが延長して預かる預かり保育がある。また，地域の子育て支援もある（一時保育，ファミリーサポートセンター等）。現金給付（子育て家庭への直接的な手当支給）は，児童手当が柱になっている。

さまざまな保育制度の拡充

親が就労している時に，主たる保育場所になっているのは保育所である。保育所は主として日中の平日に開所しているのであるが，それで補えない部分を付加するさまざまな保育制度が拡充されてきた（**図 2.2**）。

開所時間を超える部分については延長保育を，さらに夜 10 時までは夜間保育やトワイライトステイなどがつくられた。また曜日では日曜祝日には休日保育，病児保育や急性期をすぎた病後児保育がある。そのほか，少人数の乳児を家庭的環境で保育する家庭的保育や，認可保育所ではないが助成を受けた事業所内託児施設などがある。

ただし一人の子どもがこれらの制度すべてを利用することは現実には困難であるし，居住地区にこれらがすべて整備されているとは限らない。制度的に存在することと，利用できること，制度にアクセスできることは別の次元である。これについては本書全体で検討しよう。

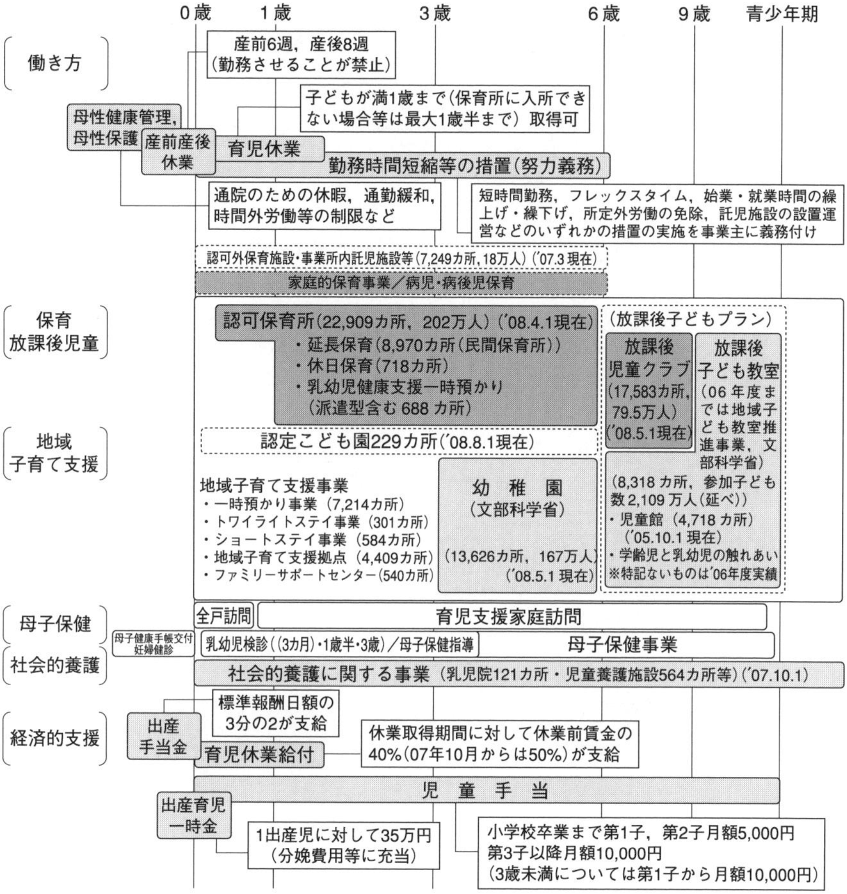

図 2.1　次世代育成支援に関する制度の現状

出典：厚生労働省社会保障審議会少子化対策特別部会／第1次報告（2009年2月）

保育サービスを分類すると，保育施設で提供されるサービスと，保育施設以外で提供されるサービスに分けられる（**表 2.8**）。保育施設は，大きく認可保育所と認可外保育所に分けられる。認可保育所は，設備や職員配置などについて，国が定めた最底基準を踏まえた基準により，都道府県知事の認可を得て設置・運営される保育施設をいう。認可外保育所は認可保育所以外の保育施設をさし，公費補助を受けた東京都認証保育所，保育室，家庭福祉員（保育ママ），事業所内保育施設があり，補助

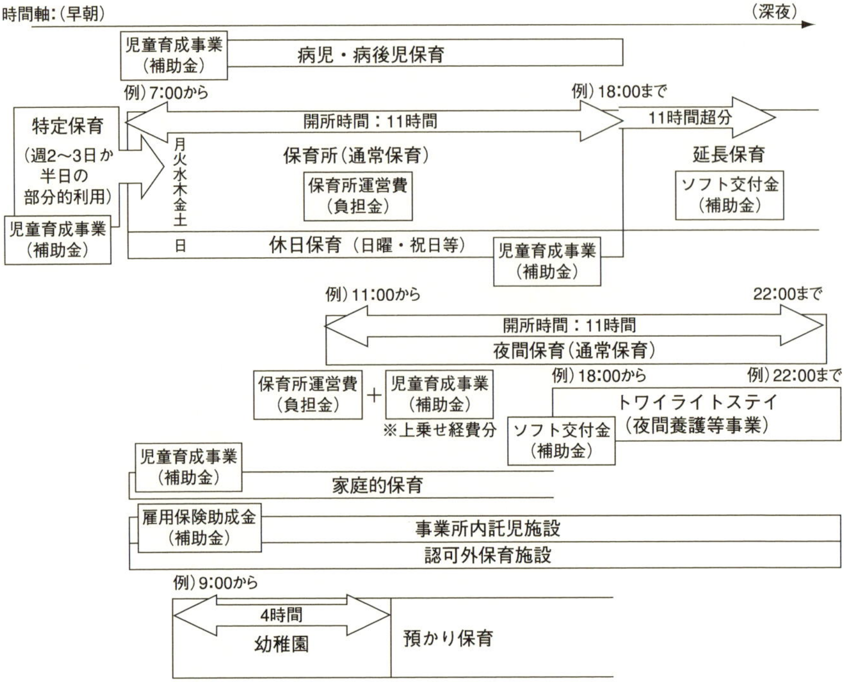

図 2.2　保育サービスの全体像
出典：厚生労働省社会保障審議会少子化対策特別部会／第1次報告（2009年2月）

を受けない施設として，民間の託児施設やベビーホテルがある。保育施設以外で提供される保育サービスには，幼稚園の預かり保育，ファミリーサポートセンター，一時保育，ベビーシッターがあるが，いずれも何らかの公的補助制度が存在する。

5　現状とニーズの差

「数」のうえではかなり改善

このようにみてくると，制度がこれほど整っているのに，なぜ少子化がとまらないのか，なぜ保育に対する要請がますます高まっているのか，なぜ育児不安，児童虐待，リスク家庭など，子育てにまつわるさまざま

表 2.8　保育サービスの類型

施設において提供される保育サービス	認可保育所	公立保育所	知事に届け出て，区市町村が設置した保育所。 最近では，運営・管理を民間事業者に委託するいわゆる「公設民営保育所」も増えつつある。
		私立保育所	知事の認可を得て，社会福祉法人ほか民間主体が設置した保育所。2000年に，それまで社会福祉法人に限られていた設置主体の制限が撤廃され，株式会社や特定非営利活動法人(NPO)なども保育所を設置することができるようになった。(各区市町村，国，都の負担金・補助金あり)
	認可外保育施設	認証保育所	13時間以上の開所や0歳児からの受入れなど，東京都が定める要件を満たし，都知事が認証した保育施設。A型(駅前基本型)とB型(小規模・家庭的保育)がある。(公費による補助金あり)
		保育室	3歳未満児を対象とした小規模・家庭的な保育施設。都では，保育サービス水準の向上のため，認証保育所B型への移行を進めている。(公費による補助金あり)
		家庭福祉員(保育ママ)	区市町村に登録された個人(家庭福祉員)が3歳未満児(3人まで)を家庭で保育する制度。(公費による補助金あり)
		事業所内保育施設	事業所や病院等において，その従業員の乳幼児を対象にした保育施設。(公費による補助金あり)
		民間の託児施設	駅前，商業施設，住宅地等における民間の託児施設。(登録義務あり自治体の監督あるが補助金なし)
		ベビーホテル	上記保育施設以外で， ①午後7時以降の保育を行っている ②宿泊をともなう保育を行っている ③時間単位での乳幼児の預かりを行っている のいずれかの要件に該当するもの。(公費による補助金なし)
その他の保育サービス(保育施設以外で提供される保育サービス)	幼稚園における預かり保育		在園児を対象に，保護者の就労や急用などの時に開園時間の前後に預かって保育する。(公費による補助金あり)
	ファミリーサポートセンター		育児の援助等を行いたい者と受けたい者からなる会員で組織される地域の子育て支援組織。(公費による補助金あり)
	訪問型一時保育		保護者が病気や入院等により緊急で一時的に保育が必要となる場合，自宅に保育士等を派遣する。(公費による補助金あり)
	ベビーシッター		家庭や旅行先などに出向いて子どもの世話をする。(公費による補助金あり)

注：認証保育所は東京都の制度。自治体独自の制度もある。たとえば横浜保育室制度など。
出典：東京都『次世代育成支援東京都行動計画』内「東京都保育計画」2005，p.143を一部修正

な問題が浮上するのかが疑問になってくるかもしれない。

確かに，保育所という「パイ」「受け皿」は拡充傾向にある。この 60 年間で保育所の数は 14 倍にも増えている。一方，子どもの人口は，1960 年の 0 〜 5 歳人口を 100 とすると，99 年のそれは 73.9 と縮小している。保育所整備は急速に進んでいるといえる。実際，1984 年から 97 年前後までは，少子化に対応するかたちで保育所数も保育所利用児童数も激減傾向にあるが，それ以降は，少子化に逆らうように保育所施設数，保育所利用児童数，保育所定員数すべてで増加しているのである。

1960 年には 0 〜 5 歳児の 7 %が保育所に，8 %が幼稚園に在籍していたにすぎなかったのが，現在では図 1.5 でみたように，3 歳児では 39.7 %が保育所に，39.1 %が幼稚園に在籍している。

1963 年に新日本婦人の会は「ポストの数ほど保育所を」というスローガンをかかげて運動を開始したが，少なくとも「数」のうえではかなり改善したようにみえる。

ニーズの多様化

では，なぜパイは増えているのに，子育て支援策がニーズに見合っていないのか。理由は三つあるだろう。一つには，ニーズのほうがさらに多様化し，子育て支援策が追いつかないという状況がある。

親の就労率はますます高くなるだけでなく，休日や夜間の就労，不定期就労，派遣社員など，就労形態が多様化している。その一方で，親や近隣，友人の支援など，家族・近所のインフォーマルな支援はますます弱体化している。

UFJ 総合研究所が 2003 年に出した『子育て支援策等に関する調査研究報告書』によると，保育所を利用している母親のニーズで高いのは，病児への対応（50.0 %），不定期就労に対応した保育サービス（46.9 %）などであった。

待機児童対策はとくに都市部で改善されていない。待機児童率が入所児童の 1 割を超えて増加しているところさえある。預けるところさえあれば仕事をしたいのに，入園できないから求職活動もできないという潜在的待機児童も少なくない。

就労を希望する母親の数をもとに政府は，**図 2.3** のように，100 万人

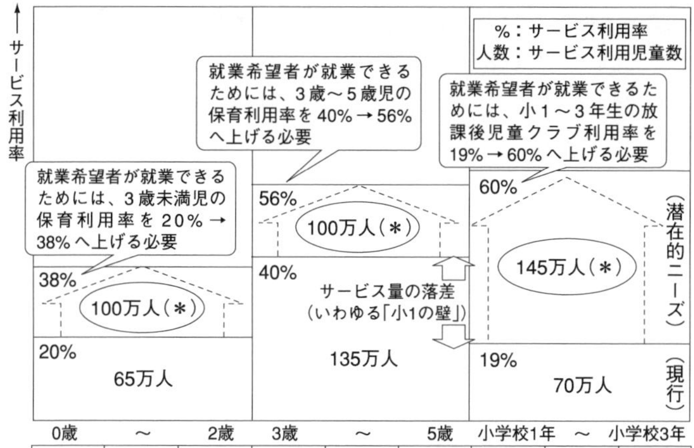

	0歳	1歳	2歳	3歳	4歳	5歳	小1	小2	小3
児童数(2006年)	108万人	105万人	109万人	112万人	115万人	117万人	118万人	118万人	119万人

＊潜在的ニーズの量は，現在の児童人口にサービス利用率を乗じたものであり，将来の児童数により変動があり得る。

図 2.3　保育・放課後サービスの現状と潜在的ニーズとの差

出典：厚生労働省社会保障審議会少子化対策特別部会／第１次報告（2009年２月）

の保育所定員，145 万人の放課後児童クラブ利用数が必要となると試算している。「待機ゼロ運動」でいう待機児童は，入園申請したのに保育園に入所できない児童のことであって，このような潜在的待機児童は数に入っていないのだ。

さらに，就労していない家庭でも，保育に対するニーズは高い。在宅で子どもをみている母親の 46.1 %が「緊急時に預かってくれるサービス」をニーズとしてあげていた。子の祖父母（子育て中の者の親）などのインフォーマルなサポートが得られにくい環境では，緊急時に受け皿がないことは子育てを困難にする。こうしたニーズも含めれば，**図 2.3** の必要規模は，さらに割合が高くなるだろう。

制度の整備と利用できる実態の齟齬

第二には，制度の整備と利用できる実態の齟齬があげられる。たとえば，夜間保育所が市や区に一つあったとして，そこに恒常的に通園できるわけではない。通園できるよう保育園にあわせて転居する例も少なくないが，一般の保育所より入園倍率が高いことが通常で，申請したところで入園できないという事態が想定される。

また，生活圏になければ利用できない。全国保育協議会の『全国の保育所実態調査』（2008年）によると，一時保育を実施している保育所は48.7％と半数を切り，休日保育実施率は17.2％，夜間保育実施率は7.2％，病後児保育実施率では1.2％というサービス提供率の低さである。

また，制度があっても利用を躊躇することは間々ある。一度も親と離れて寝たことがない子を突然，行ったことのない保育所や児童養護施設，乳児院などの施設に預けて出張に出かけられるかというと，職業キャリアを断念して出張を辞退するという選択を選ぶ母親は少なくないだろう。したがって，出張先で一時保育所が利用できるなど，きめこまかな選択肢の整備が望まれるのである。

さまざまな家庭

第三には，制度からこぼれ落ちる者が十分想定されていない点があげられる。現在の子育て支援制度が「多様なニーズに対応する」ことを目指しているとはいえ，それは子どもが健常児で，正規の被雇用者で，平日・日中の定時時間に就労し，産休と育休を取得でき，複数の保護者がいる――（「標準的な近代家族」）を念頭においている。しかし，就労の実態は非正規雇用が増大し，産休・育休は非常に取得しづらいのが実情である。また，不定期就労や非就労で育児支援のニーズがある者も増大している。「標準的な近代家族」はもはや幻想で，「制度からこぼれ落ちる者」のほうが主流になりつつあるのである。

第3章
保育「制度」の基本問題
――「保育に欠ける」は時代遅れ

荒井浩道

1　社会福祉の制度化

わが国の社会福祉の展開は，国家による「制度化」のプロセスとしてとらえることができる。それまでの家族や地域での支え合いや一部の宗教家や資産家による支援が，時代的・社会的状況にあわせてきちんとした法律や制度として整備されていくプロセスである。

このような社会福祉の制度化の方向は，すべての国民が公平にサービスを受給できるという意味において，社会福祉の発展／進展ととらえることができるだろう。「誰もが安心して暮らせる社会」をつくるという社会福祉の目的からすれば，少しずつではあるが，それに向かって歩を進めていることになる。

社会福祉の制度が未成熟な時代は，困難を抱える多くの人びとにとって，フォーマルなサービスを期待することはできなかった。そこでは，インフォーマルな「地域や家族による支え合い（共助）」に頼るか，「自分自身でなんとかする（自助）」しかなかった。こうした点で，公的な支援体制が整った現代社会は，社会福祉が発展／進展した社会ということができるだろう。

しかし，周知のとおり，現代社会は「誰もが安心して暮らせる社会」とはなっていない。それどころか多くの課題が山積し，非福祉的ともいえる社会的状況にある。なぜこのような事態に陥っているのだろうか。

2　社会福祉基礎構造改革

社会福祉事業法から社会福祉法へ

今日の子育て支援「制度」を論じるうえで，まず踏まえておかなければならないものとして「社会福祉基礎構造改革」がある。

旧厚生省は1997年8月から「社会福祉事業等の在り方に関する検討会」を開催し，同年11月，報告書として「社会福祉の基礎構造改革について（主要な論点）」をとりまとめた。そして，これを参考に中央社会福祉審議会に設置された社会福祉構造改革分科会により検討が行われ，1998年6月17日に「社会福祉基礎構造改革について（中間まとめ）」[1]が公表された。

この社会福祉基礎構造改革は，わが国の社会福祉の方向を基礎づけ，今日の福祉の動向に大きな影響を与えている大改革で，その改革の目玉は2000年に実施された「社会福祉事業法」の「社会福祉法」への改正／改称である。それにともなって身体障害者福祉法，知的障害者福祉法，民生委員法，生活保護法，老人福祉法，本書のテーマと関連の深い児童福祉法など，社会福祉に関する重要な法律も改正された。

この改革の基本理念は「個人が人としての尊厳をもって，家庭や地域の中で，その人らしい自立した生活が送れるよう支える」というものであり，その背景にある考え方は，「国民が自らの生活を自ら営むことが基本」，「自らの努力だけでは，自立した生活を維持できない場合に社会的連帯の考え方にたった支援」である。そして具体的な改革の方向は，①社会福祉事業の推進，②質と効率性の確保，③地域福祉の確立，の三点である[2]。

このような大きな改革が必要となった背景として，第2次世界大戦後まもなく成立した社会福祉事業法が前提としてきた生活困窮者の保護，救済という役割を超え，新しい役割が求められるようになったことがあげられる。人びとの社会福祉に対するニーズ，あるいはサービスの供給主体が多様化するなかで，従来の社会福祉制度の枠組みでは対応しきれなくなったのである。

措置制度から利用制度へ

社会福祉事業法から社会福祉法への改正／改称の中で，本章の関心からとくに注目されるのは，「福祉サービスの利用制度化」と呼ばれるもので，「措置制度から利用制度へ」という福祉サービスの受給をめぐる考え方の大きな転換である（**図 3.1**）。

従来，福祉サービスの供給は，行政による「措置制度」を基本としていた。この制度は，行政がサービスを受ける人の優先度を判断し，行政処分としてサービスを提供する（＝措置する）という仕組みで，従来の社会的状況においては一定の役割を果たしてきた。しかし，サービスの提供が行政による一方的なものになりがちで，サービスを受ける人の意向が反映されにくいという欠点があった。

こうした欠点を克服するために導入されたのが，「利用制度」と呼ばれるものである。これは措置制度と異なり，サービスを提供する側とサービスを受ける側が対等な関係にたち，サービスを受ける者が，複数の選択肢の中から自分にあったサービスを自分で決めることを前提とした制度である。

この福祉サービスの受給をめぐる転換は，サービスを利用する当事者の意識にも大きな影響をもたらした。これまで福祉サービスを受けることは，「福祉のお世話になる」ことであり，心理的にとても抵抗のあるものであった。それが「措置制度から利用制度へ」の変化によって，サービスを受けることは「お世話になる」ことではなく，「利用する」ことという意識に徐々に変化しているといえよう。

社会福祉基礎構造改革については，これまで多くの論者により，とくに費用負担の問題で批判的に論じられてきた。つまり，これまで社会福祉サービスの供給を担ってきた国家の責任回避であり，「利用者主体」，「自立支援」といった理念は事実を隠蔽するレトリックである，という

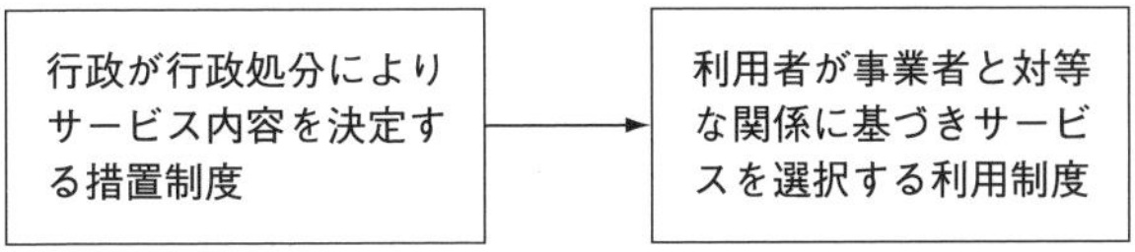

行政が行政処分によりサービス内容を決定する措置制度
利用者が事業者と対等な関係に基づきサービスを選択する利用制度

図 3.1　福祉サービスの利用制度化

出典：厚生省「社会福祉の増進のための社会福祉事業法等の一部を改正する等の法律の概要（2000年６月）」をもとに作成

批判である。

こうした費用負担をめぐる問題は，低所得者や年金生活者の立場からいえば無視できない重要な論点といえる。しかし本章では，費用負担の問題については詳述せず，措置制度から利用制度へという「新しい制度化」で中で起きている事態そのものに着目したい。

3　児童福祉法の改正と保育所の入所要件

「措置」から「申込み」へ

社会福祉基礎構造改革をもっとも象徴する法律は，1997 年 12 月に成立し，2000 年 4 月から実施された介護保険法といえる。この法律は，高齢者の介護のあり方を根本から変え，利用制度をめぐっては「措置から契約へ」，家族介護をめぐっては「介護（ケア）の社会化」といったフレーズとともに，大きなインパクトがあるものとして私たちに受け止められた。だが，社会福祉基礎構造改革の先鞭をつけたのは，じつは 1997 年 6 月の児童福祉法の改正であったといえよう（実施は 1998 年 4 月）。児童福祉法は現在にいたるまでいく度も改正を繰り返しているが，この時の改革は「保育所」の利用のあり方が従来とは大きく変わったものとして注目される。

これまで市区町村などの自治体が，行政処分として対象となる児童の入所を決定する，いわゆる「措置」のかたちをとっていたが，この改正で保護者が入所するかどうかを決め，入所する保育所を選べるようになったのである。法律上も保育所について定めてある児童福祉法第 24 条に明記されていた「措置」の文言は削除され，保護者からの「申込み」が前提とされた。この方式は，保護者と保育者とが直接契約を結ぶ仕組みではないが，保育の実施者である市区町村が保護者の選択を支援し保障する責務を有することとなった。

この法改正には時代的な要請があったことはいうまでもない。これまでの児童福祉の施策も，ほかの社会福祉諸施策と同様，救貧対策的色彩が強いものであった。具体的には，母子家庭や生活保護家庭に対する支援ということである。しかし，経済水準の向上，核家族化や女性の社会進出などが進むことで，保育所に求められる役割が大きく変化してきたのである。このことは保育所の役割が相対的に小さくなったということではない。保育所は時代の要請に応えるべく，社会の育児資源として「新しい役割」を担うようになったといえる。

「保育に欠ける」という入所要件

このように「措置」の文言が削除され，新たに「申込み」の制度となったことで，子育て支援も，社会福祉基礎構造改革が目指す措置制度から利用制度へという時代に即した改革の方向にむかっていくことになった。しかし，注意しなければならないのは，保育所の入所手続き上の変更はあったものの，保育される児童（家庭）の要件については，根本的に改正されていないという点である。

そもそも保育所は，児童福祉法第 24 条で「保護者の労働又は疾病その他の政令で定める基準に従い条例で定める事由により，その監護すべき乳児，幼児又は第三十九条第二項に規定する児童の保育に欠けるところがある場合において」，児童を保護者に代わって保育する児童福祉施設とされている。

ここでいう「保育に欠ける」とは，保護者が昼間の就労を常態としていること，妊娠中または出産後間もないこと，病気・けが，または心身の障害があること，同居の親族を介護していること，災害の復旧にあたっていること，などであり，「同居の親族」などが当該児童を保育することができないという要件も加わる（児童福祉法施行令第 27 条）。自治体によっては，祖父母と同居している共働きの家庭が保育所の利用を希望する場合は，祖父母が疾病やその他の理由で保育ができないことを「証明」する必要がでてくる。

この「保育に欠ける」とは，いったいどのような概念であろうか。

まず注目されるのは，「欠ける」という言葉のもつ差別的含意である。辞書（『大辞林』三省堂）を引くと，「あるべき要素が不足する。また，存在しない」ことと説明され，とくに「…に欠ける」の用法では「期待されている分量よりも少ない」という意味があり，例文としては，「面白味に欠ける」と「常識に欠ける」があげられている。

この定義からもわかるように，「保育に欠ける」要件とは，「あるべき要素」や「期待されている分量」として，「家族」による子育てがきちんとできる家庭を標準的な家庭として，制度的な前提としている。そして，このような標準的な家庭ではない，非標準的な家庭の子どもが保育所の入所要件に合致することになる。そこには「保育に欠けない」家庭こそが「正常」であって，「保育に欠ける」家庭は「正常ではない」という隠れた意味を読み込むことも可能であろう。

4 変わっていく家庭

専業主婦の家庭は少数派に

この要件はこれまでもたびたび問題となり，抜本的な改正が求められてきた。最近では2008年7月2日の規制改革会議「中間とりまとめ―年末答申に向けての問題提起」において，「保育に欠ける」要件が「保護者の就業状況や就労形態の多様化，核家族化の進行や子育てに困難を抱える家庭の増加など，子どもを取り巻く環境が大きく変化しているにもかかわらず，長年見直しがなされていない」現状をふまえ，「共働き世帯のみならず，専業主婦（夫）世帯でも，保育所において保育・子育て支援サービスを利用できるような基準に改めるべきである」と提言されている（現時点においては改正されていない）。このように「保育に欠ける」という要件は今日の社会的状況をふまえれば，きわめて時代遅れといえる。本章では，このことをより深く考えていくために，逆説的ではあるが「保育に欠けない」家庭の現状をみていきたい。

「保育に欠けない」家庭として想定されているのは，妻の就労のあり方から考えると，①夫婦共働き家庭ではなく，妻が専業主婦の片働きの家庭といえる。また育児資源としての祖父母との関係からいえば，②共働きであっても祖父母と同居し，その祖父母が育児に協力的であること，である。

図3.2は，共働きの世帯数の推移を示したものであるが，1980年以降，夫婦ともに雇用者の共働き世帯が年々増加し，97年以降は共働きの世帯数が男性雇用者と無業の妻からなる片働き世帯数を上まわっている。2005年には，共働きの世帯数988万世帯，男性雇用者と無業の妻

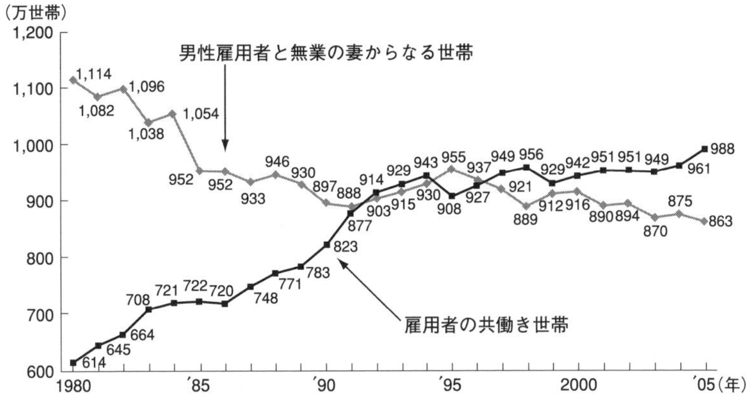

図 3.2　共働き等世帯数の推移

注 1：1980年から2001年は総務省「労働力調査特別調査」(各年 2 月，ただし，1980年から1982年は各年 3 月，2002年以降は「労働力調査（詳細結果）」(年平均）より作成。
注 2：「男性雇用者と無業の妻からなる世帯」とは，夫が非農林業雇用者で，妻が非就業者（非労働力人口及び完全失業者）の世帯。
注 3：「雇用者の共働き世帯」とは，夫婦ともに非農林業雇用者の世帯。
出典：内閣府『男女共同参画社会白書（平成18年版)』第1-2-13図

からなる片働き世帯が 863 万世帯と，共働きの世帯が 125 万世帯ほど上まわっている。妻が専業主婦の片働き家庭は，今日では標準的な家庭とはいえず，むしろ少数派となっているのである。

新しい高齢者像

つぎに，祖父母と同居し，その祖父母が育児に協力的である家庭についてみていきたい。若い共働きの夫婦が子育てをしていくうえで，同居する祖父母の育児協力はとても心強いものとなる。しかし今日では，明確な数字はないものの，このことを前提とすることは少し難しくなっていると考えられる。

たとえば**図 3.3** が示しているように，親世代（祖父母）が子ども世代と別居を希望する割合は 1969 年では 11.8 %だったのが，06 年には 35.9 %にまで増加している。その一方で，今日の高齢者の特徴として，活発な社会参加をあげることができるだろう。**図 3.4** が示しているように，高齢者のグループ活動への参加状況は近年急速に高まりつつある。

このように近年の祖父母世代は，従来の高齢者と同一にとらえることのできない「新しい高齢者」であるといえよう。彼／彼女たちは，子ど

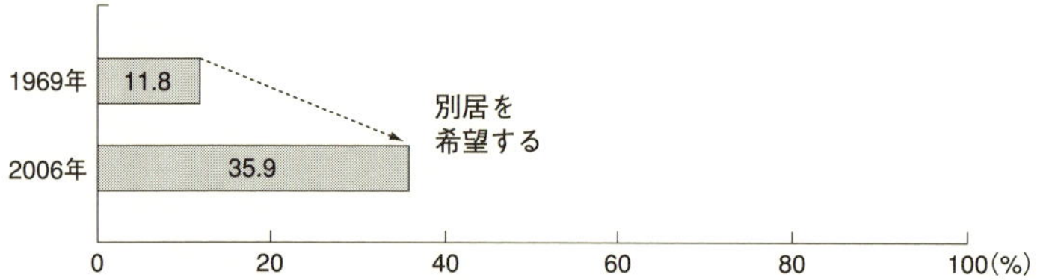

図 3.3　子ども世代との別居の意向

注 1：内閣府「老後の生活に関する世論調査」(1969年),「老後の生活に関する意識調査」(2006年) により作成。
注 2：1969年調査では,「あなたの希望としては，できれば (今後も) お子さんと同居したいと思いますか，それとも別居したいと思いますか。」と尋ねた問に対し，回答した人の割合。
注 3：2006年調査では「あなたは，今後，子ども世代との同居を希望しますか。既に同居されている方は，同居を続けることが望ましいかどうかをお答えください (○は一つ)」と尋ねた問に対し，回答した人の割合。
注 4：回答者は，1969年調査は全国の子どものいる50歳以上の男女2,437人。2006年調査は全国の子どものいる60歳以上80歳未満の男女765人。
出典：『平成19年版国民生活白書』第1-1-27図

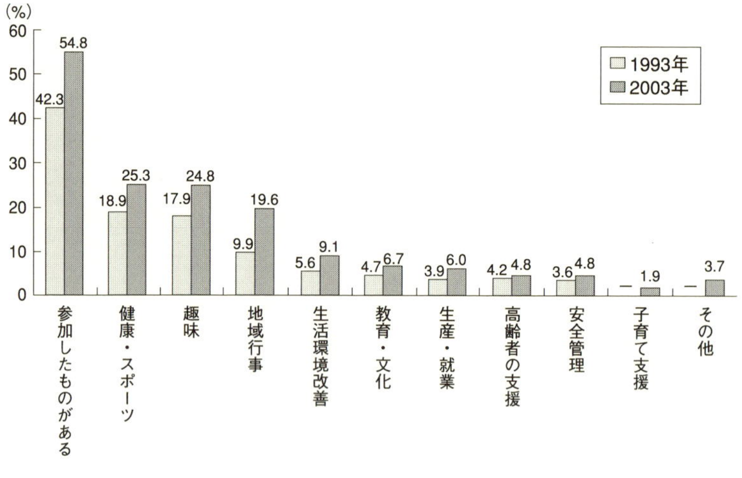

図 3.4　高齢者のグループ活動への参加状況 (複数回答)

注：全国60歳以上の男女を対象とした調査結果。
出典：『平成20年版高齢社会白書』図1-2-52

も世代に経済的あるいは精神的に依存するのではなく，自立的に自らのライフスタイルを尊重するようになってきている。したがって，たとえ子ども世代が，同居や育児への参加を希望したとしても必ずしもそのとおりにはいかない。従来のように高齢者との同居はそれほど期待できるものではなく，また実際に同居できたとしても，今日の高齢者は忙しく，孫の世話を行う時間的余裕はあまりない。

構造的遅滞

本章の冒頭における問いは，わが国において「制度化」が進展しているにもかかわらず，現状として「誰もが安心して暮らせる社会」とはなっていないのはなぜか，というものであった。とくに社会福祉基礎構造改革以降，時代に即した制度改正が行われ，子育て支援をめぐる制度においても，児童福祉法が改正され，保育所の入所のあり方も従来の行政処分としての「措置」から「申込み」制度へと変更された。

しかし，「保育に欠ける」という入所要件はいまだに変更されていない。この「保育に欠ける」要件は，もはや今日の家族の現状からすると時代遅れなものとなっているのである。

このような事態を説明するためには，「構造的遅滞」(structural lag)[3]という概念が有効であろう。この概念が説明するところは，今日の社会構造上の大きな変化とそれにともなう私たちの社会的な意識の変化に，制度が追いつかなくなってしまうジレンマである。本来，制度は時代に即したものでなくてはならない。社会福祉制度も，これまでは時代の要請に応えるべく原則的には機能していた。しかし，急速な少子高齢社会の到来は，私たちの意識と制度の間にズレを生むことになったといえよう。

このようなズレは，本章で確認された「保育に欠ける」という要件にみられるように明文化されている制度それ自体においても確認できるが，いっそう深刻なのは，人びとがサービスを利用する際の運用レベルにおいてである。本書の「III　子育て支援の現場」では，当事者や現場の実情を具体的にみていく。

註

1）厚生省『社会福祉基礎構造改革の実現に向けて』1998（『平成 11 年版厚生白書』にも収録されている）

2）厚生労働省「『社会福祉基礎構造改革について（中間まとめ）』の要点」厚生労働省ホームページ http://www 1.mhlw.go.jp/houdou/1006/h 0617-1.html

3）この概念については，Riley M. W., Kahn, R. L., Foner, A, 1994, Age and Structural Lag: Society's Failure to Provide Meaningful Opportunities in Work, Family and Leisure, Wiley-Interscience. を参照。

第4章
「育児する父親」像の創出
——育児に参加する父親は理想的な父親か

杉本昌昭

1　父親の育児参加を促すキャンペーン

「育児をしない男を，父とは呼ばない」

1999年，厚生省（現・厚生労働省）は「育児をしない男を，父とは呼ばない」という挑発的なコピーで，父親の育児参加を促進するキャンペーンを行った。当時，幅広い人気を集めていた歌手・安室奈美恵の夫でダンサーのSAMをイメージ・キャラクターに採用したポスターが注目を浴び，テレビCMも活用した大がかりなキャンペーンだったこと，また夫妻の第一子のお披露目というニュースバリューも重なり，この企画はマスメディアでたびたび取り上げられることになる。

このキャンペーンは，少子化対策の一環として厚生省児童家庭局が企画したものである。ポスターに大書された文言については当初，局内でも異論がさしはさまれたということであったが，最終的に刺激的なキャッチコピーが採用されたのは，男性の育児参加に関する議論を活発化させる契機になればという目的が重視されたからであるといわれている[1)]。

実際，このキャンペーンをつうじて，育児をめぐる父親・母親の役割分担が一般の人びとのあいだでも話題とされるようなった。また，少子化の原因に関する議論が深化するきっかけともなったのである。

つまり，合計特殊出生率が過去最低を記録した「1.57ショック」(1989年) から10年をへた当時にあって，それまで繰り返されてきた父親の育児参加の議論に対し，語りやすい具体的な論点が追加されることになったのである。そして，このキャンペーンをめぐる発言は，父親の育児参加に対する評価というかたちで，各人の価値観，とくにジェンダー観をあらわにするものであった。

キャンペーンに対しては，数多くの批判が寄せられた。当時，自由党に所属していた2人の代議士，藤井裕久・井上喜一が厚生省に対して行った抗議はその代表的なケースである。とくに両氏が行った批判の中で，このような啓発活動が育児をしない母親を肯定するものであるとの主張は非常に象徴的であろう。他方，厚生省児童家庭局には子育て中の母親から父親の育児参加を支持する意見が数多く寄せられたという[2)]。

私的なものから社会的なものへと変化した育児

父親の育児参加を促進することに対するイデオロギー的な忌避感は，家族内・夫婦間の伝統的性別役割分業に根差したものである。父親は家庭外で仕事をし，母親は家庭を守るというイデオロギーは，承知のとおり，明治期以降，近代家族の出現・定着に合わせて確立したものである[3)]。そのイデオロギーが日本古来の伝統のように語られるポリティクスは，それはそれで興味深いものではあるが，ここで注目すべきは，父親による育児の是非は別にして，育児という家庭内の事情・状況に国が口をさしはさむべきではないという批判もまた，数多く寄せられたということである。

つまり，厚生省によるこのキャンペーンは，子どもをもうけ，その子どもを育てるという家庭内の事柄が，少子化という逼迫しつつある社会状況のもと，社会的な文脈で論じられるようになった端緒でもあった。

現代社会は，国家的な政策目標が，従来とは異なる形式で個人生活に影響を与える時代である。第2次世界大戦中の総動員体制，高度経済成長期の労働意欲の内面化などは，国家の政策目標がそのままのかたちで個人生活を制約していたということができる。つまり，私的なるものの国家への自発的一致が求められていた。これに対して，たとえば子育て負担の軽減のため，地域で子どもを養育していこうとする昨今の趨勢や，児童虐待の防止を目的とした強制措置の執行がより迅速に行われるようになったことなどは，私的なるものの所有権・管理権限が国家にも分有されるにいたった状態といってよい。つまり，子どもを社会的存在として再認識する傾向が強くなっているのである。そして，そのような動向が顕在化していく一つの契機が，父親の育児参加を主張するこのキャンペーンだったと位置づけることも可能だろう。

キャンペーンでは，1996年に実施された「社会生活基本調査」（総務省が5年ごとに実施する，国民の生活における「時間のすごし方」と一年間の「余暇活動」の状況など暮らしぶりの調査）の結果から，父親の一日当たりの平均育児時間が17分にすぎないという文言が大きく掲げられていた。これは母親の2時間39分にくらべて約15分の1で，いちじるしく少ない数値である。その後，2001年，06年に実施された同調査では，父親・母親の育児時間は，**表4.1・4.2**のとおり漸増しているとはいえ，やはり母親の育児時間との格差は大きいといわざるをえない。

もっとも，たんに所要時間だけをくらべれば，父親の育児量は2006年になると39分へと倍増している（その一方で，母親の育児時間も微増している）。この点に着目すれば，厚生省のキャンペーンは議論を喚起するとともに，父親の育児参加にも一定の実際的な効果をもったといえるかもしれない。キャンペーンの初期の目標は十分に達成されたのかもしれないが，他方，父親の育児時間の増加は父親と母親の育児内容の隔たりを埋めることにはつながっていないのである。

表4.1　年齢層別育児時間（2001）　（単位：時間.分）

夫						妻					
15～24	25～34	35～44	45～54	55～64	65歳以上	15～24	25～34	35～44	45～54	55～64	65歳以上
0.32	0.28	0.11	0.01	0.02	0.01	3.20	2.00	0.32	0.04	0.06	0.03

出典：「社会生活基本調査」

表4.2　曜日別育児時間（2006）　（単位：時間.分）

夫				妻			
週全体	平日	土曜日	日曜日	週全体	平日	土曜日	日曜日
0.39	0.25	1.16	1.14	2.54	3.07	2.24	2.20

出典：「社会生活基本調査」

「パパ検」

父親の育児参加が少なくとも時間の面では順調に拡大している――そういった趨勢を象徴し，さらに育児内容の質的転換を志向する一つの事例として「パパ検」がある。「パパ検」とは，正式名称を「子育てパパ力検定」といい，NPO法人ファザーリング・ジャパンが主催し，経済産業省や東京都などが後援団体として名を連ね，2008年の春に第1回が行われたものである。

この「パパ検」は，配偶者の出産によって自動的に父親になるという生活体験を相対化し，父親になるという主体的努力を「検定」という形に集約している点で非常に興味深い。また，父親としての生活を楽しむための基礎知識の確認を目的とすることが標榜されており，そういった点でもユニークな試みであるといえるだろう。この検定をつうじて，初歩的な育児参加であるオムツ交換や入浴などを出発点とし，育児への関与をさらに強めていく契機を，父親自身が見出すことが見込まれているのである。しかし，その出題内容は，検定試験という性格上，子育てに関する最大公約数的な知識を問うものが主体となっている（**表4.3**）。2008年に実施された第1回の検定試験では，育児をめぐるさまざまな社会制度，子どもの病気や発育など，多方面にわたる分野から50問が出題された。受験会場は東京・大阪・名古屋など6カ所，受験者数は約1,000人であった[4]。

表4.3　「パパ検」の問題例

Q1　2007年の出生数は，2006年と比べてどのように変化しましたか？
①3,000人程度の増加
②3,000人程度の減少
③2006年度と同様でほとんど変化なし
④1万人の増加

Q20　出産時には政府管掌医療保険では「出産一時金」が給付されます。現在は35万円の給付です。それでは双子が生まれた場合の給付額は，合計いくらになるのでしょうか？
①35万円
②50万円
③70万円
④105万円

出典：「子育てパパ力検定」公式ホームページより

「パパ検」は意欲的な試みであり，大規模な大衆動員を果たした点は，繰り返しになるが画期的である。しかし，検定の趣旨である「子育てを楽しむ父親」という目的に照らした場合，設問の方式についてさらに工夫の余地があったのではないだろうか。上述のとおり，検定試験であるがゆえに最大公約数的な知識を確認するところにとどまらざるをえず，さまざまな育児体験記・育児日記などで，子育ての醍醐味として語られる子どもの個性の発見やその尊重といった子育ての具体的な内容について踏み込んでいくことができていないからである。

たとえば，食べものの好き嫌い，同年齢の他の乳幼児とくらべた場合の行動の特徴，寝かしつけの方法など，パーソナルな事項にかかわる出題があってもよかったのではないだろうか[5)]。同検定では，論述形式の問題が最後に出題されたとされているが，その記述内容は採点の対象外として扱われたとのことである。

本章の検討課題

厚生省のキャンペーンと「パパ検」の二つの事例を紹介した理由は，近年，少なくとも時間面では拡大している父親の育児参加をめぐる諸問題を，この二つの事例が端的に表わしていると考えられるからである。

父親の育児参加において，まず検討が加えられなければならない点は，「育児」という概念の内実が未確定のまま議論されているということである。育児を論じるにあたり，たとえばそれをオムツ交換や入浴といった個別行為に細分化し，議論していくことに意義はあるのだろうか。もし，そういったアプローチが不毛な結果に終わるのであれば，育児という行為を再構成する新たな概念枠組みが必要なのではないだろうか。本章では，まずこの再構成作業を行う。

つぎに，父親の育児参加において検討しなければならないのは，どのような前提条件が伏在しているのかである。

父親の育児への関与を求める場合，「参加」ということばが使われる場合が多い。つまり，参加の可否については父親に選択の余地があるということであり，それは母親の存在が前提とされているわけである。このような逐語的な単語解釈は皮相にすぎるかもしれないが，少なくとも「父親」・「育児」・「参加」ということばのつながりが示唆するのは，母親の育児への専念という価値観なのである。そして，その裏返しとして，父親の子どもとのかかわりは教育・しつけであるといってよい。育児には手を出さないが，礼儀や食事の作法などしつけでは厳しい——そんな父親のイメージは想像に難くないのではないだろうか。

最終的に，本章の検討課題は，近年，父親に対して社会的に要請されるようになった育児という行為が，その内実において，母親による育児とどのように異なっているのかという点を明らかにすることにある。そして，育児に参加する父親というイメージがどのような社会的文脈のなかで成立したのかを追究し，育児に参加する父親を理想的と判断することに潜む種々のイデオロギーを明示し，育児に参加する父親が果たして本当に理想的な父親なのか，検討していこう[6)]。

2　父親に求められる「育児」とは

時間的育児・機能的育児・マネジメント的育児行為

「育児」には，授乳・オムツ交換などといった代表的なものから，乳幼児健診の受診，各種予防注射の計画的な接種，子どもの成長と季節に合わせた衣類の用意など，多種多様な個別行為が含まれている。**表 4.4** は，時事通信社が継続的に行っている「父親の育児参加に関する調査」から抜き出したもので，典型的な個別育児行為と，それぞれへの父親の参加の割合を示したものである。

表 4.4　父親による個別育児行為の参加割合

	2008年	2007年
おしめを替える	39.8%	41.3%
遊び相手をする	68.3	72.2
お風呂に入れる	70.9	72.9
ミルクを飲ませたり，ご飯を食べさせたりする	39.9	43.8
寝かし付ける	34.0	37.7
保育園などの送迎	22.4	27.7
その他	0.1	0.8
育児に参加していなかった（参加していない）	17.4	16.6
わからない	1.5	0.5

出典：時事通信社「父親の育児参加に関する調査」

これによると，父親の半数以上が「お風呂に入れる」，「遊び相手をする」ことをしていて，20～40％程度が「おしめを替える」，「ミルクを飲ませたり，ご飯を食べさせたりする」，「寝かし付ける」，「保育園などの送迎」などにかかわっていることがわかる。育児に参加していないのは 17.4％と少数派である。

しかし，ここで個別育児行為を父母のどちらが担うのかという分担の問題から検討することはあまり有益ではないだろう。親または子どもの突発的な病気や転居・転職などの家庭環境の変化，経済状況の変化など，想定外の例外状況を勘案すれば，家事行為の分担はいずれにせよ一時的な分担にほかならない。個別育児行為について，それは父親が担うことが多い，あるいは母親が担当している場合も少なくない，といった議論は有意性に欠けるといわざるをえない。

その代わりにここでは，育児行為の特徴に着目し，「時間的育児」，「機能的育児」という 2 分類を導入してみたい。そして，それら育児 2 類型と関連し，「マネジメント的育児行為」という新たな行為類型を提起する。

「社会生活基本調査」では，育児はつぎの五つに区分されている。

①乳幼児の身体の世話と監督

②乳幼児と遊ぶ

③子どもの教育

④子どもの送迎・移動

⑤その他の育児

これら五つには，時間的育児・機能的育児という二つの分類が含まれている。たとえば，②「乳幼児と遊ぶ」は時間の共有が主たる目的の行為で，時間的育児の典型的なものである。そのほか時間的育児には，保育士や地方公共団体によるファミリーサポート事業の保育ママやベビーシッターなど，代替的保育者によって担われうる育児行為が数多くみられることが特徴だろう。

他方，機能的育児行為とは直截的・明示的な目的をもった育児行為である。①「乳幼児の身体の世話と監督」には，午睡に入る子どもの寝かしつけという機能的育児もあれば，午睡中の子どもの見守りという時間的育児も入ることになる。

むろん，時間の共有が将来における発育にとって好影響を与えるというように，時間的育児と機能的育児という概念は，各育児行為を截然と分かつ区分指標ではなく，育児行為がもつ二つの側面を類型化したものである。そして，ここで強調しておきたい点は，多くの場合，時間的育児は父親に対して，機能的育児は母親に対して社会的に要請される育児行為にほかならないということである。

語られないマネジメント的育児行為

先にみた時事通信社の「父親の育児参加に関する調査」によると，「おしめを替える」という行為は 40 %近い父親がしているのであるが，そこには子どもの肌の質にあった紙オムツをどのように選ぶのかという選択行為は含まれていない。また，「ミルクを飲ませたり，ご飯を食べさせたりする」も 40 %近い父親が行っているが，授乳のためには，母乳育児とするのか粉ミルクを利用するのかという決定，粉ミルクであればメーカー・ブランドの選択といった，情報の収集とそれに基づいた選択という相当の知的な重労働が先行しているのである。

「保育園などの送迎」も同様に，通園する保育園の選択や保育園での生活に必要なものの準備，入園申請書の作成など，管理・マネジメントに類する育児行為がかなりある。

これらマネジメント的育児行為が，子育てにおいて大きな意味をもつことはいうまでもない。育児に関する具体的な決定に先立って，とくに近年ではウェブ上の子育て関連情報量がいちじるしく増大しているため，膨大な時間を要する情報収集が行われる傾向にある。父親の育児参加という問題設定を行った場合に，これらマネジメント的育児行為が等閑視されるきらいがあることは，ここで強調しておくべきだろう。

父親に求められる育児行為

では，父親にはどのような育児行為が社会的に要請されているのだろうか。父親に対しては時間的育児が求められ，対照的にマネジメント的育児行為が抜け落ちていることは上述のとおりである。おそらくは，「社会生活基本調査」や「父親の育児参加に関する調査」などが選択肢として掲げる行為こそが，父親が担うべき個別育児行為の範疇を構成していると考えて間違いないだろう。

もっとも，父親が率先して行うことが多いとされるオムツ交換についても，ユニ・チャーム生活科学研究所による調査では，母親からみて，合格点のオムツ替えができている父親は19％にすぎない[7]。そういった意味では，求められる育児参加の枠内で努力を重ねることもいまだ必要なのかもしれない。冒頭でふれた厚生省のキャンペーン・ポスターには，17分とされる父親の育児時間を拡大しようとのメッセージが添えられていた。このことからも，1990年代末以降，日本の父親に求められた育児が時間的育児だったということは明らかである。そして，その時間的育児は，「お父さんでいる時間をもっと長く」というコピーで語られており，「子守」という伝統的な概念と合致するものなのである。

乳児向け食品メーカー・和光堂が2003年に実施した調査（**図4.1**）によれば，育児に参加する父親の動機として，母親―父親関係の保全・改善にかかわる選択肢をあげたものは少なく，子どもとの関係を重視した回答を選んだもの，とくに子どもとのふれ合いの時間を増やすことをあげた父親が多かった。これは，父親の育児参加が母親の育児負担を軽減するという目的から実行されるのではなく，まさに時間的育児にほかな

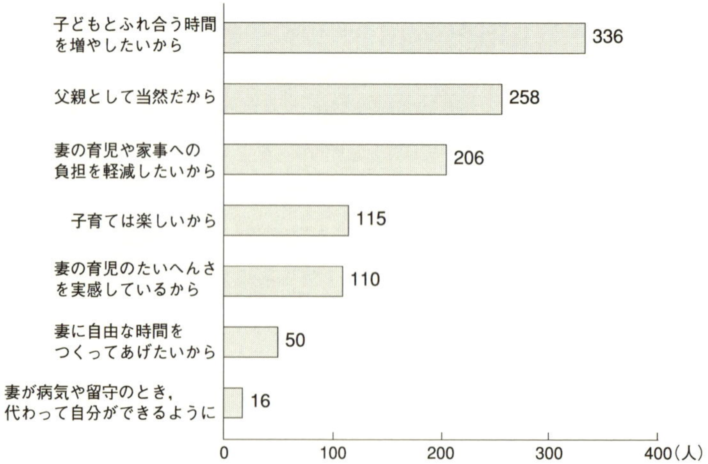

図4.1　父親による育児参加の動機

注：2003年6月に実施。3歳未満の子どもをもつ父親と母親を対象に，父親600人，母親600人の1,200人を調査。この設問は複数回答。
出典：和光堂ホームページより

らないことを物語っている。

一線を越えた父親が体験する違和感

これに対して，求められる育児の範疇を超える育児を行おうとした場合に，父親は独特の違和感に遭遇することになる。

各種の父親育児日記のたぐいに語られるエピソードから，父親がオムツ交換を超えた育児に参加した場合，どのような違和感を感じることになるのか，いくつか拾いあげてみたい。

①母子施設での行事

かつて女性用トイレに設置されることが多かった乳児のオムツ交換台。今日では男性用トイレや多目的トイレ内に設置されることも多い。これは男性の育児参加の拡大によって，インフラストラクチャが整備されていることを示している。だが，さらに改善されるべき点も多い。

たとえば，乳児検診などが母子健康センターなどの施設で開催されると，父親が子どもを連れて参加することがはばかられる運営がなされることが多い。夫からのDV被害に関する女性向けの啓発掲示や，婦人科疾患にかかわる詳細な図解ポスターなどが貼付された控え室・待合室で，かなりの時間を費やすことになるからである。また，母親が授乳する必要が生じた場合，例外的に同室となっている父親の目を避けるため，母子が他の部屋に移動するにせよ，しないにせよ，父親・母親双方ともに気まずい思いをすることが多い。

②被介助経験

父親が単独で乳児を連れて外出する場合，とくに年配の女性から声をかけられることが多くある。暑かろう，寒かろうに始まり，汗をかいている，鼻水が出ている，靴下が脱げかかっている，手袋を落とした，おなかはすいていないか，もう眠そうだなど，さまざまな介助を受けることになるのである。そして，そのような具体的な介助行動には，母親がその場に不在であることを父子に再確認する会話，母親がいないのにもかかわらず，必要に迫られて外出せざるをえない父子を同情し，ねぎらう発言がともなうことが多い。

もちろん，このような経験には，世話好きな女性が若い親子に心を配ってくれているという解釈を加えることが自然なのであろう。しかし，このような日常的な相互行為の中に，父親の育児参加をある範囲にとどめおく圧力が隠されていることもまた事実である。

③父親・母親の一方による使用を想定したベビー用品

このようなメンタルな違和感のほかに，男性・女性という生物学的な体型の差に由来する育児上の不便も存在する。

たとえば，ベビーベッドの高さは女性が使いやすい高さで固定されていたり，ベビー用品は男性が持ち歩くには気恥ずかしいデザインになっていたりする。オムツ交換後のおしりふきでも，ハードケースに入ったウェット・ティッシュの中には，取り出し口が小さく，男性の場合，手でつまみ出すことが困難なものが見受けられる。このようにベビー用品の多くは母親が使用するのを想定してつくられている。

他方，父親が使用することを想定した製品も出はじめている。1990年代半ば，国内各社のベビーカーのハンドルが一様に数センチ高くなったという報道があった[8)]。もちろん，父親がベビーカーを押す機会が増えたからであり，メーカー側は父親でも操作が簡単であるということをセールス・ポイントにした販売戦略を採用したということである。

また，父親とイメージ的に強く結びついたベビー用品もある。スウェーデンのベビービョルン社は，ベビーキャリアの広告に父親を積極的に採用している。これは体格の問題，背中ではなく胸に子どもを保持するという製品の性格上，父親のほうが「絵になる」からであるということが最大の理由なのであろうが，先のベビーカーの例にもあるように，子どもを運ぶという役割が父親に結びつけられている象徴的事例であるといってよい。

このように，父親を対象としたベビー用品も発売されてきているが，また一部にとどまっている。そして先述したマネジメント的育児行為を父親が担当しようとした場合には，さまざまな違和感を感じることになる。たとえば，保育園の父母会への参加や入園・入学の面接など，母親の出席が標準的であるとされる機会に父親が臨む場合，ある種の居心地の悪さを感じることが数多く報告されている[9)]。

3　労働力から人口再生産の担い手へ

性別役割分業イデオロギー

先にもあげた時事通信社による「父親の育児参加に関する調査」によると，「父親が育児に参加することについて，次の項目の中からあなたの考えに最も近いものを一つ選んでください」との質問に対し，「父親は外で働き，母親が育児に専念すべき」であると回答した人は7.2％，「父親は時間の許す範囲内で育児に参加すればよい」は54.3％，「父親も母親と育児を分担して積極的に参加すべき」は36.8％，「その他」は0.2％，「わからない」は1.6％であった。

「父親は外で働き，母親が育児に専念すべき」は10％を切り，過半数を超える回答が，時間の許す範囲という限定つきで，父親の育児参加を認めるものとなっていることが特徴的である。では，時間が許さない場合があったとしたら，その間の育児は誰が担うものなのか。もちろん母親・祖父母・家庭外部のリソースということにならざるをえない。その点からいえば，父親に想定される育児は，担当時間が非常に限られた子守役といったところである。

ここで，父親の育児参加が所詮は限定された範囲にとどまり，実効性が低いと批判するつもりはない。先に述べたように，そのような父親の育児イメージから一歩，足を踏みだそうとしたときに，どのような違和感を感じるのか，その点に着目したいのである。

つまり，期待される範囲を超えて育児を行ってはいけないという制約が，枠を踏み越えようとする父親に感じられるのである。すなわち，育児への積極的な関与を希望するのにもかかわらず，それを自重せざるをえない社会的圧力が感じられるということである。

これは，育児休業の取得がはばかられる雰囲気が職場にあるといった次元のことではなく，その種の障害を主体的な努力や同僚の理解によって克服した父親であっても，おそらくは感じることになる違和感なのである。この違和感の原因が性別役割分業イデオロギーの内面化であることはいうまでもない。

理想的父親像の変遷

父親の理想像はどのように変遷してきたのだろうか。

敗戦からの経済的復興と高度経済成長期には企業戦士としての父親像があった。そして1970年代初頭には，所得水準の向上にともないマイホーム主義と呼ばれる家庭志向型の行動パターンが定着してきた。その後，石油危機・円高不況，バブル経済など景気変動にともない，父親は職場と家庭のあいだで身体的・精神的に比重を変えていく状況が続いた。

このように父親像は変遷してきているが，それは近年の父親に対して社会的に要請される育児参加とは大きく異なっている。かつての父親イメージの変遷は，景気変動にともなう労働強度の強弱，労働量の多寡などに応じた父親像の変化にすぎなかった。つまり，「労働力」としての父親という基本的性格が父親像の基底に一貫して存在していたといってよい。しかし，父親に対する育児への参加要請が高まる中で，理想的な父親イメージは，労働力としての父親から，人口再生産の担い手としての父親へと変化してきている。そして，このような父親像，そして母親像のとらえ直しは，「1.57ショック」以前には自明視されていた社会の恒常性維持機能が人為的に確保されなければならないと再認識されたことをきっかけとしたものである。

さらに，このような動向は現在，職業生活と家庭生活の調和という政策課題がクローズアップされ，ワーク・ライフ・バランスという概念が政策の中で多用されているように強まってきている。2008年1月に開設された内閣府「仕事と生活の調和推進室」が担当する政府のワーク・ライフ・バランス政策は，労働時間の短縮や女性の働きやすさの向上および再就職支援，高齢者の雇用確保などさまざまな論点が混在した施策であるが，その中で育児に関しては，つぎのように問題状況の定式化が行われている。

かつて	夫が働き，妻が専業主婦として家庭や地域で役割を担うという姿が一般的
現　在	女性の社会参加等により，勤労者世帯の過半数が共働き世帯。働き方や子育て支援などの社会的基盤は従来のまま。職場や家庭，地域では，男女の固定的な役割分担意識が残

存

出典：総務省ホームページ

そして，こうした子育てに関する問題状況が解決された「仕事と生活の調和が果たされた社会」をつぎのようにイメージしている。

国民一人ひとりがやりがいや充実感を感じながら働き，仕事上の責任を果たすとともに，家庭や地域生活などにおいても，子育て期，中高年期といった人生の各段階に応じて多様な生き方が選択・実現できる社会

出典：内閣府ホームページ

この「仕事と生活の調和が果たされた社会」を実現するうえで，政府が掲げる「カエル！ジャパン」といった帰宅時刻の切り上げキャンペーンは有効なのだろうか。育児に積極的に関与する父親ほど，仕事に対する満足度が高く，また職場の同僚との人間関係も良好であるという結果が出ている[10]。つまり，ワーク・ライフ・バランスという概念が父親の育児参加という課題に示唆するものは，退社時刻を早めるということではなく，さまざまな職業生活スキル・家庭生活スキルの改善が大切であるという結論となるのではないだろうか。また，ワーク・ライフ・バランスの議論では，職場・家庭に加え，地域社会における活動も重要な生活部面としてクローズアップされている。このような議論が父親像のますますの動揺をもたらすことはいうまでもないだろう。

4　父親一母親，父親一子ども関係を見つめ直す

シンボルとしての父親

父親のイメージを検討するうえで，アメリカの社会学者，T・パーソンズの議論は含蓄に富むものがある。イメージとしての父親は，ことばを代えれば，シンボルとしての父親にほかならない。パーソンズは，父親のシンボリズムを主題化し，そのシンボルが確立するメカニズムを以下のように定式化している[11]。

子どもの社会化にとって，父親の役割は非常に重要である。父親の役

割は，二つの経路をつうじ，子どもの社会化を促す。一つは，家族外での父親の職業上の達成・業績に対する家族内での承認という経路。もう一つは，家族内で子どものさまざまな達成・業績に対し，父親が家族外で得たものと同等な承認が与えられるという経路である。前者は家族に対する父親の厚生面での貢献から，後者は子どもの自律を促すということから子どもの社会化に大きな影響を与えているのである。

他方，子ども（便宜的に父親—息子関係のみを対象とする）にとってのシンボルとしての父親は，三つのレベルで複合的に構成されている。母子関係を相対化し，より高次のレベルにおける行為規範を提供するレベル，エディプス・コンプレックスを昇華させ，自らの成長を期し，生殖家族をもうけ，自分もまた父親になるという一般的父親像を内面化するレベル，そして，男性の役割の一般化のレベル，つまりパーソンズの時代でいえば，性別役割分業の内面化というレベルである。

行論を整理すれば，パーソンズは，父親がシンボルとしての役割を果たし，とくに子どもの社会化と社会的役割構造の内面化という機能を担っていると捉えていた。

現在の日本では，このシンボルの変換が政策的に推進されている最中と考えられる。そして，その端緒となったものこそ，本章の冒頭で紹介した厚生省のキャンペーンをはじめとする父親の脱労働力化であった。もっとも，シンボル操作の結果，父親の担うべき役割が大きく変化したのかといえば，実はあまり変化がなかったこともまた事実だろう。せいぜいのところ，手がすいたときに育児を手伝うという程度なのである。

仮に，時間的育児によって父親—子ども関係が安定するのであれば，父親が社会的承認を獲得していることで子どもが感じる安心感や，子どもの社会的な自己承認欲求は後景に退かざるをえない。また，父親のシンボリズムの動揺は，一般的父親像の確立不全という状態をもたらしている。むろん，パーソンズの時代に一般的役割として広く内面化されていた性別役割分業イデオロギーにもとづく父親像は，現在の日本において，政策的に解消されるべきものである。しかし，その後続の形態として，新たに一般的役割の地位を占めるべき父親像がなかなか確立しないため，たとえば父親同士の関係の中では，共通理解が得られにくく，同一の行為規範が見出しがたい。ここに，父親の育児に関する行動連帯が生まれにくい理由があるといえるだろう。

育児に参加する父親は理想的な父親か

育児に参加する父親は確かに理想的ではある。しかし，その理想的であるという評価は，社会意識を反映し，政策的に構成されたものである。したがって，その理想的父親像が理想的であると判断されるメカニズムは，相対評価とならざるをえない。つまり，実生活の父親―母親関係，父親―子ども関係において評価がなされるわけではないのである。

人びとは客観的な条件に応じて不満をもつのではなく，自分の期待と現実との乖離や比較する集団とのあいだの格差によって不満感・剝奪感を抱くとしたのは，アメリカの社会学者，R・K・マートンである。マートンはこれを「相対的剝奪」と呼んだ[12)]。この相対的剝奪のメカニズムを念頭におくことで，相対評価を加えられる父親の育児参加が，母親の育児労働にくらべ，いちじるしく低い水準にとどまらざるをえない仕組みが理解されるだろう。つまり，父親の育児参加は相対的剝奪とはまったく逆のメカニズムで，母親からの要求水準が緩和される結果となっているのである。

父親の育児に関する各種の調査では，つねに一定数，育児に関してまったく何も行っていない父親が存在する。そして，こういった父親像は，否定的な文脈ではあるが容易に喧伝されるものであり，実生活においても比較的目にしやすく，耳にすることが多い存在ではないだろうか。他方で，母親からみて完璧に育児を行っている父親は，理論的にはひとり親家庭の父親にほかならず，その実態は多くの場合イメージしにくい。

このような状況のもとでは，後者よりも前者が比較の俎上にのぼることが多いことは容易に想像されるだろう。つまり，まったく何も行わない父親にくらべれば，オムツ交換がうまくなくても，交換してくれるだけで満足ということになる。もし，このようなメカニズムを乗り越え，父親の育児参加の内実をさらに拡大していこうとすれば，上述したように，さまざまな職業生活スキル・家庭生活スキルの改善が志向されるべきだろう。

その点で，インターネットを通じた問題共有・知識共有の拡大は，属性が近似した父親が容易にみつけられるということから，父親単独での育児スキルを向上させる大きな役割を果たしている。しかし，ITを活用した育児支援の有効性をここで主張したとしても，それは結論としては不十分であろう。

なぜなら，父親の育児参加の形態は個別育児行為の分担や時間に応じた当番制ではなく，母親との有機的な協働が理想的だからである。そして，その協働体制の契機は日常の生活の中に無数に埋め込まれており，父親―母親間のコミュニケーションを通じて具体化していくほかはない。

しかし，父親が何かの育児行為に熱心に取り組む姿が公私の別なく，いろいろな場面で微笑ましく喧伝されることにくらべれば，父親―母親間のコミュニケーションの緊密さはなかなか表立って語られることが少ないものである。このコミュニケーションは実際に育児を協業する局面において重要なだけではない。

夫婦の育児分担に関しては，「平等主義タイプ」，「役割逆転タイプ」，「男性の二重役割タイプ」，「女性の二重役割タイプ」という4類型が提起されている[13]。父親が「専業主夫」的に育児を担うケースが「役割逆転タイプ」，不均等な分担となっており，父親がより多く育児を担っている場合が「父親の二重役割タイプ」，その逆が「母親の二重役割タイプ」とされている。これらの4類型は各父親・母親間で固定的なものではなく，当然，第一子では女性の二重役割タイプだったが，第二子では平等主義に転ずるなどといったケースもあるとされている。そういった夫婦間の役割構造の変動に父親―母親間のコミュニケーションが重要な役割を果たしていることは明らかである。個別の育児行為を遂行するうえで必要な情報共有のため，そして，父親の育児参加のあり方を決定するうえでも，コミュニケーションが大切なのである。

関係概念としての父親

父親の育児参加の充実は父親―母親間関係の円満さを前提としている。あまりに当然な言明ではあるが，この点について議論が深められることはじつはあまりなかった。「父親の育児参加」という概念が，母親の存在を前提としていることは先に述べたとおりである。しかし，そのことによって父親による育児など，所詮は限定された範囲にとどまるものであるという結論をここで導きたいわけではない。

そもそも父親という属性自体が関係概念なのであり，子どもの存在を前提とするものであることに立ち戻れば，父親という実在が，ほかの誰でもない育児対象となる具体的なその子ども，そして母親との三者関係の中で初めて意味をもつものであることは容易に想像されるだろう。

シンボルが喪失した時代では，このような他との関係性において，新たなイメージを安定化させることも一つの戦略である。そして，そのイメージを体現する実際の育児行為においては，三者間の緊密なコミュニケーションにもとづいたマネジメント的育児行為が大前提となることはいうまでもない。

そのような個々の営みをつうじて，育児する父親像をシンボルとして確立・形成していくことが現代の課題である。しかし，その一方で，育児に参加する新たな父親シンボルの中に，父親の性格を労働力から人口再生産の担い手として重要視するようになった国家イデオロギーが滲出しているということもまた，自覚されなければならないだろう。

註

1）『毎日新聞』1999 年 3 月 4 日付（大阪朝刊）
2）『朝日新聞』1999 年 5 月 22 日付（朝刊）
3）牟田和恵『戦略としての家族』新曜社，1996
4）NPO 法人ファザーリング・ジャパンの同検定公式ホームページより。
5）情報処理技術者試験の高度区分のように，個人的経験を客観的知識に裏打ちされたかたちで記述する論文形式の設問は，じつは各種の資格試験・検定試験に数多くみられる。そういった工夫の余地があったことが指摘されるべきなのであるが，逆にそのような問いを設けることで，受験者数が制約されることも懸念され，その点を考慮すると，現行の問題構成がやはり妥当なのであろう。
6）本章では，育児に参加する父親が理想的であるという同時代の社会意識をテーマとしているので，父親一人で育児を担う父子家庭などについては言及しない。また学齢期以前の乳幼児をもつ家庭を対象とした議論に限定している。
7）2007 年 12 月に同研究所が実施した調査。回答数 375 人。
8）『朝日新聞』1996 年 4 月 13 日付（朝刊）
9）法整備に先行して育児休業を取得した父親の体験談には，この種のエピソードが多い。朝日新聞社編『「育休父さん」の成長日誌――育児休業を取った 6 人の男たち』朝日新聞社，2000 を参照。
10）深谷昌志『父親――100 の生き方』中公新書，2008
11）T・パーソンズ『社会構造とパーソナリティ』武田良三監訳，新泉社，1985
12）R・K・マートン『社会理論と社会構造』森東吾・森好夫・金沢実・中島竜太郎訳，みすず書房，1961
13）舩橋恵子『育児のジェンダー・ポリティクス』勁草書房，2006

第5章
認可外保育施設からみる保育の戦後史(1)
——共同保育から保育室の制度化へ

白井千晶

今でこそ，子育てする者が仕事などで日中に在宅できない場合には，自治体に申請すれば保育必要度の判定によって認可保育所を割りふられ，所得に応じた利用料を支払うことで，子どもを預けられる（入所待ちの待機児童の問題もあるが)。また認可外のさまざまな保育施設もあることは第2章でもみた。

こうした保育施設とその位置づけは，戦後の社会の変化や国民の運動，制度の改定によってできあがってきたものである。そこで5章から7章で，ある認可外保育施設「共同保育子供の家」の開設から閉園までの事例を通して，日本の戦後保育史の流れを，主に東京都を中心にみていくことにしよう。まず本章では，戦後から1970年代までを扱う。

1　保育所の制度化と認可外保育施設

託児所時代（第2次世界大戦後まで）

幼稚園は早くから教育の一環として制度化されていたが，保育園が，現在のように保護者が就労等により保育できない場合に，未就学児を預かる施設として法的に制度化されたのは第2次世界大戦後である。

それ以前は，①農繁期託児所，②貧困層対策・慈善事業，③工場所内付設託児所，④子守学校，⑤戦時託児所等で，国がかかわる第2次世界大戦前の保育の主流は②貧困層対策・慈善事業であった。明治中期頃よ

表 5.1　1948年 5 月現在の保育所現況一覧表

	全体	公立	私立
社会事業法によるもの	1,393	368	1,025
生活保護法によるもの	162	60	102
法令によらぬもの	232	-	232
全体	1,787	428	1,359

出典：浦辺史「廃墟の中の保育」『戦後保育所の歴史』全国社会福祉協議会，1978，p.10

り窮民の労働中に足手まといとなる乳幼児を保護する救貧対策・社会慈善事業として託児所は始まった[1]。それが児童保護を含む社会政策的な位置づけをされるようになり，都市スラム街や職場に託児所が設置されるようになる。1938 年制定の社会事業法では，乳幼児託児所が社会事業施設の一つとして位置づけられ，経常経費の一部助成が始まった。

児童福祉法に基づく保育所の制度化

戦後，日本国憲法が発布されて国民主権と基本的人権の保障が政治の根幹となると，1948 年に児童福祉法が施行され，託児施設は児童福祉施設として位置づけられた「保育所」となる。施行直後の保育所の状況は **表 5.1** のように，社会事業法や生活保護法による保育施設がほとんどで貧困対策的なものであった。

1951 年，児童福祉法が改正され，「保育に欠けるところがある場合において，…保育所において保育しなければならない」という条項が追加された（24 条）。これによって保育所は貧困対策から家庭の階層を問わない保育施設へと広がることになる。ただし当時の実態としては，入所できる乳幼児の保護者に所得の上限があり（富裕層は入所不可），1960 年に至っても保育所在籍児の 80.3 %は所得税非課税世帯であった。また同年には，公立保育所には措置児童（国が保育に欠けると判断して措置した乳幼児）だけを入所させよとの通達，1955 年には私的契約児が過半を超えると事業停止処分とする通達が出されたことからわかるように，長らく保育園は地域の乳幼児を私的契約でも受け入れていた。

認可外保育施設の展開

1950 年代後半～70 年代末，多くの認可外保育施設が開園した。保護者と保母が共同で設置・経営・運営する共同保育園，労働組合や事業主が職場内に設置した保育施設（たとえば看護婦のための院内保育園），核家族の多い団地内に住民がつくった共同保育園などである（巻末年表参照）。

1960年代は「ポストの数ほど保育所を」運動に象徴されるように，保育運動の時代でもある。認可保育所をポストの数ほど設置するよう要求したのと同時に，「無認可保育所にも助成金を」という要求も出され，国民的運動となった[2]。1960年代は安保闘争，学生運動，労働運動，戦争反対運動など「運動の時代」である。保育関連でも総評婦人対策部，東京私立保育園連盟園長有志などで職場保育所懇談会がもたれ[3]，東京無認可保育所保母協議会，東京無認可保育所保母労働組合（1961年）をへて東京保育所労働組合が結成された（63年）。「勝手につくった無認可に一銭の金も出せない」と無認可保育所はいわれていたが，65年には東京都共同募金会から公認なみに2万円の配分金と修理改善費など，特別出費に対して助成金が出るようになった。東京無認可保育所連絡協議会も結成され（1965年），認可保育所の立ち遅れによって全国的に設立された認可外保育施設はこうして組織化され，制度化していった。

東京都では1968年，乳児を対象とした小規模の認可外保育施設を「保育室」という名称でくくり，助成を開始した（横浜市は97年に制度化）。しかし，運営・組織形態は変わらず，認可外保育施設の経営は厳しかった（この時期を本章で扱う）。

認可保育所一本化政策

1980年代～90年代は，認可保育所一本化政策の時代である。保育室制度は自治体独自に現在まで継続しているが，助成は小さく，主要な保育制度ではない。女性の就労率が高くなるのと，核家族化の進行で祖父母に預けることが少なくなるのが相まって，保育園のニーズはますます高くなり，保育は労働する権利を保障するための行政の義務になった。日本は認可保育所一本化政策をとり，認可保育所は倍増し，0歳児の後期月齢の受け入れも始められ，保育室は斜陽化した（この時期は第6章で扱う）。

保育のサービス化

現代日本社会では，市場開放と規制緩和という市場型の行政政策により，保育園は東京都の認証保育所，認定子ども園，そのほか行政の助成を受けた認可外保育施設（保育室，事業所内保育所，院内保育所，病後児保育室など）が競争し淘汰される「市場サービス化」の時代に至っている。ベビーシッターなど保育産業の拡大，保育園の規制緩和によって営利を追求する企業が参入できるようになったことを契機に，保育は福祉からサービスへと転換した。家庭福祉員や保育室など家庭的で小規模な保育施設の位置づけを見直すとされながら，財政上の措置は厳しく，東京都ではとくに認証保育所制度を創設して保育室が認証保育所へと移行することを推奨したこともあり，保育室はますます少なくなっている（この時期は第 7 章で扱う）。

2　1960 年代〜70 年代の育児の変化

インフォーマルな育児援助の減少

1960 年代〜70 年代は，東京オリンピック，新幹線開通に象徴されるように，第二次産業を中心とした高度経済成長期の時代だ。中卒者が「金の卵」と呼ばれ，地方から大都市へ集団就職し（集団就職の臨時列車は 1954 年から 75 年まで運行された），若い世代が都市に流出した。この都市への人口の流出は育児にも大きな変化をもたらした。乳幼児の親と祖父母の住まいが遠距離化し，祖父母が孫の世話をすることが難しくなったのである。

出産と育児の変容

この遠距離化と並行して，病院などでの施設出産が進行した。1955 年には自宅で生まれる赤ちゃんは 82.4 ％であったが，60 年には 49.9 ％，70 年には 3.9 ％にまで低下している（2006 年は 0.2 ％）。この時代は第二次ベビーブーム（71〜73 年を中心とした団塊の世代の出産）でもあり，生まれた赤ちゃんは新生児室に集められ集中管理された。母親が身内からインフォーマルな育児支援を得られなくなったことと相まって，育児の実用書が多数刊行され，「育児マニュアル世代」とも呼ばれた。人工乳（粉ミルク）全盛期で，「健康優良児」が表彰されたのもこの時代である。コインロッカーベビー事件が相次いで（1970年代前半），児童虐待もクローズアップされはじめた。

母親は専業主婦，父親は企業戦士

現代社会では，ヨーロッパを中心にパートナーと2人合わせて1.5人分働く「1.5稼働モデル」がワークシェアリングとして推奨されているが，この時代の日本は父親（夫）が1.5人分企業戦士として働き，女性が専業主婦となる性別役割分業が標準的モデルに移行する時期だった。年間総労働時間をみると（**図5.1**），1960年代～70年代の総労働時間は2,000～2,500時間で，2000年（1,859時間）の1.5倍ほどもあった。

一方，1960年代初頭，専業主婦が政策的に推進された。**図5.2**は年齢階級別に女性の就労率の推移をみたものである。就労率は1970年頃まで下降し40数%になっている。この間，1961年に税制で配偶者控除が設けられ，63年には高等学校普通課程女子に家庭科を必修としている。また同年，保育7原則では「家庭保育中心主義」が，1965年政府

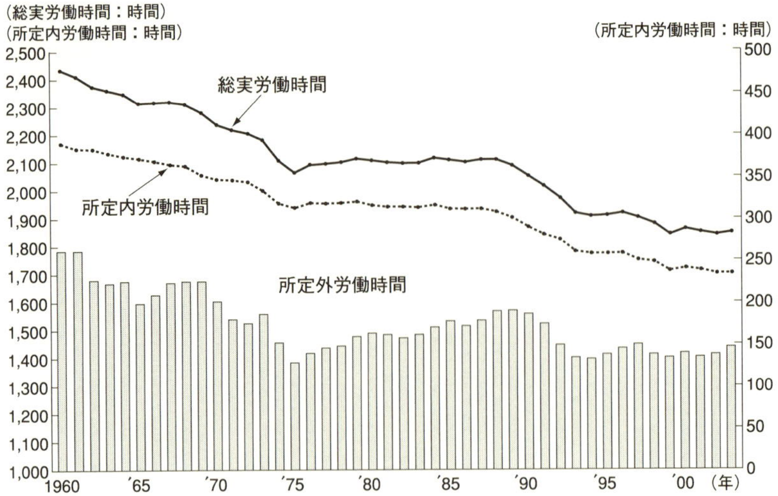

図5.1　労働者一人平均年間総実労働時間の推移
出典：厚生労働省「毎月勤労統計調査」

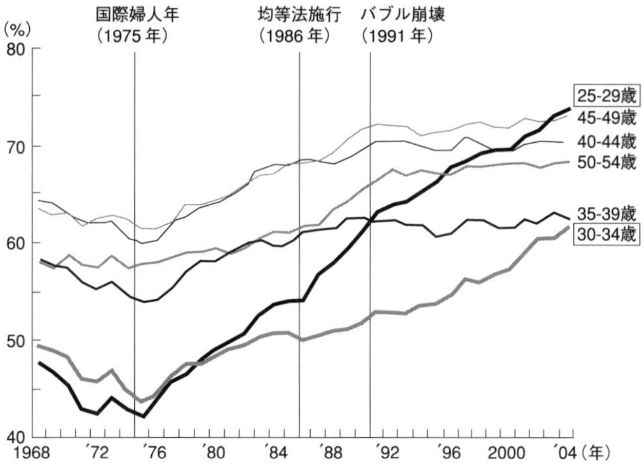

図 5.2　女性の年齢階級別労働力率の推移

出典：総務省統計局「労働力調査」

発表の「期待される人間像」では「家庭第一主義」が強調され，「良妻賢母」が女性のモデルとされた（後にベビーホテル問題が顕在化した81年にも「3歳までは家庭で育てよ」キャンペーンが広がった）。企業もまた結婚・出産退職制度を新設して退職強要をした（64年には住友セメントの寿退職強要に反対して提訴，会社側が敗訴している）。

こうして1970年には，夫はサラリーマン，妻は専業主婦という夫婦形態がもっとも高い割合となった（36％）。とくに1951～55年生まれの女性は47％が専業主婦になり，その後パート化するという，女性のライフコースの構造転換をもたらした世代である。社会は専業主婦モデルないし結婚・妊娠・出産によって退職し，子どもが幼稚園や小学校に入学したらパートとして就労するという再就職モデルに向かっていた。

このように専業主婦化は進行したが，その一方で先ほどふれたように親や身内，近所の援助がないため保育所の要望は大きくなり，保育施設は絶対的に不足していた。しかし，3歳まで家庭で育てたほうがいいという「3歳児神話」の風潮の中，産休明けの0歳児保育は一部の女性の要求ともみなされ，拡充するスピードが遅かった。1977年でもつぎのような声があったのである。

働く人々（特に夫婦とも共稼ぎ）にとって保育所の問題は深刻に

なっています。生まれてくる前から保育所探しにかけずり回らなければなりません。福祉事務所に行って，申込用紙に記入したからといってもすぐ入園できるわけではありません。毎年，２～３月にかけて一斉に審査し，そこを通過したものだけが措置（入園）されるわけです。ここに第一の関門があります。しかし，現実には産休明けからすぐに働かなければ生活できないのが今日の社会情勢です。或る婦人はあちこち歩いて遂に保育園に入れることができず，生まれたばかりの可愛い赤ちゃんを，自宅に置いたまま不安と心配で“うしろがみ”をひかれる思いで職場に出勤し昼休みに，急いでタクシーで帰宅しミルクをのませて，またタクシーで時間内に職場にもどるという非常に危険な離れわざをやっていました[4)]。

3 「共同保育子供の家」の設立と初期の運営

「共同保育子供の家」のはじまり

1966年9月17日，東京都豊島区に「共同保育子供の家」が設立された（**表5.2**）。3歳未満児を対象とした小規模な認可外保育施設である。共同保育園は父母（保護者）が保母とともに経営，運営する。父母もソロバンをはじいたり，保母採用の面接をしたり，新園児募集に東奔西走したり，バザーや廃品回収をして園の修繕費を工面したりする。豊島区で0歳児が保育所に入園できるようになったのは1968年に8カ月児から，71年に6カ月児から数施設においてであり，産休明けから働く女性は「子供の家」のような乳児向け認可外保育施設に，妊娠中から予約して子を預けるしかなかったのである。

子供の家設立の発端は，豊島区にあった別の認可外保育施設が突然閉園したことによる。その保育園は産休明けを含む乳児中心の園で，隣区（北区・板橋区）からも計25名が通園する活況ある保育園だった。しかし経営者と父母の運営トラブルで，1966年度途中に突然閉園する。突然の閉園は，一日も休めない保護者にとって大問題で，閉鎖当日にある個人宅の車庫の中二階12畳を提供してもらい，翌日から当座の共同保育所として発足した。ニュースが広がって近所の人たちから，柱時計，

表 5.2　1970年代までの保育略史と「共同保育子供の家」のあゆみ

年	保育略史	子供の家のあゆみ
1947	3.31.　学校教育法公布（4月1日施行)。幼稚園が学校の一つとして制定される 12.12.　児童福祉法公布（1948年1月1日施行)。生活困窮者の保護施設としての託児事業が，児童福祉施設として位置付けられ託児所が「保育所」となった	
1951	6.　児童福祉法改正（五次)。39条（保育所の規定）に「保育に欠けるものを保育所に入所すること」が追加される。貧困対策の一環から家庭の階層を問わない政策に	
1960	東京都特別区で家庭福祉員（保育ママ）制度開始（家庭保育室)	
1964	結婚退職制無効を争う裁判（住友セメント側敗訴)	
1966		9.16.　私立無認可保育室がトラブルにより閉園，翌9.17より個人宅の車庫中2階で共同保育を開始，「共同保育子供の家」のはじまり
1967	4.23.　東京に革新都政誕生（美濃部知事）(1979.4.2.まで)	3.　Mさんの店舗を借りて間借り（倉庫）(1968.11まで)
1968	東京都保育室制度の開始。都より30人以下の小規模保育園の園児一人当たり1,200円の委託費の支給[1)]。豊島区保育室事業開始[2)]。豊島区公立保育園で8カ月児より受け入れ始める	
1969	東京都特別区で家庭福祉員への補助事業化	共同保育子供の家，保母の夏期一時金で区長交渉
1970		豊島区保育室協議会結成（なかよし，めぐみ，子供の家)。豊島区保育室協議会として初めて運営費の助成についての請願を提出。厚生委員会で請願の審議を傍聴（3園で28人参加)
1971	美濃部都知事再選，第二次革新都政へ。公立保育園，6カ月児の保育を始める	
1972		全国無認可保育所代表者会議に参加
1973	第2次ベビーブーム。東京の出生数209万人でピーク 女子労働者中，既婚者50%を超える	

1974	無認可保育所の４月危機始まり，慢性化の兆し	
1975		524人の署名をつけて助成金増額について請願を区議会に提出し採択される 「子供の家を建設する会」創設
1977	乳児指定保育所制度（０歳児３人以上など条件を満たせば補助）	新園舎建設世話人会発足
1978		1月　新園舎上池袋の現在地に落成

１）「第５回総会への報告と提案」（共同保育子供の家資料）
２）「子供の家保育園　お別れのつどい」資料より。児一人委託費1,500円とあることから区の助成は300円と推察される。
出典：共同保育子供の家の事柄は，『空までのびろ』（1986年・共同保育子供の家20周年記念パンフ），「子供の家保育園　お別れのつどい」配付資料（2006年３月），その他資料より作成

ベッド，おもちゃ，おしめ，毛布，シーツ，子ども椅子，歩行器などが寄付されたり，職場でカンパを集めたり保母が廃品回収で現金を得たりしてしのいだという。

翌日すぐに父母代表８人が区役所に出向き，保育場所の確保，当面の資金，実情調査等を要求した。父母側，民主団体代表，地域の代表等50名が参加，区からは助役，福祉課長，教育長等６人が対応するという事態となった。その後20数回にわたって交渉を続けたが，結果としては消火器の提供などわずかに現物が支給されただけで，実のある援助・助成はなかった。

車庫の中二階を間借りした最初の園の環境は厳しかった。「倉庫を改造したため，天井が低く中腰で子どもの世話をしなければならないほど大変な状態，冬に20度という風も入らず，日もあたらない中で子どもたちや保母さんは過ごさなければならなかった」[5]という。その後しばらく共同保育子供の家は，保護者の自宅一室・借家を転々とする。

共同保育園のジレンマ

共同保育園はジレンマを抱えている。認可保育所を拡充して待機施設としての認可外保育施設を消滅させることを求めるのか，認可外にも助成をして維持発展することを求めるのか。子供の家への助成を区と交渉した結果，助成金が出せないかわりに在籍乳児を公立保育所に入園させる措置になったこともある。保育園側としては，４月にはごっそり公立園に入園して園児が減って組織的に安定せず，行政としては私設施設には助成しにくいため，共同保育園は経営が継続しない構造にあった。

現に1967年に共同保育子供の家が豊島区に提出した請願書の一項目は「③公立の保育所を増設し当面助成金を出せ」等，「共同保育子供の家に助成金を出し施設建設を援助させるという要求を認め，これを実施することではなく，逆に子供の家を分散させてつぶしてしまうこと」で，区の回答も「現在の子供全員を公立へ入れることを中心とした具体的な施策をとること」[6]であった。結局，1歳児9名が公立保育園に転園した。

共同保育園の組織と経営

設立一周年の総会で，父母，保母，後援会（地域の人や保育園OB，各種団体）三位一体の運営委員会ができあがった。三者から一定の比率で人選され，財政，教宣（保育園の宣伝，広報，募集）などの専門部が置かれた。総会時（1967年11月3日）には，選挙によって選ばれた会長，副会長と運営委員会が日常の運営にあたり，総会，班会（父母会の内部に班会)，専門部，守る会が組織されている。ただし，実際には在籍園児は少人数であり，運営委員会との分担も不明瞭で，実質的な運営は父母だけの力に頼るという厳しいものであった。

子供の家は保育料月額7,000円，雑費1,500〜3,000円という設定でスタートした。開始後1年間の収支は**表5.3**のとおりである。保護者からの保育料が収入の80％を占め，支出は給料が75％を占め，おもちゃ，食器，寝具，おしめ，ガス・水道・電気代はカンパでまかない，不足分は保護者や保母から借金するという不安定な経営であった。設立時の1

表5.3　1966年9月〜67年9月の収支　（円）

収入		支出	
保育料	1,735,000	保母給与	1,521,000
入園料	50,000	家賃	286,000
洗濯料	50,000	雑費	218,000
寄付金	228,000	（小計	2,025,000)
（小計	2,082,000)	現在ある現金	152,000
食費預かり金	30,000	備品	34,000
現在ある借金	84,000		
その他の収入	15,000		
合計	2,211,000	合計	2,211,000

出典：「共同保育子供の家定期総会決定　昭和42年11月3日」p. 10

年間に廃品回収を7回，バザーを1回行っている。

現在，認可保育所は私立でも公立でも保育料は同額で，所得累進制をとり（自治体が独自に設定する），所得税非課税世帯や生活保護世帯は無料であり，経費の9割を自治体・都道府県・国からの補助でまかなっている。しかし，当時の子供の家は，保護者からの収入以外，何の収入源もないため，カンパ，廃品回収，バザー等の自助努力で工面しており，公的な補助を求めることが切実な課題だった。

国の義務不履行を根拠に保育運動へ

こうした現状に対し，子供の家総会ではつぎのように決議している。

> 私たちはただ生活が苦しいから共働きを続けたい，女性も仕事を辞めない方がいいということから子どもを保育所に預け，共働きをしているだけなのに，その保育所のためどうして職場で疲れた身体を引きずってまでこんな苦労をしなければならないのでしょうか。なぜ子供の家の運営が私たちの血のにじむような努力によってしか支えられないのでしょうか。それは子供の家のような規模の保育所は国の基準では一切の援助が与えられないことになっているからです。国からみると子供の家は保育所ではないことになっているのです。一切の国家からの保護から見放され，国の保育行政の谷間で運営難，資金難にあえいでいる姿，これが私たち父母と保母の姿なのです。本来，働く婦人の権利は国がこれを保障し，安心して預けられる保育所を国が責任をもって作り運営するのが当然のことです。憲法には『すべての国民は健康で文化的な最低限度の生活を営む権利を有する。国は，すべての生活場面について，社会福祉，社会保障および公衆衛生の向上，増進に努めなければならない』（第25条）とあり，児童憲章には『すべての児童は，心身共に健やかに生まれ，育てられ，その生活を保障される』と書かれてあります[7]。

確かに児童福祉法には，「市町村は，保護者の労働又は疾病その他の政令で定める基準に従い条例で定める事由により，その監護すべき乳児，幼児又は第39条第2項に規定する児童の保育に欠けるところがある場合において，保護者から申込みがあつたときは，それらの児童を保育所において保育しなければならない。ただし，付近に保育所がない等やむを得ない事由があるときは，その他の適切な保護をしなければならない」（24条）とあるから，行政の義務不履行ということになる。これに対し子供の家では，他の認可外保育施設および東京無認可保育所連絡協議会等と連携して「ポストの数ほど保育所を」運動に参加していく。

東京都の助成によって保育室制度が開始

1967年，美濃部亮吉が都知事に当選した。いわゆる「革新都政」の誕生である。美濃部都知事は五大公約の一つに保育所問題の解決を掲げ，当選後の1968年度予算案に，保育を拡充するため無認可保育所への助成金（9100万円）を盛り込んだ。しかし都議会自民党を中心に，公金の一部団体への助成は憲法89条[8]に抵触するという理由で反対が起こり，憲法論争に発展した。最終的にこの助成は「産休明け保育」を公の施設で実施していない肩代わりとして，児童福祉法24条の但し書きに基づく委託費であるということで決着をみた。こうして日本で初めて1968年度より認可外保育施設に助成金が支給されることになる。具体的には，小規模で主に乳児対象の基準を満たした認可外保育施設を「保育室」と認定し，園児一人につき1カ月1,200円が助成されることになったのである。

厳しい収支

子供の家も助成金を支給されることになったが，財政的に厳しいことに変わりはなかった。**表5.4**は1968年度の子供の家の収支だが，たとえ定員24人が毎月埋まったとしても赤字がふくらんでいく計算だった。

その上，子供の家は1967年9月に保育環境を改善するために移転しており，この際の経費365,000円がそのまま赤字となって残っていた。「この赤字克服のため私たちは職場に品物をもって売り，その利益を園の経費に回したり，バザーをやりその売上金から保母の一時金を調達したり，カンパも父母・保母の協力の下に集め，一定の財源保障をし」[9]たという。しかし赤字はかさみ，子供の家は，公立での産休明け・ゼロ歳児保育の設置，公立保育園の増園等を求めるとともに，認可外保育施

表 5.4　1968年の子供の家収支

収入	保育料　7,000円×20人＝140,000円 委託費　1,200円のうち500円が給食費で，残り700円×20人＝14,000円
支出	保母給与５名（残業代含む）　105,000円 家賃　35,000円 諸雑費（調理用具，食器，事務用品）　12,000円 諸料金（ガス，水道，電気）　10,000円 交通通信費（電話代等）　4,000円　（小計　毎月12,000円の赤字） 保母の一時金（賞与年間2.5カ月）積み立て　24,000円 移転時借入金返済　10,000円 保母社会保険　13,000円
	合　計　毎月57,000円赤字

注：現実的には定員24人中20人が埋まることはあまりない。
出典：「第５回総会への報告と提案」（1968年総会と推定）

設にも認可保育所と同等の助成を行うよう求めていった。

１年後の1969年秋の総会では，つぎの問題点があげられている。①保育施設の不備と保育内容（集団保育の意義と実践）の不十分さ，②父母の負担が非常に多い（財政的には毎月１万円以上の支出になる），③公立保育園へ入るまでのつなぎとして考えている人も多い（保育所でなく託児所的なものとして受けとめている），④一貫した運営をつねに考えているが，なかなか浸透しない弱さ（長期協力者の不足），⑤財政上の困難が終始つきまとう，⑥保母の身分と乳幼児の事故補償，⑦保母と父母の交流の弱さ。

保母の身分保障については，朝７時30分〜夜６時30分までの長時間労働であるのに身分保障がないことをあげ，１月以降一人平均1,500円のベースアップを行い最低賃金を23,000円に引き上げる，当面国民医療保険を適用し園で保障する，とした。このように，「保育室制度」ができたとはいえ，認可保育所と並ぶような補助はなく，保護者と保母が協同で運営・経営することに変わりはなかった。東京都の長期的な実態としては，保育室制度のもとで些少の助成をすることで，０歳児保育の不整備の穴埋めを民間の自助努力にさせようという姿勢であった。

保育室として軌道に乗る

その後，1969〜72年の３年間に，「都交渉で委託費支給（1,300円），助成金，非常階段設備費を勝ち取る。都未認可保育園交流にて，委託費増額（2,000円），共同募金よりベッド買入金支給，区から園児への助成金，保母に夏季一時金支給を勝ち取る」[10]とあり，開園5年目の1972年には，保育室として認定された共同保育園として運営も軌道に乗りはじめたようだ。総会資料によると，つぎのように保育内容の充実が図られていることがわかる。

> ①子どもを月齢別に4段階に分け，6週間同じ月齢を同じ保母が担当することによって保育内容の向上を図る，②ミキサーを導入して離乳食の缶詰を廃止する，③保母と父母の保育内容に関する話し合いを2カ月に一度もつ，④毎月身長体重を計測する，⑤夏季は布団をほとんど毎日日光乾燥する，⑥東京都保育室連絡協議会での学習会に保母が参加する，⑦子供の家ニュースを定期的に発行する，共同募金を資金に二段ベッドを購入する，⑧定期的なバザーの実施，⑨保母の就業規則の改定（有休，各種休暇等）[11]

表5.5は，1972年度の予算である。都の助成金（委託費）は幼児一人当たり月3,000円となり，区の助成金（0歳児月1,500円，1歳児月

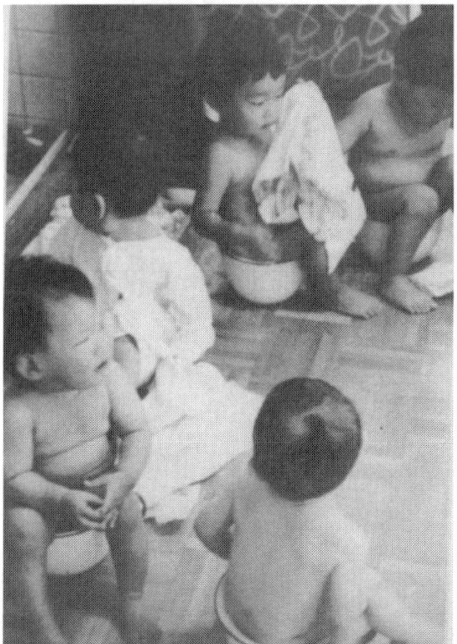

まさに「オマル」
出典：『手さぐりの日々』p. 11

表 5.5　1972年度予算（1972年 4 月～73年 3 月）

	科　目	金　額	摘　要
歳入	繰越金	632,069	予定
	保育料	3,200,000	10,000円×320人（月平均26人強）
	時間外保育料	50,000	1カ月平均4,200円
	入園金	200,000	10,000円×20人
	都委託費	960,000	3,000円×320人
	区委託費	416,000	1,300円（0 歳児1,500円・1 歳児1,000円）×320人
	雑収入	100,000	社協その他からの寄付金
	合計	5,558,069	
歳出	給料	3,726,800	1カ月約310,600円・基本給5,800円アップ
	健康・厚生年金保険料	180,000	1カ月約15,000円（事業主負担金）
	アルバイト雇上費	130,000	1,300円×100日
	家賃	455,000	35,000円×12カ月・更改料35,000円
	諸料金	120,000	10,000円× 2 カ月（電気，ガス，水道，電話）
	交通通信費	150,000	通勤定期代・その他の交通通信費
	玩具費	42,000	3,500円×12カ月
	消耗品費	100,000	薬，ちり紙，台所用品，その他の消耗品
	雑費	100,000	
	予備費	554,269	
	合計	5,558,069	

1,000 円に内定」）もあって，総予算の 4 分の 1 を助成金でまかなえるまでになった。また，園児は年間平均月 28 人を見込み，給料の引き上げ，厚生年金・健康保険の事業主負担を予算に組み込み，アルバイトの雇上費を計上，玩具費などもアップして，潤沢とはいえないものの安定してきたことがみてとれる。ただし，繰越金をのぞく収入の 66 %を保護者からの保育料が占めており，予備費を除く支出の 74.5 %を給料が占めていて，保護者が出し合った資金で保母に委託するという，公的負担割合の小さい自助努力型の保育組織に変わりはなかった。

その後も都・区による助成額は上昇し，産休明け保育のニーズの高まりもあり，東京都における保育室数は 1970 年代に倍増し，定員数，在籍数もほぼ倍増した（**表 5.6**）。認可保育所も 1960 年代～70 年代に倍増しており，さらにそれまで私設であった工場等の事業所内の認可外保育施設に対して「事業所内保育施設実施要項」に基づき国庫補助が支給（74 年），同様に看護婦等主に女性スタッフ向けの病院内保育施設に対

表 5.6　東京都における補助対象認可外保育施設の推移

年　度	保育室			家庭福祉員		保育所入所倍率	保育室への助成（一人／月）	
	施設数	定員	在籍児	福祉員数	受託児数		東京都	豊島区
1968	165	6,115	3,917	217	620	1.7	1,200	—
′69	180	5,294	4,301	230	659	1.8	1,500	—
′70	167	4,353	3,532	266	761	1.8	1,500	800
′71	165	4,021	3,191	276	718	1.9	2,000	1,000
′72	175	4,210	3,262	270	623	2.0	3,000	1,500
′73	203	4,777	3,830	285	684	2.0	6,000	2,000
′74	233	5,278	4,156	305	714	2.1	10,000	2,700
′75	249	5,564	4,384	331	794	2.0	12,000	5,000
′76	271	6,160	4,552	340	821	1.9	13,000	6,500
′77	296	6,276	4,636	367	885	1.9	15,000	7,000
′78	323	6,686	4,876	403	937	1.7	16,000	8,000
′79	336	6,863	5,280	(418)	(1,007)	1.7	17,000	9,500

注 1：保育室は毎年 6 月の実績。なお保育室の在籍児は年度当初（定員比70～80%）から年度末（90～95%）にかけて次第に増加することに注意されたい。
注 2：家庭福祉員は毎年度 4 ～ 3 月の実績の平均。ただし54年度は予算の見込み数。
注 3：都民生局母子福祉課の資料により作成。
出典：共同保育子供の家「中長期計画検討プロジェクトチームからの報告」1980，pp. 6-7に加筆

して「病院内保育事業の運営者補助」に基づき国庫補助が支給されるようになり（同 74 年），まさに「ポストの数ほど保育所」が増設された時代であった。

認可園化の模索と新園舎の建設

都では認可外保育施設に対して助成金を支給するとともに，低金利の貸付制度を実施し，一定の施設・設備を整えれば認可条件を満たせる認可外保育施設に対して認可園化を促した。子供の家の近隣でも多くの認可外保育施設が園舎を改築して設備の条件を整え，認可園に発展していった。また公立保育園も毎年 2 ～ 3 件ずつ新設され，1968 年 7 月からは「生後 8 カ月以上」という制約つきながら，0 歳児保育も区立で実施された。

このため子供の家でも認可保育所化を模索した。1972 年の総会では「認可促進」という項目がおかれている。しかし，認可保育所の設置基準は在籍園児 60 人・土地 60 坪以上であったため難しかった。

認可促進委員会が結成され，財政・教宣・企画調査等の役割を決め，土地，建物，資金調達について計画をたてました。しかし調査してゆくにつれ，認可するには60名以上の園児が必要なことがわかり，また土地も最低60坪くらいが必要なこともわかりました。従って当初の計画は白紙に戻りました。これからは子供の家だけで認可させてゆくのは非常に困難なので「なかよし保育園」と合同して認可させてゆくことも真剣に検討してゆきたいと思います。認可させるには，保母，在園者，卒園者の父母が充分に討議し，地域の協力も得られるような息の長い運動が必要です。また，たとえ認可されてない段階でも，認可保育所と同様な補助をかちとる為の運動も必要と考えます[12]。

子供の家は借地に建つ個人宅の2階を借家していたが，1974年末，家主が2年後の改築を申し入れてきたのを機に，1975年5月に，中古でよいから他の物件を求め，改装して保育室を整備することを決定した。卒園児（保護者OB）・在園児・保母が中心になって「子供の家を建設する会」が創設された。

建設する会では近隣物件8カ所を検討，1,170万円で借地の中古建物を購入，建物の改装に590万円を見込んだ（他諸経費80万円）。収入の

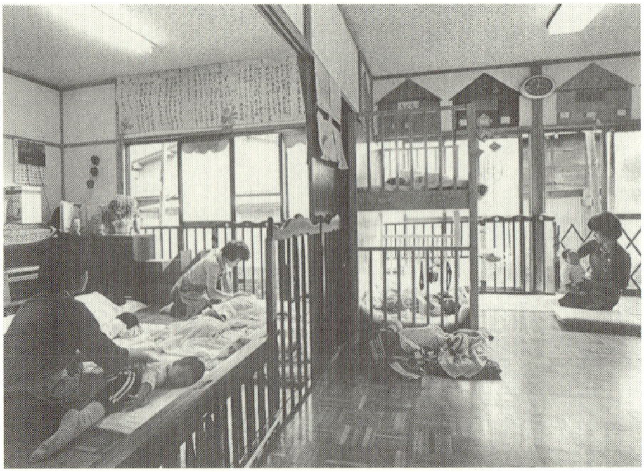

手作り品いっぱい，子供の家の保育室。筆者の子が通園した2005年もほぼ同じ風景だった

出典：『空までのびろ（共同保育子供の家20周年記念パンフ）』p. 4

うち612万円は出資金，カンパ，借入金でまかなわれ（寄金者延べ230名），改修のために必要な残り500万円を募金等などでまかなった。認可外の共同保育園であるために建設の補助はなく，巨額の貯蓄もなく，銀行からの借り入れも認可保育所を建設する法人格ほどは得られなかった[13]。募金運動には，豊島区保育室協議会会長（後に子供の家保育園理事長），日本母親大会連絡会役員，豊島区労協事務局長らが名を連ね，カンパや借入金等，自助努力による資金調達をした。そうして1978年1月，新園舎が落成した。

新園舎は敷地33坪・床面積47.9 m²で，保母を増員してゆくゆくは都の認可を目指す「公益社団法人子供の家保育園」を設立すべく準備を進めたいと宣言された。

註

1）植山つる「保育所の位置づけ」『戦後保育所の歴史』全国社会福祉協議会，1978，p. 23
2）橋本宏子『戦後保育所づくり運動史』ひとなる書房，2006，p. 179
3）有吉多恵「『無認可保育所全国研究集会』開く」，植山つる他編『戦後保育所の歴史』全国社会福祉協議会，1978，pp. 205-209
4）共同保育子供の家『新園舎建設実現のために　園舎建設資金募金運動趣意書』1997
5）共同保育子供の家『共同保育子供の家　定期総会決定　昭和42年11月3日』
6）同上
7）同上
8）憲法89条「公金その他の公の財産は，宗教上の組織若しくは団体の使用，便益若しくは維持のため，又は公の支配に属しない慈善，教育若しくは博愛の事業に対し，これを支出し，又はその利用に供してはならない。」
9）共同保育子供の家『第5回総会への報告と提案』（1968年総会と推定される）
10）共同保育子供の家『五周年記念文集』（前主任保母の記録）1972，p. 24
11）1972年3月4日付け資料『第11回総会議案集』
12）子供の家保育園『空までのびろ』1986，p. 14
13）公立認可保育所は建築費等一切の費用を行政が支給するが，私立認可保育所，認証保育所，認可外の事業所内保育施設，院内保育施設の設置にも相当の助成が支給される。

第6章
認可外保育施設からみる保育の戦後史(2)
――認可保育所一本化政策（1980年代〜90年代）

白井千晶

本章では1980〜90年代の歴史をみていこう（**表6.1**）。この時期には産業構造の転換（被雇用者割合の増大）と相まって，「働き続ける権利」の主張がいっそう強まった。憲法に定められた労働の自由と権利の保障，福祉を受ける権利，国に対する児童福祉法遵守の要求という観点から，保育所の整備が行政に求められた。すべての「保育に欠ける」乳幼児を「措置」すること（＝認可保育所に入所させること）が国家の義務とされ，保育が福祉化していった。そして認可保育所一本化政策がとられたため，認可外保育施設である保育室は斜陽化し，共同保育子供の家も苦難の時代を迎えることになった。

1　保育室の厳しい経営

認可外保育施設の「4月危機」

順調に歩みはじめたかにみえた共同保育子供の家であったが，1979年に危機が訪れた。以下の3点がその主な理由である。

①乳児の減少

第2次ベビーブームが去って東京都心の豊島区では乳児の数がますます減った。豊島区の0〜2歳児の数は開園直前の1965年には16,366人であったが，75年には12,094人に，85年には7,205人にまで減少している。

表 6.1　1980年代～90年代の保育略史と「共同保育子供の家」のあゆみ

年	保育略史	子供の家のあゆみ
1979	鈴木俊一都知事に当選，保守都政にかわる。保育予算の削減。ベビーホテルの台頭。ベビーホテル社会問題化	
1981		豊島区保育室協議会が７園になる。無認可保育所連絡協議会（無保協）へ運営委員を送る
1983	豊島区基本計画（10カ年）策定	定員が厳格になり面積により22人となる
1984	東京都認可保育所，保育料大幅値上げ	豊島区公立保育園，19時までの延長保育実施（11園）
1985		豊島区公立保育園で４カ月児保育（14園）。国庫負担金10%一律削減
1986	男女雇用機会均等法施行	豊島区公立保育園，３カ月児受け入れる（３園）。国庫補助率10分の８から10分の５に削減
1988	子ども人口が総人口の２割を切る DINKSが流行語に	
1990	1.57ショック（1989年の合計特殊出生率が1.57と発表される）	
1991	育児・介護休業法施行。常勤男女労働者は子が１歳の誕生日を迎える前日まで休業可能，給付金が支給される	共同保育から理事会方式に。「子供の家保育園」に改名 豊島区，短期特例保育実施（保育室も含む）。在宅福祉サービス開始（民間）
1993		豊島区，上半期の対策補助を区議会で採択（認可外保育施設の４月危機対策）
1994		豊島区財政改革
1995	エンゼルプラン（1994）により「緊急保育対策５カ年事業」低年齢児の保育が対策対象に	
1996		豊島区の保育室の数，４園に減少（子供の家，受け入れ延べ人数年間628人）
1997	東京都の保育室，運営基準および助成の改変（基準も助成も高くなる） 豊島区，児童・保育課を廃止し子育て支援課新設	
1998	豊島区，ファミリーサポートセンター事業開始（2000年　540人，2002年　9189人利用）。同区，一時保育事業開始（東京都が市区町村に実施義務づけ補助を開始したのは1995年）	豊島区，保育室３園に減少。子供の家，受け入れ延べ人数年間220人

②革新都政から保守都政に変わり保育予算削減

1979 年 4 月に革新都政から鈴木俊一知事の保守都政に変わり，保育予算が削減された。制度的に安定していない保育室は，都知事，都議会，区長，区議会の動向に翻弄された。

③ベビーホテルの台頭

1967 年に東京都で 2 施設だったベビーホテルが 79 年には 62 施設に，80 年には 110 施設にまで急増した[1]。

以上 3 点の状況の結果，1974 年頃から認可外保育施設の「4 月危機」が慢性化することになる。4 月危機とは，認可外保育施設の園児が新年度の 4 月に公立保育園に入所できて一度に退園し，経営上，運営上の危機が生じることである。認可外保育園では収入に占める保護者からの保育料の割合が大きいため，園児が急に減ると収入が激減してしまう。そして保育士もあまることになり，年度初めは保母が休職するか，もともとパート・非常勤として雇用して調整するというように，保育体制に問題を抱えることになった。

共同保育子供の家の保育体制が危機に

当時，子供の家の運営委員長であった二橋さんは，子どもの出生予定日より 4 カ月前に入園予約して 1979 年 12 月に入園した。入園時は 20 名在籍していたが（定員 24 人），4 月には二橋さん一人しか残らない事態となった。二橋さんの子どもだけ月齢が足りず，まだ認可保育所に入園できなかったからである。そのため二橋さんは 3 月に突然，次期運営委員長に就任したのであった。当時の状況を二橋さんが編んだ書籍『手さぐりの日々』と二橋さんが運営委員長時代の「運営委員会ニュース」から紐解いてみよう。

子供の家では，春がすぎ 9 月をすぎても，園児 1 人ということはなかったが定員割れが続いた。そのため春の間は休職扱いだった保母が 4 月にさかのぼって退職するなど，1979 年 4 月から 9 月までの半年の間に，保母がつぎつぎに休職したり退職した。新規採用者も皆，半年ほどで辞めてしまった。理由は病気休養や保母資格取得のためとそれぞれであったが，「無認可保育園の 4 月危機の中で，将来の展望を失ったのではないか」[2]と二橋さんは推察している。主任保母も退職し，残った保母が主任保母代行に，パート保母を短期雇用する，というように経験の浅い者だけで保育にあたることになった。保護者側の運営委員も退園者(OB) がつとめるなど，運営体制にも支障をきたしていた。

共同保育園では父母と保母が新規保母採用の面接をするが，面接の仕方さえ知る者がいない。せっかく無認可保育室協会や職安から保母を紹介されても，連絡がとれなくなってしまったり，面接後に辞退されたりした。

財政難と保母不足のため，5月には保育のローテーションに保護者が入ることになる。園児が7名に増えて3人の保母で遅番・早番のローテーションを組むのが困難になり，全日パートと遅番パートを1人ずつ採用しても足りず，「父母の方でも，一番早く迎えに来た父母が，次の人が帰ってくるまで，その人はさらに次の人が迎えにくるまで保育にあたるようにしました。そして最後に迎えにきた父母は6時半まで残り，保母と一緒にそうじをして帰るという体制をとり，少しでも保母の負担を軽くするようにつとめました」[3]という状況であった。バトン形式でつぎのお迎えがあるまで保護者が保育に当たるというのは，現代の保育サービスでは想像もできないことである。9月の後期総会の3日前には，当時運営委員をしていた保母2人までも退職を申し出た。「もう精神的にも体力的にも疲れた」[4]というのが退職の理由だった。

保母のボーナスをバザーとカンパで

6月には近隣に新規公立認可園が開園し，そこへの転園者もあって園児が減少してしまったが，7月には園児が8人，8月には11人になり，ようやく定員の半分が埋まった。しかし定員割れが続いたために，保母に一時金（ボーナス）を出せなくなってしまう。当時，豊島区には保育室の施設・設備に対する助成がなく，職員に対する助成も少額であった。園児が減少しても施設維持費や人件費などの経費はかわらないので，園児数当たりの助成は経営を脆弱にしてしまう。「いうまでもなく，園の財政は園児の数によって決定的に左右されます。一人入園してくると，入園金15,000円，保育料30,000円，都・区からの援助金25,500円，あわせて70,500円の収入になるのです」[5]。

とにかく園児を獲得しなければならないと，父母は園児募集に力を入

資料　周辺五区の助成状況　79年度

	園児1人に対して（月あたり）	職員に対して	施設に対して	その他
練馬	0才　19.400円 1才　8.100円 2才　5.200円 3才　3.000円 4才　1.600円	年50.000円（1人） 研修費10.000円 アルバイト1日 2.700円 資格取得援助 保母學生　5万円 通信教育　5000〜1万 保母講座　4万円	備品購入 ・20名まで　90.000円 ・21名以上　105.000円 管理費27.000円	保険費 400×5×定員 行事費 200×10回 冬期援助 43.000円 健康管理 32.000円
文京	0才　10.000円 1〜2才　8.000円 3才　4.000円	年35.000円（1人）	施設整備 150.000円	社教主催 保母研修・学習会
北	1人　16.000円 牛乳代 40円×297日 行事 280×10回	年50.000円（1人） 検便 560×9 レントゲン 430円 産休病欠代替 1日3.800円 保母服　現物支給	施設維持費 月36.000円	親の保育料補助 月 500円
板橋	1人　8.000円		年150.000円 〜225.000円	研修費 90.000円
豊島	1人　9.500円	夏27.000円（1人） 冬48.000円（1人）		

豊島区と周辺 5 区の認可外保育施設への助成比較（1979年）

出典：「運営委員会ニュース」32号，1979.12.3

れた。具体的には①近所の人・知り合い・友人に頼む，②ポスターを貼り出す，③チラシを配るなどを行った。父母が園児確保に東奔西走するというのも，現代の保育サービスでは想像できないことだ。

5 月にはバザーを開催して 25 万円の一時収入を得たが，それでも保母の一時金どころか 7 月分の給与さえ払えなくなってしまった[6]。そこで近所の人，OB，労組，職場，知人，友人にカンパを募ってまわった。借金の借り入れや父母からの負担も考えたというが，認可外保育施設の実情の周知や園児募集も兼ねて，父母と保母で一組になり 100 円でもよいからと，訪問を重ねたという。しかし，目標額には届かず，父母からは「こんな苦労するなら仕事を辞めて家で子供をみようか」という声も出たという。

父母・保母による運営委員会で話し合いを重ねた結果，当面 0.5 カ月分を支給し，残りは冬季にということになった。「一時金の問題をはじめとして，お金がからんだ問題になるとなぜか父母が『支払い側』『使用者側』に，保母が『労働者側』のようになり，『団体交渉』をしているようになる」[7]ため重苦しい日々だったという。しかし，父母・保母ともに園の経営実態，保母の労働条件，父母の経済状況を知って「困難だからといってやめたり，他園に移ったりと考えるのではなく，力を合わせてのりきっていこう」「みんなの力で園児を増やそう」という結論を見出したのであった。

苦しい財政状況

表6.2 は1979年の子供の家の財政状況である。特徴として3点あげられる。

①慢性的な定員割れと保育料負担額の増額

1970年から数年間は，園児数が月当たり平均26〜28人だったが，79年度は7月に8人，9月でも12人しかいない。4月に減って年度末に向けて徐々に増えていくが，20人を超えるのは2月になってからである。その結果，72年には保育料負担額が月1万円だったのが，わずか7年後の79年には月3万円に上がっている。

②助成金の増額

1972年度には都からの助成金が在籍児一人当たり月3,000円，区からの助成金が0歳児一人当たり月1,500円，1歳児1,000円だったのが(前章の表5.6)，79年度は都からの委託費が月17,000円，区からの助成が9,500円，あわせて26,500円にまで増額し，保育園の収入に占める助成金の割合が72年度の21.2％から79年度後期には34.0％にまで上がっている。また保育士の期末手当分補助など，他の面でも補助が増えている。

③高い人件費割合

一時金，社保，退職金を含む人件費が支出に占める割合が74.3％を占め，支出の構造に変化はない。期末手当については都区から一時金の補助はあるが（夏季はない)，実際に支払っている金額の61％でしかない。結果として，赤字ではないものの，財政に余裕はなく，積立金など改築修繕費，保育園の移転，認可園化等の支度金は準備ができない状況が続いている。また，事務員も引き続き雇用していない。

父母の多大な負担

父母と保母による共同運営は並大抵のものではなかった。仕事が終わって，子連れで夜に運営会議，ニュースの作成に明け暮れ（二橋さんは

表 6.2　1979年度後期決算報告（1980年 2 月 8 日現在）

	9 月	10月	11月	12月	1980年1月	2月（8 日）	計
園児数	12	15	17	16	19(2)	21(1)	100(3)
保母数	4(1)	4(1)	5(2)	5(2)	5(2)	6(2)	29(10)
【収入】							
保育料	12人	16人	16人	16人	14人	5人	
	360,000	480,000	480,000	480,000	420,000	150,000	2,370,000
入退園金	2人	4人	3人				
	30,000	50,000	35,000		30,000	60,000	205,000
都区助成金	12人	14人	17人	16人	19人		
	331,500	371,000	450,500	424,000	503,500		2,080,500
諸雑費	61,950	73,625	86,100	54,300	112,020	29,500	417,495
時間外	1,500	3,900	4,200	3,360	4,020	720	17,700
カンパ	37,000		3,200	36,904	38,000		115,104
バザー売上				182,729			182,729
物品販売							−
期末手当				都区			
				516,000			516,000
その他	70,249	12,659	20,545	108,000		7,210	218,663
計	892,199	991,184	1,079,545	1,805,293	1,107,540	247,430	6,123,191
【支出】							
給料	476,796	464,920	585,048	725,974	606,956		2,859,694
社保労保		79,822	130,527	79,258	123,472		480,532
家賃	90,400	90,400	90,400	90,400	90,400	90,400	542,400
税務士手数料	15,300	15,300	15,300	15,300	15,300	15,300	91,800
光熱水道費	20,020	25,529	14,704	29,079	40,526	1,500	131,358
諸雑費	42,785	150,280	46,050	65,900	110,031	65,653	480,699
教材備品	4,650	2,000			8,024	1,300	15,974
一時金	4人0.5カ月						
	162,482			849,815			1,012,297
退職金			95,170		171,170		266,340
その他	12,105	101,350		28,300	191,124	5,900	338,779
計	824,538	929,601	977,199	1,951,479	1,357,003	180,053	6,219,873
収支合計	360,497	422,080	524,426	378,240	128,777	196,154	

注：1979年 9 月，前期繰越金292,836円

1979 年 4 月〜1980 年 2 月までにニュースを 50 号発行)，週末はバザーの準備などがあった。

夜は夜で，週に 1 回の運営委員会のほかに三役会議や父母会，そ

れにバザー委員会などがはいってきます。この他に細かな打ち合わせもあって，ほぼ連日のように帰りが遅くなります。当然のことながら，これらすべての行動が子供連れでおこなわれるのです。子供にとっていいわけがありません。（略）夜になると泣き出したり，調子を崩したりで一晩中お守りをするなど，慢性的な寝不足に悩まされました。

運営委員会があるときなどは早く帰ってきて会議に参加しますが，ふだんは遅くなります。それでも帰ってくるなり，運営委員の家へ電話をかけて，その日の様子をつかんだり，とりくみの相談をし，ほぼ毎日のようにニュースづくりにとりくみます。この頃，毎晩のように世話人会のＴさんから電話がかかってきました。一度かかってくると必ず長電話になるので，時間がないなかでニュースづくりをする夫は，ずい分と苦労したようです。（略）ニュースが仕上がるのは，大体夜中の一時すぎ。それから手持ちのトウ写版で印刷。その他の会議の資料づくりやレジメづくりの作業や調べものにあけくれ，ようやく就寝。翌日はまた6時おき，という毎日。

登園は8時。園でおむつをとりかえて，ニュースなどを各父母のポケットに入れて，夫は保育園を飛び出します。[8)]

共同保育園の特徴と園児獲得努力

運営委員会が作成した子供の家の入園パンフレットには，「共同保育の優位性」としてつぎの8点があげられている。①産休明けからの保育，②長時間の保育，③年齢別クラス編成と複数担任制，④充実した給食カリキュラム，⑤貸しオムツの使用，⑥家庭保育と集団保育との真の統一，⑦臨時入園，出生前からの予約申し込みが可，⑧母親の仕事の有無，種類にかかわらず保育。

この中で⑦臨時入園，出生前からの予約申し込みが可，⑧母親の仕事の有無，種類にかかわらず保育は，現在議論されている直接申込契約方式（予約を含む直接申込で料金設定も保育園の自由。現在は保育指数によって行政に入所可否と入所園が振り分けられ，利用料は所得に応じた累進制），認定子ども園（就労の有無を問わない保育園・幼稚園統合型）などに通じるもので，子どもを預ける側の実態にそくしたサービスを提供するものであった。

さらに共同保育園は，たんに利用面で利点があるだけでなく，すでにみてきたように，①保護者が保育園の経営と運営に深く関わる，②運動体として行政への陳情や請求など保育行政改善の機能をもつことに大きな特徴があった。

こうした意義ある園を持続させるべく，子供の家ではプロジェクトチームをつくって質の向上を維持し，地域とのつながりをもって財政を安定させる努力をしていた。

財政危機の捉え方

単に無認可の共同保育所だから財政が厳しいのではない。

都の基準にそって，ゼロ歳児３人に対し保母１人，１歳児５人に保母１人，それに給食担当１人を配置。常に７人の職員を配置し，ゆきとどいた“完全保育”をおこなうことを目指しているから厳しくなる。

→経営の安定のみを最優先して考えるならば，①正規保母を少なくしておき，園児が増えたら季節パートを入れてのり切る。②正規が多くても，子どもが少ない時期はアルバイト，行商などに出て外貨をかせぐ，などの方法もあることはある。

しかし我々は，“ゆきとどいた保育”をおこなっても，財政が安定する方向を，これまで目ざしてきている。

すなわち，「適正な人員（７人体制）を崩さずに保育が行える状況を保障する」ための財政基盤づくりを考えていく必要がある。[9)]

保護者自身により財政のバランスシートがシミュレーションされ，黒字にできる園児数は18人で，しかも早期に実現することが必要であることが明らかにされた。また，園児数別の保育料がシミュレーションされ，現行30,000円を33,000円に値上げする提案がなされ，入園金の増額（15,000円→30,000円）と退園金（5,000円）の廃止が提案された。

経営改善の具体的方策は，①保育施設が充実していない地域を中心に園児獲得をはかり，定員24人のうち18人を埋めたい，②保育料を値上げする，③一時預かりをするの3点だった。1980年4月から経営多角化のため開始した一時預かり（「日託」「臨託」）は父母の病気通院時等の支援が目的で，1日2,000円・オムツ代100円・食費200円で都・区からの援助も得られた。しかし80年7月もまた，7月給与と夏季一時金を1.0カ月分を支給するのに30万円不足していた[10]。

認可外保育施設の保育室として生き残りをかけて

さらに運営委員会のプロジェクトチームでは，全国および東京都の待機児童数，保育指数別人口，入所倍率，女子就業者率などマクロデータや，補助対象認可外保育施設数，近隣保育環境など身近な環境をつぶさに調査し，保育園の入所倍率は高く，都内には入所できない乳幼児が毎年4万人もいて，保育ニーズはまだあると判断した。

公立保育園入所を希望しながらも入園できなかった人のうち，認可外

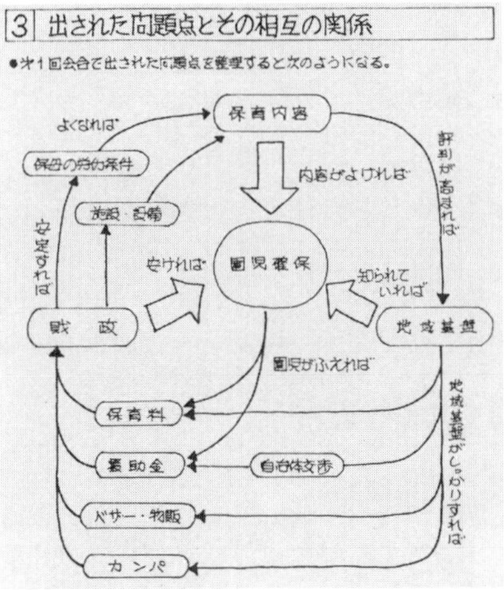

園児確保のモデル図

出典：「中（長）期計画検討プロジェクトチームレジメ」1980. 6 .25

(A)園児募集の展望

●共同保育「子供の家」の園児数の推移

	4	5	6	7	8	9	10	11	12	1	2	3	合計
73年度	18	18	22	18	19	21	24	25	27	26	29	30	277人
74 〃	11	11	11	16	15	18	21	20	20	27	27	27	224人
75 〃	15	7	8	12	14	17	23	23	21	18	19		(177人)
76 〃				5									
77 〃	8				11	10	17	16	15	19	20	22	(138人)
78 〃	18	18	16	17	19	21	21	20	20	22	24	23	239人
79 〃	5	7	6	8	9	13	14	16	16	19	21	20	154人

▶注・4月時の園児数は、公立の減らし保育期間に預けられた人数を一部含んでいる。
・76年度は、記録が総会文書にない。
・77年度は、4月から北大塚2丁目のアパートだったため、13名以上の受け入れは止められていた。78年1月15日に現在地へ移転。

●保育料収入と園児数（年間の延人数）との関係

			の 延 人 数		
			210人	216人	220人
都区補助金		27.000円	5.670.000円	5.832.000円	5.940.000円
保育料	現行	30.000円	6.300.000円	6.480.000円	6.600.000円
	改訂	31.000	6.510.000	6.696.000	6.820.000
	〃	32.000	6.720.000	6.912.000	7.040.000
	〃	33.000	6.930.000	7.128.000	7.260.000
	〃	34.000	7.140.000	7.344.000	7.480.000
	〃	35.000	7.350.000	7.560.000	7.700.000

▶注・年間の延人数216人という数字は、月々の支出が約100万円かかるとみて、それを園児ひとりあたりの収入（保育料現行3万円プラス都・区補助金2万7千円）で割り、月平均必要人数＝18人を出し、それを12ヵ月でかけて出したものです。
・しかし実際には、月々の支出は100万を超えており、その点からも保育料の見直しが必要となっています。

園児募集の展望

注：1979年の園児数は実際には8月12人，10月15人，11月17人，3月23人，合計162人であると，後の資料で訂正されている。

出典：「第28回臨時総会議案書」1980，p. 13

表 6.3　保育園に入園できなかった子どもの保育状況

施設・個人に預けている 57人（42%）	認可外保育施設	21人	15%
	幼稚園	7	5
	職場託児所	5	4
	保育ママ	3	2
	近所の人	4	3
	知人	5	4
	親戚	11	8
	その他	1	1
どこにも預けていない 80人（58%）	母が保育	59人	43%
	父母が交換で保育	4	3
	祖父母が保育	10	7
	その他（使用人）	2	1
無回答		5人	4%

出典：『中長期計画検討プロジェクトチームからの報告』1980，p. 13（原本不詳）

保育施設に入園したのは15％にすぎず，全体の43％が母親が仕事を断念して保育にあたっていることも，子供の家の需要を示しているとした（**表 6.3**）。そこで地区別の乳幼児の数と無認可保育所・託児施設を地図に描いて分析し，子供の家のアピール点（質の高い保育，給食，貸しオムツ，駅近等立地条件等）をまとめて広報するなど具体的な行動計画を実践した。

2　1980年代〜90年代の保育を取り巻く社会環境

さて，子供の家の経営難は社会的な要因によっていた。1980年代〜90年代の社会環境をまとめるとつぎのとおりである。

1980年代の保育を取り巻く社会環境

①近隣に認可保育所が整備され0歳児保育が始まる

区内の保育園の数が増え，0歳児保育も拡充してきた（**表 6.4**）。公立園は生後6カ月からだが，私立園は産休明け保育を行う園も出てきた。子供の家はますます「つなぎ」という位置づけになり，転園が多いため組織的，経営的な不安定さが増した。

表 6.4　豊島区の保育園の増加

		園数	定員
1967年	公立	8 園	633人(0 歳なし。特例保育ほとんどなし)
	私立	9 園	804人(0 歳は若草保育園のみ)
	その他		長橋ベビーセンター，千早子供の家
1980年	公立	31園	3,276人(0 歳（ 6 カ月）205人)
	私立	11園	951人(0 歳〔産休明けは 3 園〕64人)
	保育室	7 園(託児企業 4 園)	150人(3 歳児未満は110人)

出典：共同保育子供の家「『子供の家』をとりまく情況の変化」1980

表 6.5　1986年の認定の保育室への助成（豊島区）

委託費	都・区あわせて 3 歳未満児童一人42,500円
賠償責任保険加入に要する経費	年　7,200円
傷害保険加入に要する経費	年　1,643円×定員
期末援助経費	年　110,000円×職員数
施設維持費	月　1,500円×定員
健康管理費	年　15,000円
	月　280円×職員数
	年 4 回　280円×児童数
研修費補助	年　2,000円×職員数

出典：『空までのびろ』p. 17

②助成金の少なさ

保育室への助成は 1970〜80 年代を通して拡充していったが（**表 6.5**），認可保育園への助成とはかなりの開きがあった（**表 6.6**）。たしかに保育室へも，当初は月当たりの委託費のみであったのが，1986 年時点では委託費が増額になっただけでなく，賠償責任保険・傷害保険の費用など保険関係，施設そのものへの助成もなされるようになった（在籍数と関係なく職員数に対して期末手当援助が支給され，施設維持費や健康管理費，研修費が支給される）。

しかし，依然として認可保育所とくらべると，一人当たりの委託費だけでも月に 11,000 円の差がある。さらに，認可保育所には児童の健康管理や衛生管理など運営に必要な経費に各種の助成が支給され，表 6.6 にあげた項目以外にも施設の修繕・増改築に助成が支給された。すなわち，現実的には認可保育所一本化政策だったといえる。

表 6.7 は，子供の家が保育室のままである場合と私立認可保育所になった場合の助成金を試算したものである。定員 22 人が埋まったとする

表 6.6　1990年の認可保育所への助成（東京都・豊島区）　（円）

豊島区	委託費（月／児） 3歳未満児　24,000 3歳児　16,000 4歳以上児　14,000 傷害保険　1,643×定員 期末援助経費　136,000 特例保育加算（月）91,150 施設維持費（月）2,200×定員 職員研修費（年）3,000	健康管理費 職員一般健診（年）1,330 職員細菌検査（月）400 職員ギョウ虫検査年2回160 児童内科健診年2回19,000 児童ギョウ虫検査年2回500 児童薬品購入1,200 衛生管理費 布団乾燥，洗濯3,600×定員 害虫駆除，絨毯洗濯40,000	職員被服手当（年）12,000 児童保育用品購入(年)8,000 行事費 12月350×在籍児童 3月1,000×在籍児童 調理パート（月）64,625
東京都	3歳未満児（月）29,500 3歳児（月）10,200 4歳以上児（月）8,700	期末援助費（年）83,000 期末援助費（夏）30,000 期末援助費（冬）53,000	賠責保険（年）7,200

注：施設費に対する助成は含まれていない。
出典：東京都無認可保育所連絡協議会『東京における無認可保育所の実態調査報告』1990，p. 106,111を一部修正

表 6.7　保育室と市立認可保育所の助成の違い（1年間の助成額を試算）

保育室・在籍児10人	保育室・在籍児22人	認可園・在籍児10人	認可園在籍児22人
5,267,986円	12,028,146円	10,465,891円	17,101,996円

注1：共同保育子供の家の定員は1983年より22人である。
注2：保育室助成は1986年の基準，認可園助成は1990年の基準を適用した。保母数はパートをのぞく常勤で10人の場合保育士4人，22人の場合保育士6人で計算した。
注3：認可園の場合，自治体を通した措置児が入園するので，在籍数が10人と定員の半数以下ということは現実的にはありえない。
注4：認可園には施設の修繕費等の助成もある。

と，認可保育所の助成金は保育室の約1.4倍，金額にして500万円ほどの差が出てくる。在籍数10人の場合にも520万円程度の差がある。現実には認可保育所のほうが定員が埋まり，保育室は園児獲得に苦労しているのだから，この差はもっと広がるだろう。

「ポストの数ほど保育所を」運動が実るほど，認可制度外の保育室は苦境に立たされていった。ならば子供の家も認可保育所化を目指せばいいのであろうが，移転・増員によってしか認可保育所の施設基準を満たせないため，1980年の資料では，「地域の保育センター目指して」という表現になっている。

③女性の働き方の変化

1986年には男女雇用機会均等法が施行される。これによって女性の職業キャリアは常勤継続のフルタイム志向に移行したかのように思うかもしれない。事実，既婚女性の若年世代は，25〜29歳も30〜34歳も労

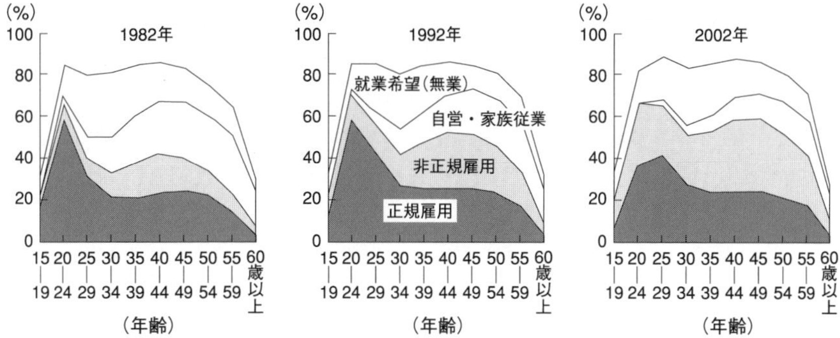

図 6.1　年齢区分別女性の就業形態の変化

出典：『平成19年版働く女性の実情』厚生労働省，2008

働力率は5から10ポイント以上も上昇しつつある。しかし，それ以上に大きいのは就労形態の変化である。

図 6.1 をみてほしい。年代別の就業率および就業形態は，1982年から92年まで，正規雇用でみるとカーブはそれほど変わっていない。むしろ子育て世代の非正規雇用（パート，アルバイト）雇用率が急激に上昇している。さらに，フリーター，派遣社員，契約社員などの期間雇用者が常態化した2002年には，若年層から中高年層まで非正規雇用率が上昇し，正規雇用率を引き下げていることがわかる。1980年代は育児休業法がまだなかったこともあり，70年代の「3歳までは母が育児」というモデルをそのままに，末子が3歳を過ぎたら，パートで就労して保育園や幼稚園に預けることが多かった。そうした時代では，3年保育の規模の大きな認可保育所に政策的重点が置かれ，遅れて多少の乳児枠がとられるようになった。

④都心の乳幼児人口の減少

これは東京都心部に特徴的なことであるが，出生率の低下だけでなく，地価の高騰や住宅の郊外化もあって，東京都の就学前人口割合は全国平均よりも低くなっている。都心の子供の家周辺は，すでに1980年代から子どもの数が少ないのに保育施設が乱立する状況に至ってしまったといえる。次章で述べるが，保育ニーズが叫ばれるにもかかわらず，豊島区では2000年初めには認可保育所でも0・1歳児の定員割れが生じて公立保育園の閉園が始まっている。

1990年代の保育をとりまく社会環境

第2章でみたように，1990年代に出生率の急激な低下を受けて少子化対策が始まった。

①少子化とエンゼルプラン

1990年の1.57ショックを受けて94年にエンゼルプランが発表され，95年に緊急保育対策が始まった。そこでは低年齢児（とくに産休明け等の乳幼児）の保育が重点課題として認識された。

②育児介護休業法の成立（1991年）

女性の産み控えを減らし，また出産育児期の女性の就労安定を図るため，子どもが1歳になるまで退職しないで休業でき給付金も支給されることになった。

③保育サービスの多様化

就業形態の多様化と育児環境の向上のニーズを受けて，1995年にファミリーサポート事業が始まり，就労の有無にかかわらず，子どもを近隣の人に一時的に有償で預けられる体制づくりが自治体の義務となった。また，東京都では1998年に一時保育事業が始まり，認可保育所が一時保育を受け入れはじめた。子供の家（1991年に改組して理事会形式になり「子供の家保育園」に改称）の位置づけはますます厳しくなった。

あいつぐ閉園と保育室の見直し

1980年代～90年代の変化として保育ビジネスの台頭も大きい。ベビーホテルは1970年の東京都全体で6施設だったのが，80年には110施設と18倍にもなっている。託児企業も含め，安価な金額で産休明け乳児を託児する施設が増加した。

以上みてきた認可保育所の増園，0歳児保育の開始，保育ビジネスの拡大などにより，1981年まで保育室は倍増したものの，その後82～97年の15年間で全体の約3分の1にあたる100施設ほどが閉園している（図6.2）。なかでも特筆すべきは，定員割れが顕著なことだ。定員数と在籍数の推移をみると，1980年代は在籍割合が急激に低下し，80年代後半には，定員数の半分にまで低下している。

一方でこの減少期に，乳幼児期の子をもつ女性の就業が常態化して保育の必要性が認識されたことにより，認可保育所以外の多様な保育サー

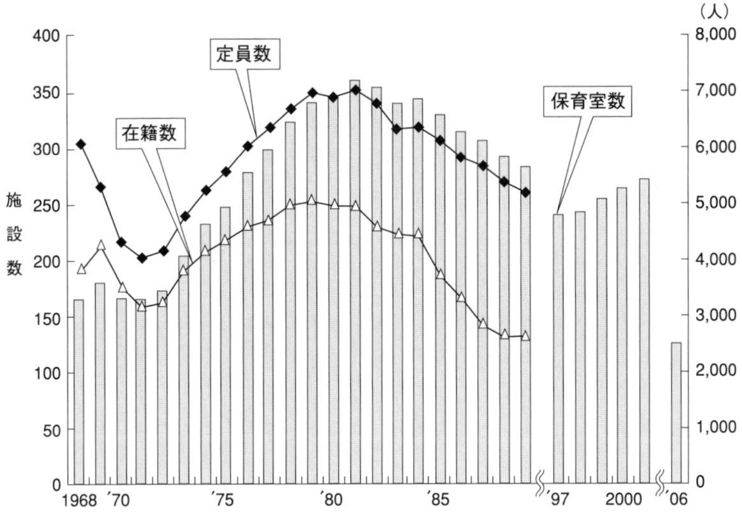

図 6.2　東京都の保育室の推移

注：1997年以降は3歳未満児の人数が不明のため掲載していない。
出典：『無認可保育所実態調査報告』p. 112および東京都福祉局保育事業資料より作成

ビスが見直され，保育室制度の活用が目論まれた。1997 年度には保育室の運営基準および助成が改変され，保育室の位置づけが大きく変わった。①保育室の基準を上げて，より良質の保育室へと誘導する（保育従事者の有資格率 3 分の 1 を 2 分の 1 に，児童一人当たりの面積 1.65 m² を 2 m²に）。②認可保育所並みの自治体負担率にする。具体的には「今回の運営費の負担については，事業の補助を実施する都と実施主体である区市町村と受益者である保護者とが等分に負担することとし，それぞれ 3 分の 1 ずつとした」。産休明けから乳幼児を保育する小規模で家庭的な保育サービスとして保育室を積極的に組み込んでいこうということである。「保育室・家庭福祉員は，小規模あるいは家庭的環境の中で，弾力的かつきめ細かな保育サービスを提供する施設として，主に 3 歳未満児を対象に，産休明け保育，乳児の延長保育，年度途中入所を重点的に担うほか，一時保育や体験保育など地域の子育て支援にも活用するものとする」と保育室に独自の役割を求めることが明記された。

註

1）堂本暁子『ベビーホテルに関する総合調査報告』晩聲社，1981，川嶋静代『ベビーホテル都児童家庭問題』法政出版，2000，p. 36 参照。

ベビーホテルが社会問題化した 1981 年に厚生省が実施した「全国ベビーホテル実態調査」におけるベビーホテルの定義は，「乳幼児の保育施設であって，夜間保育，宿泊を伴う保育，または時間単位の一時預かりをおこなっているもの」とされる。24 時間保育や夜間保育を行う無認可保育所は以前からあったが，電話帳には 73 年に都内で初めてベビーホテルという名称が登場し，夜間保育・宿泊保育・一時保育を受けつける営利目的の無認可保育所が保育産業として増えていった（前出・川嶋 p. 38）。1970 年代後半〜80 年代に急増し，90 年代後半には半減している。

2）二橋元長・雅子編『手さぐりの日々』1986

3）同上

4）同上

5）同上

6）当時保育室に一時金の助成も出たが，必要額を満たさず園で補填する必要があった。助成額は豊島区から保母一人当たり 27,000 円，都から 0 歳児 3 人に対し保母 1 人分，1 歳児 5 人に対し保母 1 人分，それに調理担当者との計算で一人当たり 3 万円。区から 27,000 円×6＝162,000 円，都から 30,000 円×3＝90,000 円，計 252,000 円の補助があった。

7）注 2）に同じ。

8）同上

9）「中（長）期計画検討プロジェクトチームレジメ」1980. 6. 25

10）1980 年 4 月園児数 2 人・保母 7 人，5 月園児数 5 人・保母 7 人，6 月園児数 6 人・保母 7 人。子供の家の経営は相当厳しいものとなった。

第7章
認可外保育施設からみる保育の戦後史(3)
――保育のサービス化（2000年以降）

白井千晶

前章の最後で，1997年に多様な保育の一つとして保育室の積極的活用がうたわれることになったと述べた。しかし，そのわずか2年後にまた大きく流れが変わることになる。1999年の規制緩和および2001年の認証保育所の制度化によって，保育は企業のチェーン店等によるサービス化・ビジネス化の時代を迎える。その一方で子供の家保育園は，新園舎をつくれない立地的・経済的問題や後継者の問題，法人化の問題といった個別の理由とともに，保育のサービス業化と認証保育所化の波に淘汰されるかたちで閉園することになる（**表7.1**）。

1　認可保育所の規制緩和

規制緩和と企業の参入

1999年8月，厚生省は保育所の認可を社会福祉法人や財団法人に限定していた従来の要件を緩和し，民間企業の参入を認め，また定員要件の弾力化を発表した。いわゆる保育所認可要件の「規制緩和」である。その目的は，企業の参入を促進し，認可保育所を増園することにあった。

具体的には，①設置主体制限の撤廃（株式会社・有限会社立の参入開始），②賃貸方式の許容（土地借地，賃貸建物の許容），③保育所分園方式の導入（調理室・医務室等を独自に設置する必要・正規職員配置必要なし，チェーン店化の容認），④保育所最低定員を30人から20人に引

表 7.1　2000年代の保育略史と「子供の家保育園」のあゆみ

年	保育略史	子供の家のあゆみ
1999	保育所設置・定員の弾力化の方針（企業の参入，定員の柔軟化等，規制緩和）。通達は2000年３月	一時保育を始める（１時間1,000円）
2000	国の家庭的保育事業開始（家庭福祉員助成）	豊島区，財政健全化（2004年まで），保育室の単独補助見直し（削減案）。公立保育園４園廃止
2001	東京都が認証保育所を制度化	緊急一時保育開始 豊島区内，認証保育所Ａ型２，Ｂ型１。 認証保育所の検討（移転先含め） 豊島区，子ども家庭支援センター開設。 産後サポート事業開始（2002年293回） 豊島区，区内０・１歳の定員に４月107人の空き状況 豊島区の認可外保育施設で乳児死亡事故。チェーン店で他にも死亡事故や保育士からの訴訟あり（認可外保育施設のイメージ悪化，行政の検査・監督をめぐる議論）
2002		豊島区，区立保育園の民営化を検討
2003	出生数112万人。東京都，出生率1.0を割り，全国最低 認証保育所，都内154カ所に	豊島区，区内０・１歳の定員に４月142人の空き状況
2004	1.29ショック（2003年の合計特殊出生率1.29で史上最低更新）	豊島区内の待機児童が減少傾向示す
2005	東京都，保育室は都の補助２分の１削減案 東京都の合計特殊出生率，前年を0.03ポイント下回り，0.98に。１を割り込むのは史上初	子供の家保育園の今後についての懇談会 豊島区，一時保育の補助開始 豊島区内０・１歳児の保育定員に４月177人の空き状況 豊島区，区立保育園の統合再編実施
2006		３月　子供の家保育園，40年の歴史に幕を閉じ，閉園
2007	東京都の合計特殊出生率1.05（1.05以上は７年ぶり）。全国平均に比して30〜40代出産の率が高い	

き下げ（中規模園の導入），⑤公設民営方式の促進（公有施設を用いた公設民営方式促進のため，公立保育所の運営委託先制限を撤廃，施設設備にかかる国庫補助対象を拡充），⑥待機児童の多い地域における設備基準の弾力化（園庭・園児一人当たりの部屋面積の扱いを明確化），⑦４月は定員＋15％まで，５月は定員＋25％まで受け入れ許容，10月以

降は定員とかかわりなく受け入れ許容（保育士数や部屋面積等の基準内で）（定員の弾力化）等であった[1]。同年12月に発表される「少子化対策推進基本方針」「新エンゼルプラン」に先立つ措置といえよう。

その一方で，保育室は，自治体の財政危機と相まって助成が削減されていく。規制緩和と同じ1999年，東京都は財政危機から「財政再建プラン」を発表，翌2000年には豊島区も5年間の「財政健全化」プランを掲げ，その中で予算削減措置として保育室への単独補助が見直された。また都から区への保育室運営費補助予算も削減された。

設置主体の緩和，公設民営方式の促進，チェーン店の容認によって企業の参入を呼び込むと同時に，たとえば豊島区では，この時に公立認可保育所4園が閉園するなど，公立園を統廃合し，民営化して合理化が進められた。同時に小規模な保育室に対する助成も低下していった。

認可外保育施設の状況

こうして保育室は減少していくが，この時期，認可外保育施設全体としては少子化にもかかわらず，全国的に年々増加傾向にあり，認可施設数の2分の1，利用児童数で10分の1を占めている[2]（**図7.1**）。その中で任意団体，個人が設置した施設の割合が年々低下し，企業（とくに2園以上の系列園をもつ，いわゆるチェーン展開する企業）の割合が増えている。1990年の東京都無認可保育所連絡協議会による「無認可保育所実態調査」（協議会加盟170施設対象）では設置主体の49.4％が共同（共同保育所）であったが，2006年の「地域児童福祉事業等調査」では事業所内保育所，ベビーホテルをのぞいて「任意団体」が設置主体なのは6.8％にすぎなくなっている（個人が設置主体68.1％）。

認可外保育施設の運営には，自治体独自の補助制度はあっても，国からの補助はない。国は認可園への移行に補助し，認可園化を推進した[3]。しかし，認可園となるための児童の定員に関する認可条件は，第2次世界大戦後一貫して定員60人以上を原則としていた。60人超の認可外保育施設は全体の1割にも満たない。都道府県知事による裁量はあるものの，小規模な認可園は原則として認められなかったのである。

2006年の「地域児童福祉事業等調査」によれば，認可外保育施設でいずれ認可保育所に移行したいと回答した施設は4割に及ぶが，問題点

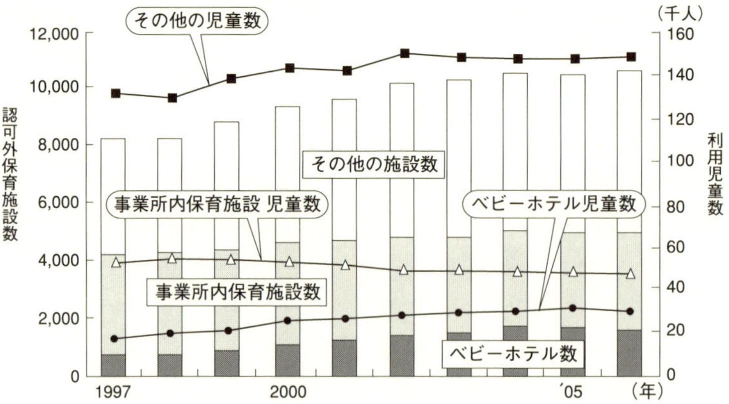

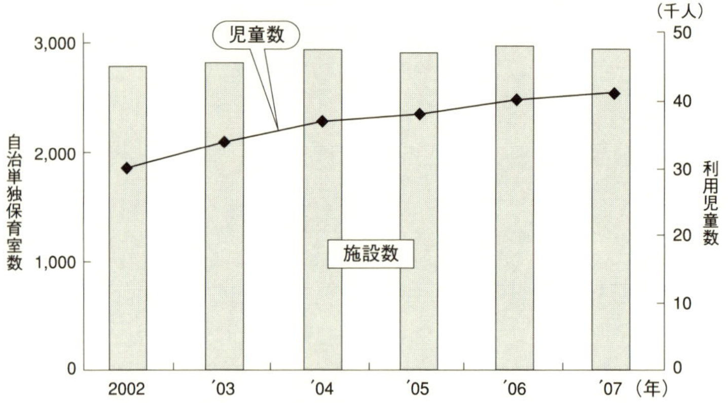

図 7.1　自治体単独保育室・利用児童数の推移

注：自治体単独保育室は，横浜保育室等，自治体の補助を受ける保育室の全国総数。
出典：「厚生労働省社会保障審議会・少子化対策特別部会第14回資料」2008.10.14

があって移行できないという。子供の家と同じく設置主体の分類が「その他」（たとえば任意団体等）で，「補助金を受け入れている」施設のうち，「設置基準に満たない」点をあげた施設は 59 %に及んでいる。なかでも設置基準の項目「施設」「職員」「開所時間」「立地」のうち，「施設設備基準」が問題点であるとしたのは 78 %で，施設設備基準を満たせないために認可園に移行できない施設が相当あることがわかる。60 人以上という規模の大きな認可園を設置するためには，初期投資が大きいことが課題であった[4]。

2　認証保育所制度の開始

認証保育所B型

保育室の斜陽化を決定づけたのが，2001 年 5 月に始まった東京都独自の認証保育所制度である。これは「企業の経営感覚の発揮により，多様化する保育ニーズに応えることのできる新しいスタイルの保育所」，「民間企業を含む多様な事業者がサービスを競」うとうたわれた[5)]。

この認証保育所制度には二種類あり，A型は駅前等の 20～120 人の保育所で，B型は従来の保育室の移行を見込んだ小規模・乳児のための保育所である。**表 7.2** にまとめたように，認証保育所B型は保育室と認可保育所の中間的な位置づけで，利用者と園の直接申込・契約し，料金が自由設定となっている。東京都は積極的に認証保育所B型への移行を促進するとした。

認証保育所に対する自治体の反応

東京都では，保育室のB型認証保育所への移行推進によって，保育室は 2006 年にはピーク時の約 3 分の 1 の 125 施設にまで減っている。一方，認証保育所は 2002 年に 75 施設だったのが，わずか 5 年後の 2007 年には 367 施設に増大し，定員数も急激に増加している（**表 7.3**）。また保育室は定員の半分しか埋まらないのと対照的に，認証保育所では相当の児童が入園できずに「空き待ち」（待機）をしている。

制度が開始される前後に自治体は，「今よりよくならないのにメリットはない。1 年間様子をみる」，「保育室制度と認証保育所と二つの制度は厳しい」，「（設置は）企業なのだから区加算は出さない」，「区のもち出しが増えるのでできない」，「現在ある保育室をつぶすわけにはいかない」，「足並みが揃わないといけないので，そう簡単に飛びつけない」など，懐疑的，消極的な回答が多々あった。一方，「補助金が少なくなるのでなるべく乗っていきたい」，「保育室への説明会実施予定」，「移行は強制しないが待機児の多い地域が名乗りを上げれば認める」，「都と同じくやっていく　競争しろということなんだ」，「不備な点は単独加算をつけざるを得ない（家賃補助，人件費，休職等）」など，制度を推進する

表 7.2　東京都の保育室，認証保育所Ｂ型，私立認可保育所の違い[1]

	保育室	認証保育所Ｂ型	認可保育所（私立）
設置主体	問わない	個人	社会福祉法人，NPO 法人，株式会社・有限会社等
対象	０～２歳	０～２歳 （必ず０歳を受け入れ）	就学前 （０歳は必須ではない）
定員	6～29名	6～29名	20名～
入園	都内在住の保育に欠ける０～２歳。保護者が園に直接申し込み，園と直接契約	市区町村が必要と認める（保育に欠ける）都内在住の０～２歳児。保護者が園に直接申し込み，園と直接契約	市区町村に申し込み。複数の希望園を記入し，保育指数によって希望園の中で入園可否が決定される
施設基準[1]	保育専用室・一人当たり 2.0㎡	弾力基準として０歳児・１歳児の一人当たり保育専用室基準面積2.5㎡まで緩和	０歳児・１歳児の一人当たり保育専用室基準面積3.3㎡
園庭	有無問わず	有無問わず	２歳以上の児童がいる場合には屋外遊戯場が必要。保育所の付近にある屋外遊戯場に代わるべき場所
施設長・保育士	施設長は保育士，保健師，看護師，助産師，教員のいずれかの資格 保育従事者の２分の１以上が保育士または看護師，年齢65歳まで ０歳：保育士＝３：１， 1，2歳：保育士＝６：１	施設長は児童福祉施設等の勤務経験を有し，かつ保育士資格を有する者 保育士は認可保育所に準じる。正規職員保育士６割以上 ０歳：保育士＝３：１， 1，2歳：保育士＝６：１	
開所時間	おおむね夜７時までの延長保育に対応すること	13時間以上	11時間以上（特例保育・延長保育に補助金あり）
料金	自由設定	国の保育所徴収基準を上限に自由設定。月220時間未満上限８万円	所得に応じて市区町村が徴収
補助金・助成金	都と区市町村が補助[2]	運営に要する経費（基準額）の1/2ずつを都と区市町村が補助する 補助対象契約児童数×年齢別補助単価（0歳120,590円，1-2歳82,500円）[3]	保育所運営費は厚生労働省の基準により算定，その総額から保育料による収入を差し引いた金額について，国が1/2，都道府県および市区町村が1/4ずつを負担[4]。改修経費について私立には

		開設にあたり中小企業向け融資制度あり	助成補助金なし。施設設備費は社会福祉法人のみ対象
行政の関与	届出制，市区町村指導監督	認証審査は東京都，実施主体は市区町村	指導監督

1）いずれも，認証保育所制度が開始された2001年時点の最低基準。認可保育所は自治体裁量が許されているため（認可は都道府県），東京都の基準で示した。全種別とも，調理室・便所の必置，防火設備，2F以上2方向以上の避難路確保等は，共通。

2）豊島区内に保育室はなくなったが，たとえば東京都武蔵村山市の保育室は定員により71,000～84,600円（一人／一月）の補助金が出る2009.5

3）市区町村からの認証保育所への助成も独自に認められている。保護者に認可保育所との差額を解消する目的で保育料補助が支払われるだけでなく（5,700～38,000円），施設が保育料を下げられるよう園児一人当たりの保育料補助（10,000～16,900円），運営費補助や家賃補助，開設準備金等。東京都福祉局『東京都認証保育所実態調査結果報告書』2004.7

4）2004年より国庫負担分は地方譲与税に組み込まれ，公費負担は自治体裁量に。

表 7.3　東京都の保育所の設置状況と待機児童数

年	認可保育所数	定員	認証保育所数	定員	待機児童数[1]	全国の待機児童に占める割合
2002	1,603カ所	156,532人	75カ所	2,131人	5,056人	19.9%
'03	1,619	158,106	151	4,302	5,208	19.7
'04	1,629	159,715	212	6,173	5,223	21.5
'05	1,635	160,616	271	8,045	5,221	22.4
'06	1,648	162,357	323	9,681	4,908	24.8
'07	1,673	164,807	367	11,130	4,601	25.7
'08	1,689	166,552	410	12,723	5,479	28.0

1）待機児童は，保育所入所申込書が市区町村に提出され，かつ，入所要件に該当しているものであって，現に保育所に入所していない児童と定義されている。待機児童の旧基準では家庭福祉員や認証保育所，保育室・その他認可外保育施設で保育を受ける児童は，待機の結果としてカウントされたが，新基準ではカウントされず，目減りしている。

出典：東京都福祉保健局資料および厚生労働省各年発表資料「保育所の状況」（4月1日現在），「保育所入所待機児童数調査」（厚生労働省雇用均等・児童家庭局保育課調べ）

対応を示した自治体もあった[6)]。市区町村の対応はまちまちだった。

保育室の認証保育所化

一方，保育室関連団体では，認証保育所制度開始前から問題点を指摘していた。「認可であろうが無認可であろうが『儲ける』ことは認めない。株式会社はとくに『儲け』を目的とすることをハッキリさせている会社法人。保育所の経営はNPO法人も含め，非営利法人で行うべきもの」，「（保護者負担利用料が高いので）保護者の負担軽減を要望」，「24条但し書きの制度ではなくなる。保育に欠ける児童の入所ができなくなり本当に困った人の保育ができない」，「現行保育室より，保育内容・夕食・職員配置などでもレベルアップといえない状況がある」と問題点をあげ,「儲け主義の企業や個人に任せるより,保育室が消極的でも名乗りを上げざるを得ないだろう」,「(認証保育制度は) 名乗りを上げられる要素を残した」,「保育室のレベルアップは否定できない(認証保育所は保育室よりも一人当たり面積の増加,資格者割合の増大など)」と,保育室の認証保育所への移行を視野に入れることを示した[7]。

保育室関連団体では,認証保育所への移行は事業として破綻するのではないかとの懸念も示した。認証保育所は月ごとの在籍数で助成金が支給されるため,「子どもが来ない時に補助金対象ではない事業を独自に進めなければならない。(略) 塾・パソコン教室などを考えなければならないことも」,「自然淘汰せざるを得ない認証保育所も出てくる」と懸念した[8]。東京都は市区町村に認証保育所の推進に協力を求め,最低基準を守れば補助金の上乗せ等は自由であるとしており,実際にはたとえば保育に欠けるとの条件をはずすなど市区町村が独自に要綱を作成し,独自に補助しなければ実現が難しいだろうと自治体に伝えている。

保育のサービス業化

子供の家保育園の近隣にも,認証保育所がいくつか設立された。保育・教育企業のチェーン店である。休日保育,長時間の延長保育,一時保育など多様なサービスが提供され,他の認証保育所より数万円高額ながら,認可保育所よりも多くの待機児童がいる人気園となった。ホームページやパンフレットでは,新しくて木のぬくもり豊かな保育室,高価な木製玩具,無添加・無農薬野菜の給食など,「消費者」のニーズにマッチした取組みが紹介されている。また,クレーム処理・人事考査制度・研修制度など,大企業ならではのシステムが紹介され,質に対するブランドイメージが信頼感を高める働きをしている。個人設立の保育室に対して抱きがちな経営の不安定さ,職員の入れ替わりによる質の揺れなどに対する不安とは対極的であろう。

保育は「公的福祉」から「保育サービス」へと変わり,いかに消費者のニーズをつかみ,消費者の求めるサービスを提供して,利益を上げるかという視点から運営されることになったのである。そこでは園児の保護者は「利用者」ではなく「消費者」である。パンフレットやホームページなどの「メディア」を通して,「わかりやすい」基準(たとえば英語教育などの有無といった yes/no 項目や開所時間，料金などの量的基準）で消費の観点から保育先を選択（購入）させられる。

こうした「保育のサービス化」は，コマーシャリズム化（commercialization），サービス化（servicization），消費社会化（consumerization），標準化（standardization），グローバル化（globalization），流動化（liquidation），マクドナルド化（McDonaldization）といった現代社会の文脈と関連している[9]。

マクドナルド化理論によれば，現代社会はファストフードだけでなく，教育，医療，レジャーなどすべてが予測可能性，計算可能性，効率性，制御を最大化しようとするマクドナルド化された社会のただ中にある。保育も「マニュアル通りに決められた保育を行う」（効率性），「チェーン展開でどの園でも同じサービスが受けられ，当たりはずれがない」（予測可能性），「費用対効果の大きい保育，より長時間で安価であること。英語や体操，安心安全な給食などの付加価値」（計算可能性），「職員も利用者もルールに準拠する，コミュニケーションや対話よりもシステムが優先する」（制御・コントロール）施設が消費者に好まれる。その結果，「お得」で「費用対効果が大きい」保育業者がビジネス展開し，コマーシャリズムに沿わない地元の保育室が斜陽化したりする。

こうした保育のサービス業化は，近年の日本社会全体の市場化の流れに沿っている。1998 年の NPO 法により非営利の市民団体が法人格をもって活動できるようになり，99 年には労働者派遣法が改正されて，禁止業種以外のすべての業種で労働者派遣という形態が可能になった。2000 年には介護保険制度が開始され，国が丸抱えする高齢者福祉から，国民皆保険と自費によって，企業や NPO 等が提供する介護を受ける制度になった。2001 年 6 月には小泉内閣によって「骨太の方針」，「構造改革」（地方補助金を削減し税源譲渡，郵政民営化，社会保障見直し，市場化テスト）が行われた。保育のサービス業化はこうした改革に後押しされているのである。

3　子供の家保育園の閉園

厳しい環境

すでに述べたように，子供の家をとりまく環境は年々厳しいものになっていった。全国的な少子化傾向に加えて，東京都は出生率が全国で最低になり（2006年に0.98），地価の高騰・都市環境の悪化による若年家族の郊外化も相まって，1965年に豊島区内の0～2歳人口は16,366人であったのが，85年には7,205人と半減し，94年には4,192人，2005年には4,072人にまで落ち込んでいる。

その一方で，認可保育所および保育産業は拡充し，池袋を擁する都心ならではのベビーホテル，デパート等の一時託児施設，企業開設の託児所が密集した。1998年には豊島区でもファミリーサポートセンター事業が開始され，一時保育が始まった。認証保育所制度が始まった2001年には，区内にさっそくA型2施設，B型1施設が誕生した。同年に開設された子ども家庭支援センター開設では一時預かり事業も始まり，2003年には幼稚園での預かり保育も始まった。育児休業法の改正（2004年）により，育休が1年半まで取得できることになった。

それらの結果，認可保育所の4月でさえ，0・1歳の定員は相当の空きがある状況で（2001年107人，03年142人，05年177人），区立保育園は統合再編されている。また認証保育所移行促進とともに保育室への助成は削減され，2005年には半分に削減する案が区議会に提出された。

子供の家では，2004～05年に今後のことを話し合い，非常口等の法律的問題から修繕・改築でなく建て替えか移転が必要なこと，建築法上建て替えできない土地であることなどから，認証保育所化はあきらめ，2006年3月，ついに40年の歴史に幕を下ろしたのだった。

認可園化か認証園化か閉園か，その模索のあゆみ

約30年間子供の家に勤めた元園長・伊藤さんにその経緯を尋ねた。

伊藤さんは，共同保育子供の家が何度目かの苦境に立った1979年秋に子供の家に就職している。それ以前に幼稚園教諭を6年間していたが，育児との両立に限界を感じて退職。その後企業の託児所のパート等をへ

て，共同保育子供の家を紹介され，魅力を感じて家族で転居してきたという。1980 年に施設長となり，2006 年まで子供の家を運営してきた。

1970 年代の資料にはしばしば認可保育所化の検討があったが，伊藤さんによれば，その後も何度も模索する機会があったという。1991 年に共同保育子供の家から「子供の家保育園」に改称した際，78 年の新園舎建設にともない出資金を提供した 7 名に半額を返還し，共同保育から理事会形式に移行し，建物の名義も団体名（任意団体・みなし法人）に変更した。長年共同保育園を支えてきた方々に出資金を返還するための変革だったわけだが，この変革の際，社団法人化も検討されたという。理事 7 名のうち数名は賛成したが，実現にはいたらなかった。

それ以降も，法人化して認可園化することはたびたび理事会にはかり，勉強会にも出向いた。認可園化すれば 4 月危機がなくなり，保育士に退職・休職を頼むこともない。保護者の経済的負担も減る。後継者問題等，存続も容易になる。しかし法人化すれば，理事会に別の責任が生じ，移転して多額の借入れをしなければ認可園化できない。都心の住宅密集地の旗竿型の土地に建築された，築 40 年以上の木造二階建て民間住宅のままでは，設置基準に満たないからである。規制緩和により設置主体が NPO 法人でも，施設が賃貸でもよくなったが，都心の児童の少ない地域で淘汰されずに経営していけるかという問題もあった。

それでも伊藤さんは，近隣の物件を探したり，公用地に空きが出れば貸与を受けられないか行政に依頼に行ったり，NPO 法人設立の説明会に出たりして，保育室のつぎのステップを模索し続けていた。地元に根づいた，小回りのきく保育室がなくなることに危機感をもったからだ。保育室を発展させる努力もした。伊藤さんは足しげく役所に通い，区議員ともコミュニケーションをとり，豊島区でも一時保育事業を開始するよう依頼して，子供の家保育園で一時保育をスタートさせた。

区の財政が厳しい状況では，定員が埋まらなくても費用を拠出しなくてはならない現行制度は認可保育所でさえ「税金の無駄」ということになってしまう。これまで安定した受け皿を提供してきたものが，無駄と考えられるようになり，保育室の会計もまた，単年度決算になって将来への投資や蓄えができなくなってしまった。

いよいよ，子供の家の「進退」を明らかにしなければならなくなったのは，2003年頃だという。認可保育所はハードルが高いとして，認証保育所を目指すのか，閉園するのか。2003年当時の保育室への助成と，認証保育所への助成を比較した場合，明らかに認証保育所のほうが経営が厳しくなることがわかっていた。都区合わせた園児一人当たりの助成額は認証保育所のほうが多いが，保育室には4月危機に対する「上半期補助」つまり欠員補助があり，また，運営費補助（職員一時金手当，園児と職員の健康管理，保育備品等）もある。認証保育所は，施設に対する助成はなく，在籍児の人数に対する助成のみだった。春に在籍数が少なくて秋以降徐々に増え，また4月に少なくなるという状況だと，明らかに保育室より経営が厳しいのだ。しかも新園舎に移るためには，多額の費用が必要である。最終的には，移転のために蓄えてきた貯金を園舎取り壊し費用，職員への未払い分などにあて，手元に貯金があるうちに精算しようという苦渋の決断をすることになった。

地域や周りの人びととの協力体制，ネットワーク

本書掲載にあたり，伊藤さんよりコメントをいただいた。

児童福祉法の改正（自由選択制の導入）で，保育所は利用者が選択できる仕組みになりましたが，同時に行政は福祉から支援事業になり，責任も軽くなったといえます。そのような中，企業も参入できる認証保育所移行への流れは強くなりました。その内容は，保育

子供の家の節分の豆まき。筆者の第2子・保も一時保育ながらすっかりなじんでいた。

室のレベルアップということで，保育士の資格や人数，面積の拡充の確保，立地条件，そして事務的な量や揃える備品なども増え，いってみれば認可園に近い基準でした。しかし，東京都独自の制度であるため，認可園とは違い，国からの補助はなく，今まで以上に「経営」の追求を園長は求められると考えられます。

子供の家は「これからは園独自の特色を活かし，地域のニーズに応えていくように」と，区の担当者からの指導もあり，認証保育所移行への模索をしましたが，結局，規制緩和で小規模なところは整理される形になってしまったのではないかと思います。

しかし，住民の並々ならぬ努力で築き，保育室として利用されてきた（約1,000人を預かってきた）施設をいったんやめたら，再び行うことは皆無に等しいでしょう。私たちは，制度をなくすことは簡単でも，制度をつくることは並大抵ではないことを忘れてはならないと思います。そういう意味では私は地域の皆さんで創り上げた子供の家保育園を失い，守りきることができなかったことを本当に申し訳なく思っています。

これからの保育室や認証保育所は，新たに事業として，園長は経営努力も身につけ，競い合っていかなければならないのでしょう。

かつて公立の保育士さんが「公立も私立も認可外も共存共生できるようになるといいね」と言ったことがありました。あの頃の良さは父親母親たちのつながりがありました。保育の現場から退いた者が言うのもおこがましいですが，施設を守るためにはそこだけに任せていては無理なこともあると思います。地域や周りの人びとが施設を利用し，宣伝し続けるなどの協力体制，ネットワークの広がりが大切になってくるでしょう。

保育制度に大切なこと

以上，５～７章で，共同保育園に始まった認可外保育施設（保育室）の歴史から，戦後日本の保育史をみてきた。それは，働く者の共同保育から，行政に対して労働者の権利主張として託児を要求した時代へ（「ポストの数ほど保育所を」運動），そしてサービス提供の時代へ，最後に規制緩和・企業参入によって保育がチェーン店化し，コマーシャリズム化している現代へ，という歴史であった。では，ポスト現代は何か。

子供の家は家庭的で，乳児を預けるのに不安のない，すばらしい保育園だった。保育士はいつも同じで入れ替わりがなく，明るく臨機応変で，子どもにストレスを与えない。保育室は民家の畳部屋で自宅のよう，おもちゃもプレゼントも手作りだった。ある時，給食がロールサンドだったことがある。午前に公園に行き，できたてのロールサンドを調理員が届け，公園で食べ，園に戻ってからぐっすり午睡したそうだ。すばらしい運動量と生活リズム，臨機応変な保育だろう。

育児のアウトソーシング（外注）としての保育サービスではなく，社会全体・保護者全体がシティズンシップに基づいて子育てにかかわる，参加型の保育・家族支援が今後求められるのではないだろうか。これについては15章で再度検討する。

註

1）厚生労働省雇用均等・児童家庭局「全国児童福祉主管課長会議資料」2002.3.7，月刊『保育情報』302号，pp. 16-42
2）第14回社会保障審議会少子化対策特別部会資料，2008.10
3）認可化移行促進補助制度は，市町村からの保育士の派遣指導，改修改善工事事業等に補助率3分の1で予算を組み込んだ（2002年度は年160カ所・1カ所200万円の予算案）。
4）東京都福祉保健局のホームページ（2009.5取得）
5）同上
6）保育室関連団体が認証保育所制度に対する要望書を持参して自治体に取材した資料による。
7）筆者が入手した当時の保育室関連団体資料による。
8）同上
9）マクドナルド化理論については，ジョージ・リッツア著『マクドナルド化する社会』（正岡寛司監訳，早稲田大学出版部，1999）を参照。グローバル化については，デヴィッド・ヘルド『グローバル化とは何か――文化・経済・政治』（中谷義和監訳，法律文化社，2002），流動化する社会については，ジグムント・バウマン『リキッド・モダニティ――液状化する社会』（森田典正訳，大月書店，2001），消費社会論についてはジャン・ボードリヤール『消費社会の神話と構造』（今村仁司・塚原史訳，紀伊国屋書店，1979）などを参照。

謝　辞

子供の家保育園元園長・伊藤みえ子さん，園児の父で元運営委員長・二橋元長さんにはお話をうかがい，当時の貴重な資料を閲覧させていただいた。深く感謝したい。伊藤さんは今，高齢者福祉施設で勤務していらっしゃる。きっと大勢のご老人をなごませ，笑わせておられることだろう。

第8章
保育所，幼稚園，認定子ども園
――就学前の子どもたちが通う場

岡野晶子

1　保育所の現場

本章では保育の現場について考察していこう。まず第1節では認可保育所についてみていく。認可保育所には市区町村が設置した公立保育所と，社会福祉法人ほか民間主体が設置した私立保育所がある。どちらも入園手続きや保育料は共通である。

2010年4月現在，認可保育所は全国で23,068カ所あり，その定員は2,157,890人，利用児童数は2,080,114人である。待機児童数は26,275人で，約7割が低年齢児（0～2歳）である[1]。保育所の施設数，定員数，利用児童数いずれも増加傾向である。東京都では1,740カ所あり，定員は173,532人である。また都市部を中心に，待機児童が多く発生している。都内の待機児童数も2010年4月現在8,485人で，増加傾向は変わらず，2010年度からの3カ年で保育サービス利用児童数の22,000人増加を目指している[2]。

児童福祉法・児童憲章

保育所は児童福祉法の理念のもとに，就学前児童を保護者に代わって預かる施設である。児童福祉法は1947年に制定された法律で，児童が心身ともに健やかに生まれ，育成されるよう，保育・母子保護・児童虐待防止対策を含む児童福祉の原則を示している。その基本理念は，(1)

個々の子どもの人格を尊重し，健やかな成長を助けるという「個別的な意義」と，(2)子どもが文化の向上や社会の発展に貢献できるように人格形成をはかり道徳心を育てる「社会的な意義」の二つの意義がある。

保育所はまた1951年に制定された児童憲章の理念にも則っている。児童憲章は，児童を大人とは異なり，尊重され，保護されるべき特別な存在とし，よい環境の中で育てられることを求めている。これが保育にあたっての基本的な考え方であり，児童憲章の前文は保育所の申込み手引きにも掲げられている。

児童福祉法（1947年制定）

1条　すべての国民は，児童が心身ともに健やかに生まれ，かつ，育成されるよう努めなければならない。

すべて児童は，ひとしくその生活を保障され，愛護されなければならない。

児童憲章（1951年制定）

われらは，日本国憲法の精神にしたがい，児童に対する正しい観念を確立し，すべての児童の幸福をはかるために，この憲章を定める。

- 児童は，人として尊ばれる。
- 児童は社会の一員として重んぜられる。
- 児童は，よい環境のなかで育てられる。

保育所保育指針

2003年，保育士資格の法定化を契機として，厚生労働省から保育所の施設と内容のガイドラインを記した「保育所保育指針」が示された。これは2008年の改定で「告示」，すなわちガイドラインから守らなくてはならない法令となり，保育所では保育所保育指針にそって保育が行われることとなった。

保育所保育指針の構成

第1章　総則

第2章　子どもの発達
第3章　保育の内容
第4章　保育の計画及び評価
第5章　健康及び安全
第6章　保護者に対する支援
第7章　職員の資質向上

保育所保育指針　第1章2　保育所の役割

(1) 保育所は，児童福祉法（昭和22年法律第164号）第39条の規定に基づき，保育に欠ける子どもの保育を行い，その健全な心身の発達を図ることを目的とする児童福祉施設であり，入所する子どもの最善の利益を考慮し，その福祉を積極的に増進することに最もふさわしい生活の場でなければならない。
(2) 保育所は，その目的を達成するために，保育に関する専門性を有する職員が，家庭との緊密な連携の下に，子どもの状況や発達過程を踏まえ，保育所における環境を通して，養護及び教育を一体的に行うことを特性としている。
(3) 保育所は，入所する子どもを保育するとともに，家庭や地域の様々な社会資源との連携を図りながら，入所する子どもの保護者に対する支援及び地域の子育て家庭に対する支援等を行う役割を担うものである。
(4) 保育所における保育士は，児童福祉法第18条の4の規定を踏まえ，保育所の役割及び機能が適切に発揮されるように，倫理観に裏付けられた専門的知識，技術及び判断をもって，子どもを保育するとともに，子どもの保護者に対する保育に関する指導を行うものである。

このように保育所は，子どものための生活の場であり，家庭と連携しながら，養護および教育を一体的に行う場である。また2008年の改定で，保護者に対する支援，保育に関する指導も行うことが明記され，子どもとその家族を支える役割をもつこととなった。

さて，実際の保育園の保育は，保育所保育指針にそって，それぞれの保育園がさまざまな工夫をしながら日々実践している。ここで筆者が体験した保育園の現場を紹介しよう。

保育所の事例1　私立認可保育所「板橋区やまと保育園」

やまと保育園は現在，筆者の息子ひろたかが通っている保育園である。1977年に理事長の菅原宗一夫妻が，働きながら子どもを育てた経験を踏まえ，「幼い子どもを育てながら働く母親が安心して託せる施設を提供できたら」と願い，自分が所有する敷地内に開園した。現在は，前園長の娘の夫が園長を引きついでいる。

①園の一日，一年

保育園の開園時間は，月曜～土曜日の朝7時～夜7時15分までで，受け入れ月齢が生後57日から就学前までの合計105人の子どもが通っている。年間の行事と一日の生活は**表8.1，図8.1**のようになっている。

乳児は生活習慣の確立が主となるため，行事は少なめである。毎月の

表8.1　保育園の年間行事例（板橋区やまと保育園，2009年）

<table>
<tr><th></th><th>年間行事</th><th>保護者会等</th></tr>
<tr><td>4月</td><td>・進級式　＊入園式　・新入園児試食会
＊園外保育（2～5歳）
（0～1歳）自由参加</td><td></td></tr>
<tr><td>5月</td><td>・5歳児園内1泊保育</td><td>家庭訪問（新入園児のみ）</td></tr>
<tr><td>6月</td><td>・小運動会
＊バザー（友の会主催）</td><td>保育参観（0～2歳）
保育参加（3～5歳）</td></tr>
<tr><td>7月</td><td></td><td rowspan="2">保護者会（0～5歳）</td></tr>
<tr><td>9月</td><td>＊防災の日　・敬老会</td></tr>
<tr><td>10月</td><td>＊運動会　・芋掘り（3～5歳）</td><td rowspan="3">個人面談（必要に応じ）</td></tr>
<tr><td>11月</td><td>＊講演会（友の会主催）</td></tr>
<tr><td>12月</td><td>＊発表会（3～5歳）</td></tr>
<tr><td>1月</td><td>＊餅つき（友の会主催）
・5歳児卒園スキー旅行（2泊3日）</td><td>個人面談（0～5歳）</td></tr>
<tr><td>2月</td><td>＊絵画作品展　・節分
＊乳児組お楽しみ会（0～2歳）</td><td>保護者会（0～5歳）</td></tr>
<tr><td>3月</td><td>・ひな祭り　・お別れ会
＊卒園式</td><td>保護者会（新年度に向けて）
新入園児面接</td></tr>
</table>

注1：これ以外に毎月お誕生会がある。
注2：＊印は親子参加行事。

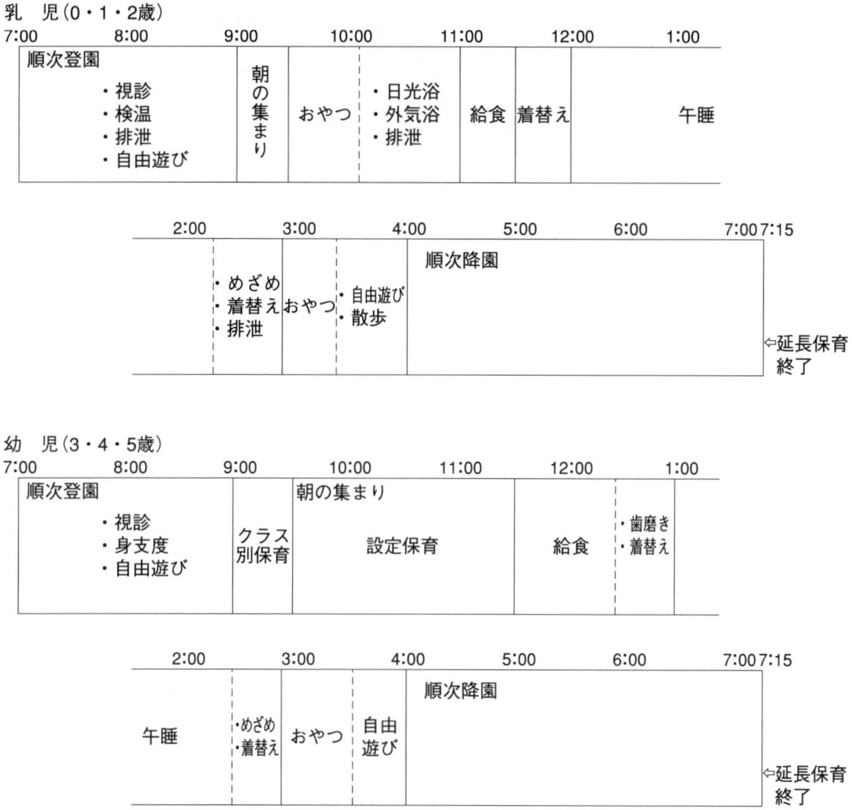
乳　児（0・1・2歳）
7:00
8:00
9:00
10:00
11:00
12:00
1:00
順次登園
・視診
・検温
・排泄
・自由遊び
朝の集まり
おやつ
・日光浴
・外気浴
・排泄
給食
着替え
午睡
2:00
3:00
4:00
5:00
6:00
7:00
7:15
・めざめ
・着替え
・排泄
おやつ
・自由遊び
・散歩
順次降園
⇦延長保育終了
幼　児（3・4・5歳）
7:00
8:00
9:00
10:00
11:00
12:00
1:00
順次登園
・視診
・身支度
・自由遊び
クラス別保育
朝の集まり
設定保育
給食
・歯磨き
・着替え
2:00
3:00
4:00
5:00
6:00
7:00
7:15
午睡
・めざめ
・着替え
おやつ
自由遊び
順次降園
⇦延長保育終了

図 8.1　保育園のデイリープログラム例（板橋区やまと保育園，2009年）

お誕生会では，誕生日を迎える乳児が舞台に上がり，お祝いされる。6月に近くの公園のグランドで行う小運動会に参加する。また，10月には，小学校の校庭を借りて運動会もある。そのほか2月には，乳児組のお楽しみ会があり，歌や手遊び，簡単な出し物など園内の多目的ホールで行われる。

幼児になると，芋掘り遠足など園外保育の機会が増える。年長クラスになると，5月には園内1泊保育，1月には卒園スキー旅行もある。スキー旅行は，保育士，看護師，園長など職員の引率で，新幹線を利用した2泊3日の小旅行である。手編みのマフラー持参で，雪が初めての子どももいるが，雪遊び，そり，子ども用スキーなど体験し，保護者と離

理事長・前園長も参加するお誕生会の一コマ

れた時間を過ごす，一大イベントである。

一日の生活は，朝の受け入れとお支度から始まる。0 歳児は検温をして，健康状態を細かくみる。1 歳児ではエプロンやナフキンなどの準備は保護者が行うが，2 歳になると子どもがタオルを所定の場所に掛けたり，汚れ物袋のセットなど自分でするようになる。幼児は連絡帳を出し，シール帳に出席シールをはり，朝の準備を自分でできるようになる。

乳児は午前中におやつを食べてから，お散歩などに出かける。園に戻り，給食を食べた後はお昼寝である。1 歳児から，自分でできる範囲で着替えなど着脱の自立などを行う。午後のおやつを食べた後，室内遊びや散歩に出かけることもある。乳児は自由遊びが主であるが，1 歳から体育指導，2 歳にはオルフ音楽指導も始まる。幼児は体育の指導のほか音楽指導，絵画指導など設定保育が多くなる。こうして年齢に応じたクラス単位のプログラムが組まれている。

②「お話の部屋」，情操教育

やまと保育園の特色は絵本を多くそろえていることである。3 階建ての保育園は，一番上に「おばあちゃん先生のお部屋（おはなしの部屋）」がある。前園長の「絵本との触れ合いを大切にしたい」という思いが実現した素敵な空間である。広さは 30 ㎡ほどで，中に入ると絨毯が敷かれた和室にコタツがあり，家庭の居間のふん囲気に近い。保育のプログラムにも絵本の時間が取り込まれている。子どもたちは 3 階に上がると，いつもと少し違う，のんびりした絵本との触れ合いの時間を楽しみにしているようである。また，1 階の入り口付近にも，降園時，保護者が子どもと一緒に気軽に立ち寄れる絵本のコーナーがあり，息子ひろたかは必ずといっていいほど毎日，立ち寄っている。

やまと保育園では設立当初は園庭がなかったため，子どもの体力の低下を心配し，講師を招いて体育教室を開設した。その伝統で現在も体育の指導に力を入れている。

また，オルフ音楽指導，絵画指導といった情操教育にも力を入れている。20年ほど前から行っているオルフ音楽指導では，身体の動きや言葉の要素を取り入れながら，感覚的にリズム感や表現力を養い，音楽を楽しむ心を育てる。その後に絵画教室を開始している。絵画指導の時間を見学させていただいたが，5，6歳児が絵の具遊びを本当に楽しそうにしていた。幼児期は知的な力を伸ばすことも大事だが，「個性を伸ばす」，「情緒面を育てる」ことにも力を入れていることがうかがえる。それ以外にもカブトムシ，ザリガニの飼育，なすの栽培なども楽しんでいる。「生活の場」としての保育園を意識した活動である。

③特徴ある活動例

最近の保育園の行事では，幼児の芋掘りがあった。バスに乗って芋を掘りに出かけるのはどこの保育園（幼稚園）でもあることだが，やまと保育園では，掘ってきた芋を子どもたちが料理するのである。2歳児から，材料を洗ったり，分けたり，芋煮会の準備に加わる。4歳ぐらいになると，保育士の援助を受けながら包丁を持って，材料を切り分ける。園庭にかまどを作って，にぎやかな芋煮会である。その横で焼き芋も作る。こちらも好評で地域の人にも配っている。地域との交流の機会でもあるのだ。食について学ぶ「食育」が盛んになっているが，子どもたちが自分たちで料理する喜びも味わえる活動である。

やまと保育園には保護者と職員によって構成される「やまと保育園友の会」がある。この会は，規約によれば「やまと保育園の運営方針に則り，地域の協力も得て，子どもたちが健康で明るく，たくましく育てられるよう会員相互の親睦と園の事業，活動を後援することを目的とする」もので，春には大きな行事としてバザーを企画し，地域の人や保護者の間で交流が行われている。11月には「友の会」主催で人形劇団を招いて，劇「3びきのこぐま」を上演した。また1月には，園庭での餅つき大会と新年会が催された。親子で参加する楽しい行事である。

④地域活動保育室

やまと保育園は地域活動にも力を入れている。地域活動の拠点として，保育園の敷地と少し離れたところに「地域活動保育室」を設けている。ここではたとえば，保育園に通っていない地域の子育て中の親子を対象に，親子で工作をしたり，体操をしたり，料理をしたりという楽しい企画「にこにこひろば」を行っている。参加者は少ないながらも，ティータイムでは，居心地がよくてなかなか親子が帰らないという。保育園が働く保護者の子どもを預かる場所だけでなく，地域の幅広い親子を対象にした子育て支援の場になってほしいという願いから，活動は継続している。

⑤保育士の勉強会

保育士が勉強会を自主的に開いて保育能力の向上を図っている。2008年度には，主に年齢に合った遊びやおもちゃをテーマに毎月1回の勉強会が行われた。また，新保育所保育指針の勉強会を行い，保育の内容を全面的に見直しているところだという。若い保育士を中心に絵本の勉強会も行っている。

これらの勉強会は仕事の一環として行われているが，それ以外にも「4歳児自我の形成と保育」の本を教科書にして，この時期の子どもが自己のコントロールをどうやって身につけていったらいいかを，7，8人の保育士の有志が集まって勉強会なども行っている。日々，保育士も，子どもたちとかかわりながら実践と勉強を重ねているのである。

⑥「やまと保育園の使命」

やまと保育園では，つぎの「やまと保育園の使命」を園の方針としてかかげている。

「子どもたちの最善の利益“幸せ・喜び・育ち……”を最優先に考え，親と連携しながら一人ひとりの子どもの成長を見守り，全職員と講師とのチームワークで充実した保育環境を整えます。

そして，子どもの“自発的な遊び”を通して豊かな心と生きていく力を育む保育を目指し，親とともに“子育ての楽しさ”を感じ合います。」

職員が半年かけて話し合い，5年前にこの文面を作成したという。これまで保育園が目指してきた暗黙の前提，理想の姿を明文化していったものである。

また，保護者の苦情，要望を受け付ける苦情解決制度も設けられている。保育園が子どもたちの権利を守り，利用者の満足度の向上を目指し，利用者の声を真摯に受け止め，解決に努めていく姿勢がみられる。東京都の東京都福祉サービス評価推進機構によって認証されている評価機関によって，福祉サービス第三者評価も実施している（その結果は「とうきょう福祉ナビゲーション http://www.fukunavi.or.jp」に公開されている）。その調査結果では，やまと保育園は保護者の満足度の高い保育園と評価されている。しかし，この制度の存在自体を知らない保護者もいたり，この制度が十分に活用されているとはいえない状況にある。保護者と園職員の連携については，課題もある。

保育所の事例 2　公立保育所「板橋区蓮根保育園」

板橋区蓮根保育園は，双子の娘なつみとめぐみが 0 歳から 2 歳まで 2 年あまり通った保育園である。開園時間が朝 7 時 15 分から夜 7 時 15 分で，生後 8 カ月から就学前の児童 101 人が通園している。

自宅から一番近く，園長先生の気さくな人柄に魅かれてこの保育園を選択した。当時は延長保育もしておらず，園庭も狭いという条件のため，応募が少なく比較的入所しやすい保育園であった。8 人の 0 歳児枠はパート職の母親がほとんど占めていた。夕方 6 時近くになるとほとんど子どもは残っていない。「夕方 5 時ぐらいにはお迎えにいかないと，子どもがかわいそう」という感じで，当時私は勤務先が自宅から遠かったため，3 時ぐらいに仕事を切り上げてお迎えに行くこともあった。保育園の行事等は，私立保育園と大きく変わらないので，ここでは省略する。

0 歳のクラスの担任は，ベテランの看護師 1 人と，ベテランの保育士 1 人，若い保育士 1 人であった。3 人の担任の先生は互いに協力し合っていて，信頼できた。育児の悩みなども相談できた。早朝の短時間保育に入っていた職員も，毎朝元気に挨拶し，「なっちゃん，めぐちゃん」と話しかけてくれた。朝，子どもが登園を嫌がりぐずぐず言っている時も，「保育園，いやなときもあるよね」などと話しかけてくれて，私の気も楽になったりした。

父母の会の交流も盛んだった。とくに 0 歳児クラスの母親は短時間労働の人が多かったため，母親同士の交流も盛んであった。私も仕事が休みの週末は，子どもづれでほかの母親とおしゃべりをした。育児に自信をなくしてしまうことや，子どもにつらく当たってしまったことなどを互いに話して，育児のストレス・不安解消に大事な場であった。

2　幼稚園の現場

つぎに幼稚園についてみていこう。

保育所は「児童福祉法」において児童福祉施設の一つとして位置づけられているが，幼稚園は「学校教育法」において学校の一つとして位置づけられている。たとえば板橋区の幼稚園を紹介するパンフレットには，「幼稚園は，学校教育法第22条に基づき，幼児の特性を踏まえ，『遊び』を大切にしながら，小学校以降の学習基盤をつくる『学校』です」とある。

対象となるのは満3歳から小学校に入学するまでの児童である。幼稚園の数は2010年4月現在，全国で13,392カ所（国立49，公立5,107，私立8,236）あり，利用児童数は1,605,912人で，前年より124園減少，24,000人減少している[3]。東京都では1,057カ所（国立2，公立197，私立858）あり，利用児童数は171,273人で，いずれも減少傾向に変わりない。

幼稚園教育要領

幼稚園は学校教育に位置づけられているので，その基本は「学校教育法」に定められている。幼稚園は「幼児を保育し，適当な環境を与えて，その心身の発達を助長することを目的とする」（同法第77条）もので，つぎの目標の達成に努めなければならないとされている（同法第78条)。

1　健康，安全で幸福な生活のために必要な日常の習慣を養い，身体諸機能の調和的発達を図ること。

2　園内において，集団生活を経験させ，喜んでこれに参加する態度と協同，自主及び自律の精神の芽生えを養うこと。

3　身辺の社会生活及び事業に対する正しい理解と態度の芽生えを養うこと。
4　言語の使い方を正しく導き，童話，絵本等に対する興味を養うこと。
5　音楽，遊戯，絵画その他の方法により，創作的表現に対する興味を養うこと。

より具体的な教育内容は「幼稚園教育要領」に示されている。

幼稚園教育要領　第1章総則　1幼稚園教育の基本

(1) 幼児は安定した情緒の下で自己を十分に発揮することにより発達に必要な体験を得ていくものであることを考慮して，幼児の主体的な活動を促し，幼児期にふさわしい生活が展開されるようにすること。
(2) 幼児の自発的な活動としての遊びは，心身の調和のとれた発達の基礎を培う重要な学習であることを考慮して，遊びを通しての指導を中心として第2章に示すねらいが総合的に達成されるようにすること。
(3) 幼児の発達は，心身の諸側面が相互に関連し合い，多様な経過をたどって成し遂げられていくものであること，また，幼児の生活経験がそれぞれ異なることなどを考慮して，幼児一人一人の特性に応じ，発達の課題に即した指導を行うようにすること。

その際，幼児の主体的な活動が確保されるよう幼児一人一人の行動の理解と予想に基づき，計画的に環境を構成しなければならない。この場合において，教師は，幼児と人やものとのかかわりが重要であることを踏まえ，物的・空間的環境を構成しなければならない。また，教師は，幼児一人一人の活動の場面に応じて，様々な役割を果たし，その活動を豊かにしなければならない。

たいへん難しく書かれているが，幼稚園の保育内容は，もとは1948年に定められた「保育要領」に出発点がある。60年も前にまとめられたものであるが，現在も，その意義は認められており，たいへん示唆に富む内容である。その中の一節を取り上げよう。

幼稚園の一日（1948年制定「保育要領」より）
「幼稚園における幼児の生活は自由遊びを主とするから，一日を特定の作業や活動の時間に細かく分けて，日課を決めることは望ましくない。一日を自由に過ごして，思うままに楽しく活動できることが望ましい。そして，その間に教師は幼児の一人ひとりに注意を向けて，必要な示唆を与え，ここに適切な指導をし，身体的にも，知的，感情的にも，社会的にも，適当な発達をはからなければならない。幼稚園の毎日の日課は，わくの中にはめるべきではなく，幼児の生活に応じて日課を作るようにすべきである。」

最近の幼稚園教育は，行事が多かったり，学力を身につけることに力を入れる傾向にあるが，幼稚園教育の基本は自由遊びにあることがあらためて認識されるのである。

幼稚園の事例　私立帝京幼稚園

ここで，筆者の娘2人が3年間通った私立帝京幼稚園を具体例としてみていこう。植松園長にお話をうかがった。私立帝京幼稚園の設立は1949年。創立60周年を迎える地域に根づいた幼稚園である。園の方針は「元気のもとは“遊び”から―いっぱい笑って，いっぱい泣いて，心に残る園生活！」で，「元気，勇気，根気」の三拍子を活動のモットーにしている。

①徒歩通園

この幼稚園の最大の特徴は徒歩通園である。バス通園の幼稚園が多くなってきているが，地域における長い歴史と工夫によって徒歩通園を可能にしている。通園地域をいくつかに分け，赤コース，緑コースというように色別に集合場所が決められ，そこに幼稚園の先生が毎朝迎えに来る。筆者の娘の場合は，自宅が大型マンションであるため，マンションの入口付近が集合場所であった。そこに朝8時30分（冬は8時40分）に親子が集合する。「先生，おはようございます」，「みなさん，おはようございます」，「お母様，行ってまいります」と元気よくあいさつをし，年長さんが年少の子と手をつないで，先生を先頭に子どもたちは順序よく並び幼稚園まで登園する。最後尾にはその日の当番の保護者が付き添う。子どもたちは幼稚園までの道のりをおしゃべりしながら楽しく登園する。

②幼稚園の一日

一日の生活は**図 8.2** のようになっている。

園付近には，自然，公園がたくさんあり，石神井川沿いの景色の四季の移り変わりなど，感動する環境が子どもたちの心を豊かにしてくれる。また，日頃の徒歩通園の強みを生かし，遠方の公園まで足を伸ばすこともある。幼児期の体づくりを大切にしている。

8：30	所定の場所(送り迎え)出発　冬時間（11月～3月）は8：40分	
9：00	登園	
10：00	好きな遊びの時間	ブロック，お絵かき，ままごと，園庭遊び等，子どもたちが好きな遊びを思い切りできるよう援助しています。
	朝の挨拶，歌，体操	
	みんなと一緒の時間	リズム遊び，絵画や製作，楽器遊び，ゲーム等，子どもたちがさまざまな経験をできるような活動を行っています。時には，公園へ出かけます。
11：30	お弁当	みんなで楽しく食べることと同時に，手洗い，うがいの習慣，食事のマナーも身につけます。
12：30	元気いっぱい遊ぶ時間	本を読んだり，粘土遊びをしたり，固定遊具，三輪車等の乗り物，砂場遊び等をして，元気いっぱい遊びます。
13：30	降園準備	
	紙芝居，絵本の時間	「今日は何のお話かな？」と，子どもたちが楽しみにしている時間です。エプロンシアター，パネルシアターもやります。
14：00	降園	
14：30	所定の場所に到着	

◎延長保育の時は降園が 3 時になり，その間遊びが長く続いたり，課外教室に行く等，また，絵本の読み聞かせもします。

◎年間を通じてさまざまな行事や活動をカリキュラムに組み込み，これらの準備や練習も重要な園生活の一部となっています。

図 8.2　幼稚園のデイリープログラム例（帝京幼稚園，2009年）

③年間行事

幼稚園では親子で参加する行事がとても多いことが特色である。5月の親子遠足，6月の保育参観，7月七夕飾り，スイカ割り，夏祭り（盆踊り），10月の運動会，保育参観，作品展，11月の芋掘り，12月のお遊戯会，1月の餅つき，お店屋さんごっこ，2月の節分豆まき，年長のお別れ遠足，3月の保育参観（ひな祭り），お別れ会など，一年を通して行事が続く。そのたびに保護者は幼稚園に足を運び，子どもと一緒に行事に参加する。

なかでもお遊戯会は，運動会とともに盛大に行われる行事である。わが子に可愛い衣装を着せるために，母親が何日も徹夜でミシンに向かったりする。布の裁断から始まって，小さな小物まですべて手作り。下に小さな子どもを抱えたり，いろいろな事情の母親もいるが，裁縫の得意な母親が助けたり，母たちのネットワークのすばらしさを実感した。

④預かり保育

帝京幼稚園では月曜から金曜日，通常保育終了後，午後5時30分まで預かり保育の実施をしている（5時30分以降も希望によっては可）。働く母親や急な用事など，理由を問わず利用できる。料金は1時間300円である。当日に申請をすることで，パートなどで働く母親だけでなく，母親同士で出かけたりする時にも利用されている。

⑤教育・課外教室

幼稚園は教育に力を入れているが，帝京幼稚園では，課外幼児教室と

お遊戯会

して帝京スポーツクラブや帝京サッカークラブ，また幼児教育の企業と提携して音楽教室，その他，絵画教室，書道教室，英語教室などを開催している。こうした教室は希望者のみであるが，正規の保育が終了後，園内で各教室が行われるため一度家に帰ってからの送迎の必要がなく，親にとっては便利である。また，こうした教室のほとんどは小学生になっても引き続き通うことができ，筆者の娘も小学 4 年になった現在も継続している。異年齢との交流の貴重な機会となっている。

正規の時間の中では，年少からワークブックを使った学習の時間が始まり，年長までに自分の名前が書けるようになることを目標にする。講師を招いた「科学遊び」も子どもたちには好評である。こうした勉強の時間も大切であるが，幼児期は思いっきり遊び，友だちとかかわる中で心の成長がある。行事やとりわけ最近は保護者の要望が強い学力のニーズと遊びを中心とした保育の基本との間をどう調整していくかが，幼児保育の中で問われている。

⑥未就園児向け教室

帝京幼稚園では，未就園児向けの「ぴよちゃんルーム」という教室も開催している。これは毎年 60 人ほど，翌年に入園を希望する子ども向けの親子教室で，週 2 回（あるいは 1 回），歌，手遊び，工作，お絵かき，折り紙，ピクニック，親子体操などを行うものである。週 2 回コース（年間約 54 回）で入会金 5,000 円，参加費 20,000 円，週 1 回コース（年間約 27 回）で参加費が 10,000 円である。これ以外にも，幼稚園が楽しいところだということを経験してもらうための無料の「体験教室」を開催している。11 月から 3 月にかけて月に 1 回（計 5 回），紙芝居や絵本，自由遊びなどを取り入れた教室である。こうした未就園児向けの教室の開催は，園側では園の活動をアピールしより多くの子どもの入園を促す役割がある一方で，保護者にとっては入園前に親同士の仲間づくりや子どもが集団に入る前の親子での学びの貴重な機会となる。

3　認定子ども園の創設

保育所と幼稚園の枠組みを超えて

以上，保育所と幼稚園の実際を概観してきたが，近年，保護者のニーズに従って両者の内容は近づきつつあるといえる。保育所でいえば，2008年の保育所保育指針の改定で，子どもの心理的発達の段階を示し，各段階の保育の内容が細かく記されることで，「預かる」といったイメージからより教育に近づいている。

一方，幼稚園は，2008年の幼稚園教育要領の第4次改訂において，「子育て支援と預かり保育の充実」がねらいとして示され（都道府県による私立幼稚園預かり保育推進事業等補助金が支給される），働く保護者への対応がなされるようになってきている。早朝と夕方の時間帯の設け方，また夏休み，冬休みなどの長期休みでの実施など，その方法は各幼稚園の方針で決められるが，厚生労働省の「社会保障審議会第7回少子化対策特別部会資料」によれば，2007年6月1日時点で，預かり保育を実施している幼稚園は71.7％で，とくに私立幼稚園は88.1％に及んでいる。夏季・冬季・春季休みいずれも預かり保育を実施している園が50.2％と利用しやすくなっている。そのほか，地域の親の要望をうけ，1歳児からの一時預かり，園児の弟妹を預かる特例保育など，工夫を試みる幼稚園も現われている。

1997年，文部科学省と厚生労働省の間で「幼稚園と保育所のあり方に関する検討会」が設置され，両者の連携のあり方，望ましい運営や施設のあり方など幅広い観点から検討されている。2003年には「就学前の教育・保育を一体とした捉えた一貫した総合施設」のあり方についての検討会議が行われ，その結果，2006年に「就学前の子どもに関する教育，保育等の総合的な提供の推進に関する法律」（いわゆる「認定子ども園法」）公布へとつながった。

認定子ども園の概要

認定子ども園とは，保護者の就労の有無を問わず利用でき，園と利用者が直接契約するという制度で，0歳児から教育と保育を実施すると同時に，地域の子育て支援事業を担うことが規定されている。すなわち，専業主婦家庭の子どもも入所可能とした（ただし幼保連携型，保育所型については，区市町村が保育に欠ける子どもの認定を行う）。0～2歳児は保育園基準が適用され保育士が保育にあたり，3～5歳児は学級制で学級担任には幼稚園教諭が，長時間保育者には保育士がつく。

幼稚園，保育所などのうち一定の認定基準を満たす施設は，都道府県知事から以下に示す4つのタイプの「認定こども園」の認定を受けることができる。

認定子ども園の種類

- 幼保連携型　認可幼稚園と認可保育所とが連携して，一体的な運営を行うことにより，認定こども園としての機能を果たすタイプ
- 幼稚園型　認可幼稚園が，保育に欠ける子どものための保育時間を確保するなど，保育所的な機能を備えて認定こども園としての機能を果たすタイプ
- 保育所型　認可保育所が，保育に欠ける子ども以外の子どもも受け入れるなど，幼稚園的な機能を備えることで認定こども園としての機能を果たすタイプ
- 地方裁量型　幼稚園・保育所いずれの認可もない地域の教育・保育施設（たとえば認証保育所や保育室など）が，認定子ども園として必要な機能を果たすタイプ

要するに，幼稚園的機能と保育所的機能を兼ね合わせた施設というニーズに応えると同時に，設置主体を拡大し，幼稚園希望者，保育所希望者双方にとって対象となる園が増えるようにしたということである。認定は全国で，2007年8月には105件，08年4月には229件，09年4月に358件，2010年4月には532件となる（うち幼保連携型が最も多く，幼稚園型，保育所型，地方裁量型と続く）。急激な伸びといえるが，2011年度の目標値2,000件にはほど遠い。

制度の整備と求められているもの

しかし，現在のところ，認定子ども園を支える制度は整備されつつあ

る途中といえる。たとえば助成について，文科省の私学助成と厚労省の保育所運営費負担金の双方を受けることはできず，幼稚園型は保育機能が認可外保育として幼稚園の預かり保育の助成となる私学助成を受けることになる（幼稚園に認可外保育が追加されたという考え方）。一方，保育所型が3歳以上のクラスで幼稚園的な教育を行っても私学助成の対象にはならない。保育所型が厚生労働省，幼稚園型は文部科学省という縦割りで補助金がそれぞれ出され，制度も複雑だ。

「認定子ども園制度の在り方に関する検討会」（第3回：2008年12月）では，創設当初の目的が，「・親の就労の有無にかかわらない施設の利用，・適切な規模の子ども集団を保ち，子どもの育ちの場を確保，・既存の幼稚園の活用による待機児童の解消，・育児不安の大きい専業主婦家庭への支援を含む地域子育て支援の充実」であったことを確認したうえで，「保護者および施設職員の8割，9割が評価している」としている。具体的には，「親の就労の有無にかかわらず，施設利用ができること」，「幼稚園側の親は，長時間の預かり，保育所側は，幼稚園と同じ教育という点」を評価している。また，「専業主婦と働く親御さんは分断されるけれど，よい交流の機会となっている」ことや「地域の子育て支援機能としての役割をはたしている」という意見も紹介されている。

課題としては，「小中学校との接続を考慮して，就労の有無にかかわらず，すべての子どもに対し，質の高い教育を保障することが重要」であり，「幼稚園教諭・保育士の意識改革をし，相互に質を高めていくこと」や，「子育て支援センターとしての機能，放課後児童への対応など付加価値が増えるほど，利用しやすいものになるのではないか」，「認定子ども園の果たす役割について，PR活動が必要ではないか」，「幼稚園，保育所という枠を取り，より質の高い施設に一元化すべきではないか」，「諸外国では，幼稚園と保育所の所轄を教育諸管省や子どもを一元的に所管する省庁に移管する動きがあり，参考とすべきではないか」，「社会の変化に対応したシステム作りや，人口減少に伴う効率化という視点も勘案すべきではないか」などの意見が出されている。

2008年3月に，厚労省がすべての都道府県130施設に対して実施した「認定子ども園に係るアンケート調査」の結果によれば，「保育時間が柔軟に選べる」，「就労の有無にかかわらない施設の利用」，「教育活動の充実」などの点で，施設を利用している保護者の約 8 割が認定子ども園を評価しており，回答のあった保護者の約 9 割が「今後とも認定子ども園制度を推進していくべきである」と答えている。また，認定子ども園の認定を受けた施設の 9 割以上が，「子育て支援の充実」（とくに幼稚園型），「就労の有無にかかわらない受け入れ」（とくに保育所型）を理由に，認定を受けたことをよかったと答えていると報告されている。

これに対して，行政が取り組む課題としては，「文科省と厚労省の連携強化」，「財務状況の改善」，「会計事務処理の簡素化」，「制度の普及啓発」を約 3 割以上の施設があげている。申請手続きの簡素化が進められているが，制度・運営上まだまだ不備はある。形だけの幼保一元化にとどまらず，子どもの置かれた状況に応じて保育環境を整え，親の就労の有無にかかわらず，質の高い教育を提供する必要性が高まっている。

4　その他の施設――「わんぱくクラブ」を例に

現在，家庭以外での未就学児の保育は，ほとんど保育所，幼稚園，認定子ども園によって実施されている。しかし，数は少ないながらも保護者から支持され，地元に根づいた独自の施設がある。その事例として，ここでは有限会社「わんぱくクラブ」をみていこう。

わんぱくクラブは，1977 年 5 月に設立された，幼稚園でも保育園でもない全日型の幼児教室・体育教室である。2 歳児～未就学児の子どもを対象とし，月曜～土曜の午前 9 時から午後 4 時 20 分までの全日制の教室である。臨時保育，延長保育も可能で，共働き家庭の入会も多い。

大通り沿いの施設は 1 階がスーパーマーケットの建物の 2 階にあり，広いワンフロアの室内は，ロープ，跳び箱，マット，滑り台，平均台，ブランコなどで構成されたアスレチックのような遊び場になっている（毎月組み替えられる）。活動は体操，ボール遊技，ゲーム，器械体操などの体育教室がメインだが，そのほか絵画教室，演劇，学習教室，野外教室など多様な教室を取り入れた柔軟なプログラムをつくっている。屋上の畑で野菜を育てたり，流し素麺，水遊びなどもする。年に 4 回，園のお泊まり会，夏のキャンプ，年 2 回のスキー合宿など，宿泊をともなう野外活動も盛んだ。代表の名取雅幸さんに語っていただいた。

私は，野外運動学を基礎にしてきました。自然学校を運営する仲間もたくさんいますが，私は都会の中にこそ，体を動かす，五感で感じる，自然を体験する場が必要なのではないかという実感を元に，都会のど真ん中で30年間以上にわたり，わんぱくクラブを運営してきました。

体操教室ではなく，体育教室です。よく誤解をされますが，まったく違います。より高い跳び箱を飛ぶとか，野外教室にも行きますがスキーで上の級をとるとか，そういうことを目指した教室ではありません。サッカーを教えてほしい，野球を教えてほしいという親御さんもいらっしゃいます。ボールを使いますが，ボールで遊ぶなかでルールをつくります。五感を使って，身体をつくって，やりたいスポーツが出てきたときにどのスポーツにもいけるようになってほしいと思います。

都会の中には，○○ができる，○○がうまい，逆に言えば，○○ができない，○○が下手だという，自己否定観につながるものが多いですね。でも自然は楽しんでいれば身につきます。また，コップ一杯の水はありがたいけれど，川の氾濫は怖い，そよ風はありがたいけれど，強風は怖いというように，もの自体に善悪や序列がありません。自分で感じて，自分の世界を創ることができます。自分の世界があると，他者の世界を認められます。自然はやさしいのです。

すぐに成果を出そうとするのではなくて，子どもの変化を促すために，縦割りで2歳から就学前までのクラスを運営しています。

経営面では確かに厳しいです。幼稚園か保育園，新しくできた東京都の認証保育所などになったほうが経営面の悩みはなくなります。仲間の中には制度にのって規模を大きくしているところもあり，今の活動が続けられればどのような形でもよいと思っていますが，今のところ，枠に当てはめることはしていません。スタッフがボランティアのような薄給で来てくれるからなのですが（笑）。おかげさまで，電車で1時間かけて通ってくださる方などもいます。

幼稚園や保育園にも，出張で体育教室をしています。「かしこい身体と丈夫な脳」をつくるお手伝いをしていきたいと思っています。

（構成・白井千晶）

わんぱくクラブは入会金 10,500 円，月の費用が 3 歳児が 39,900 円，4・5 歳児が 36,750 円と，認可保育所や幼稚園にくらべると保護者の負担は高くなるケースが多いといえる。

認可保育所は 2000 年に区市町村と社会福祉法人に限定されていた設置主体の制限が撤廃されて NPO，株式会社，学校法人などにも設置が認められ，2001 年の児童福祉法改正では，保育需要が増大している区市町村については，保育サービスの提供を促進する観点から，無認可保育施設に助成を行うことを認めている。

このように改革は進んでいるが，わんぱくクラブの場合，施設面の基準で助成を受けることができないでいる。とりわけ都心部の保育施設では物理的な制約を受けることが多い。こうした独自の試みは，子育て支援を豊かにしていくうえで大切なものである。そうしたケースの補助として，保育の独自性を積極的に評価するなど，保育内容の評価の方法なども含め，助成のあり方が今後検討される必要があろう。

註

1）「保育所関連状況とりまとめ」（2010 年 4 月 1 日）より。
2）「2011 年版東京の福祉保健」より。
3）「平成 22 年学校基本調査」より。

参考文献

「次世代育成支援東京都行動計画」東京都福祉保健局少子社会対策部計画課，2005
「子どもと家庭・女性福祉，母子保健施策概要」東京都福祉保健局少子社会対策部計画課，2008
平田慶子『子どもの生活と心の発達』学文社，1990
民秋言「幼稚園教育要領・保育所保育指針の成立と変遷」萌文書林，2008
武藤隆・民秋言「ここが変わった！　NEW 幼稚園教育要領・保育所保育指針ガイドブック」フレーベル館，2008

第９章
夜間保育所
――制度からこぼれ落ちる家族への支援

荒井浩道

1　保育サービスと家族の実態との乖離

３章で確認されたように「保育に欠ける」という保育所への入所要件は，すでに時代遅れのものになりつつある。この要件のために，たとえば福祉ニーズとして専業主婦の家庭で保育を希望する場合や，健康な祖父母と同居しているが保育を希望する場合などは，保育所への入所は許可されない。

ところで，この要件に完全に合致する家庭，すなわち「祖父母への育児協力を期待できない，夫婦ともにフルタイムで働く家庭」については，どのように考えればよいだろうか。彼／彼女たちは，「保育に欠ける」という差別的含意はともあれ，制度的には保育所入所の要件を問題なく満たすことになる。彼／彼女たちの子どもは，待機の問題さえクリアできれば，保育所への入所が許可されることになる。

しかし，本章では，彼／彼女たちもまた，制度からこぼれ落ちてしまうという現実に着目したい。その理由は，制度的に提供される保育サービスの内容と家族の実態の乖離に求めることができる。「祖父母への育児協力を期待できない，夫婦ともにフルタイムで働く家庭」にとって，通常の保育園における保育は，まったく不十分である可能性があるのである。

もちろん，夫婦の勤務時間が規則的であれば，延長保育などの制度を併用すれば対応可能かもしれない。だが業種によっては，勤務時間が不規則の場合や，終業時刻が夜遅くになることが常態のケースもあるだろう。また，夫婦のどちらかが単身赴任のため，育児への協力をほとんど期待できないケースもある。このような夫婦の場合，制度的には通常の保育園への入所が可能であっても，それに見合った保育所がなければ，実態としては制度からこぼれ落ちた家族ということができるだろう。

他方，保育の「質」への要求という問題もある。就業時間が夜遅くになる夫婦や，夫婦どちらかが単身赴任しているケースも，通常の夫婦と同様に，良質な保育サービスを期待する。とくに長時間子どもを預けることになる場合，子どもにとっては一日の多くの時間を保育所で過ごすことになるわけであり，「質」への要求は必然的に大きいものになるだろう。このようなニーズをもった家族も，それが十分に満たされない場合は，やはり制度からこぼれ落ちた家族といえるのではないだろうか。

本章では，このような制度的には，制度的要件には完全に合致するにもかかわらず，実態として，あるいは求めるニーズの観点からは制度からこぼれ落ちてしまう家族に注目し，求められる支援のあり方を探っていきたい。

2 「制度からこぼれ落ちる家族」の実際

突然の単身赴任

制度的要件を満たしながらも，制度からこぼれ落ちてしまう家族への支援は，一筋縄ではいかない。彼／彼女たちは，形式的には制度的な支援の枠に入っている家族である。そのため，これ以上のフォーマルな支援を要求していくことは困難であり，別の選択肢を探る必要がでてくる。

本章では，このことを具体的にみていくために，筆者自身の家族における経験を手がかりに考えていきたい。

筆者の家族は，会社員の妻と現在７歳（小学校２年生）の長女の３人家族である。筆者も妻もフルタイムで就労しており，長女は生後１年目より保育所を利用して，仕事と子育てを両立していた。妻の勤務先（広告業界）は，長時間の残業をともなう就労形態であったが，筆者は研究職（当時は大学助手）であったため，裁量労働的な勤務が可能であった。そのため，保育園への送り迎えなどを夫婦が協力しさえすれば，通常の保育所の利用により子育てを継続することができていた。

しかし，娘が2歳半の時に転機が訪れた。筆者が地方の大学への転勤のため，単身赴任することになったのである。そのため筆者は，これまでどおりの子育てへの協力ができなくなった。近隣に子どものケアを頼める親族もいなかったため，週末以外は妻が一人で子育てをすることになった。

妻は会社に事情を説明したところフレックスタイム的な勤務が可能になったが，それでも出張をともなう日の帰宅は夜10時をすぎることが少なくなかった。

このような状態だと，さすがに保育所の入所要件は問題なく満たし，さらに待機児童がいる地域であっても入所の優先度も高くなる。しかし，通常の保育所では，延長保育を駆使しても，当時は，夜7時か8時までが精一杯であり対応できない。保育所は近隣にいくつもあったが，わが家にとって社会資源として機能しうる保育所は一つもなかったのである。

もちろん高額な費用のかかるベビーシッターを頼めば対応できるわけだが，若い夫婦にそのような資金的余裕はなかった。わが家は予期せず，突然に，制度からこぼれ落ちてしまったのである。

認可の夜間保育所

だからといって，途方に暮れているわけにもいかない。このような状況の打開策を探るべく情報収集を行った。そして，都内に，全国的にもめずらしい認可の「夜間保育所」があることを知った。この保育所であれば朝8時15分から夜10時15分まで（当時）の保育を行っていることがわかった。しかも認可の保育所であるため，利用料金は公立の保育所と同一の低廉な水準である。延長保育料も6,000円／月であり，公立保育所の延長保育料4,000円／月と大きくかわるものではなかった。

この保育所のホームページや口コミ掲示板の情報からも良質な保育サービスを提供してくれることを知ったわが家は，この保育所への娘の入所を決め，保育所の徒歩圏に引越しをした。

この保育所にはマスコミや出版，広告，飲食といった帰宅が遅い職業の家庭や，研究職，専門職といった勤務時間が不規則な職業の家庭，また単身赴任家庭や一人親家庭の子どもが入所していた。共通するのは，どの家庭も，通常の保育園の利用では子育ての継続が困難であるということである。そして，わが家と同様，多くの家庭がわらをもつかむ思いで，この保育所への入所のために近隣へ引越しをしていた。この保育所は，私たちのような家族にとっての駆け込み寺であった。

夜間保育所の現状

この保育所も，最初は夜間保育所ではなく通常の保育所であった。しかし長年にわたり利用者の視点にたった運営を続けていく中で行き着いたのが，現在の夜間保育所という形態である。さまざまな制度を併用し，また保育所独自の努力もあって現在の長時間にわたる保育を可能にしている。

夜間保育所とは，開所時間がおおむね午前11時から午後10時までの保育所である。夜間保育は，その重要性から「子ども・子育て応援プラン」(2004年）において，2009年までに140カ所で実施することが目標に掲げられている。2007年7月1日現在では，72カ所となっている(**表9.1**)。

この夜間保育所は，通常の保育所とは逆に，延長保育に相当する時間帯を朝にあて，延長保育＋夜間保育（＋保育所独自の運営努力による延長保育）によって，朝8時15分から夜10時15分までの長時間保育を可能にしているのである。

延長保育とは，保育所の11時間の開所時間を超えて，30分以上の延長保育を実施する事業である。延長保育も「子ども・子育て応援プラ

表9.1　夜間保育所の実施箇所数

年度	実施箇所数
2003	58
'04	64
'05	66
'06	69
'07	72

注：2007年度については，7月1日現在。
出典：厚生労働省「平成20年度版母子家庭の母の就業の支援に関する年次報告」p. 48の図表3-2-2をもとに作成

ン」(2004年) において，2004年度に12,783カ所であったものを，2009年度には16,200カ所で実施することが目指されている。

3　長時間保育の技法

さて，この保育所では，長時間保育を行うにあたりさまざまな工夫がなされている。その工夫とは，保育所が長年培ってきた長時間保育の「技法 (art)」と呼べるものである。この「技法」は，保育所長のAさんの言葉をかりれば「開設当初はモデルがなかったので，試行錯誤の中で培ってきたもの」(筆者フィールドノーツ2008年8月より) であり，その保育所の中で伝統的に受け継がれ，新任の職員にも受け継がれているものである。それはきちんと理論化され，明文化されているものではないが，長年の保育経験の中で鍛えられた実践知であり，子育てを考えるうえで，示唆に富む。

以下では，その具体的内容のいくつかをみていきたい。

子どもの負担の軽減

長時間保育は，仕事をもつ親の視点からは，非常にありがたいが，入所する子どもの視点からいえば，多くの負担を強いる。そのため，この保育所では，第一にその負担を軽減するための取り組みがなされている。

たとえば，子どもの「甘え，愚図り」への対処法である。この保育所では，通常の保育所，幼稚園では常識的に行っている「駄目なものは駄目ときちんと叱る」というかかわりを意図的に行わない場面が頻繁にある。保育士Bさんによれば，それは以下のようなものである。

> 「たとえ年長の子であっても，甘えや愚図りが出たときはまず受け入れる。子どもが『抱っこ』と言ったら抱っこしてあげるし，(自分一人で) できるはずのことを『できない』と言ったら，やってあげる。『甘やかしすぎ』かな，って思うこともあるけど，普通は，お母さんがしてあげていることだから，子どもにとって必要なこと。それを私たちが代わりにやっている。もちろんいつも甘やかすわけ

ではないけれど（笑)。(中略）食後もそう。寝ながら食べさせるわけではないけれど，食後には暫くのんびり，ゴロゴロ。片付けも，あまり急かさない。少しお行儀が悪いかな，って思うかもしれないけど，子どもたちにとっては大切な時間だと考えています。」(筆者フィールドノーツ 2008 年 8 月より）

このようなかかわりは，教科書的な保育理論や幼児教育理論ではあまりみかけることはない。もちろん「受容すること」はすべての対人援助の基本であるわけだが，明確な目的をもった甘え，愚図りに対する「積極的受容」は，この保育所特有のユニークなかかわり方といえよう。

家族全体の支援

ところで，すでに述べたようにこのようなかかわりを行う直接的な理由は，長時間保育による入所児童の精神的負担軽減である。筆者は，このことについては，娘の在所中からある程度自覚しており，その効果と必要性を実感していた。

しかし，今回のインタビューを通して知ったことであるが，このような「甘え，愚図り」への対処には，もう一つ別の重要な意図があったのである。

それは保育士Ｃさんの言葉を借りれば以下のようなものである。

「(夜の）10 時近くになると子どもは愚図りだす。甘えが強くなる。お迎えがいつもより遅くなると特に愚図る。そんなときは，特に甘やかす（笑)。なるべく叱らないようにして，なるべく（機嫌が）いい状態にしてお迎えの時間を迎えられるようにしている。子どもには『夜には良い眠り，朝には良い目覚め』をしてほしい。とても大切なこと。(中略）お迎えにきた保護者も疲れている。子どもの状態（機嫌）がよくないと，保護者は余計に疲れて，イライラする。子どもは敏感にそれを感じて，余計に愚図る。悪循環。帰宅後も引きずる。お互い（親子双方）にとっていいことではない。でも子どもの状態（機嫌）がよくて，ニコッとかわいく笑ってくれれば，保護者の疲れも幾分軽くなるかもしれない。(中略）保護者にはいきいきとしていて欲しい。親がいきいきとしていることが，子どもにとって一番だと考えています。」(筆者フィールドノーツ 2008 年 8 月より)

「甘やかしすぎ」とも思える子どもへの対応には，たんに子どもの精神的負担を軽減させるだけではなく，保育をとおして家族全体を支援するという意図があった。その射程は，親子関係，夫婦関係，そして親の仕事にまで及ぶものであり，結果的に，それが子どもにとってよい状態となっているのである。

わが家はこの保育所に家族全体として支援されていたのである。がむしゃらに子育てをしていた当時,「甘やかしすぎ」の保育実践に隠れた意図があったことを知らなかった。しかし結果として，現在も夫婦とも仕事を継続しており，今日まで子育てが危機的状況に陥ったことはない。筆者は，今回のインタビューをとおして，彼女たち保育士の専門性の高さを再認識した。

4　少人数保育の技法

個別性への配慮

この保育所のもう一つの特徴は，一クラスの定員が 5 人という「少人数保育」を行っていることである。保育所のホームページにも，「小集団の良さをいかした」保育実践，という文言があり，わが家としては，この保育所への入所を決定した重要な要素であった。

対人援助で重要な「個別性への配慮」という観点からは，少人数保育にはアドバンテージがある。保育士はもちろんのこと，所長や栄養士も子ども一人ひとりの個性を理解してくれている。娘が小学校 1 年生の時 (2008 年 11 月)，夜間保育所に関するアンケートに娘自身が回答する機会があったが，保育士が自分のことを理解していると思うか，という項目への回答は,「とてもそう思う」という最上位の評価であった。

少人数保育は，児童と職員の距離を必然的に近いものにする。こうした前提は，既に確認された「甘え，愚図り」への対処などの場面で有効

少人数保育
この保育所の定員は各年齢５人である。娘のクラスは，一クラス４人で構成されていた。他の年齢のクラスも少人数であるため日常生活や行事などは行動をともにすることが多く，縦割り保育が無理なく実践できている。

に機能しているように思われる。

そしてこの少人数保育は，「児童同士」というピア（対等）な関係にとっても有益である場合が多い。すなわち小集団（グループ）ならではのダイナミズムが働き，子どもが相互に刺激しあい成長する可能性がある。

食事の時間

この少人数保育が効果的に展開される場面として注目されるのは，食事の時間である。この保育所では，食事の時間には比較的多くの時間が割かれている。この食事の時間は，栄養補給以上の意味が込められた「食育」の時間として位置づけられている。

たとえば，児童の「好き嫌い」への対応において，保育士は積極的な指導や介入を行わないで，「見守る」姿勢を大切にしている。児童は，自分が嫌いな食べ物であっても，他の児童の食べている姿や，「美味しい」，「栄養があるんだよ」といった発話に触発され，自らも行動に移すことがある。またこの保育所では縦割り保育も行われているため，上下の年齢の児童との相互作用も期待される。

この保育所の食育では，こうした食事の時間以外にも重要な「仕掛け」が用意されている。調理士との距離が近いことにより，夕食の準備

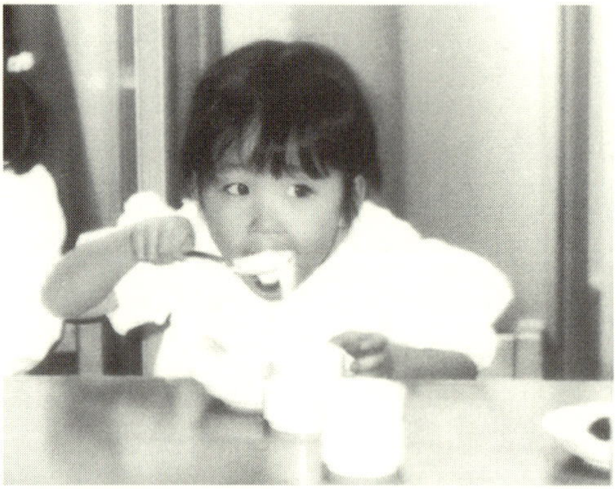

食事の様子
長時間保育では，昼食だけでなく夕食も保育所でとることになる。この保育所では保育士・栄養士と児童の距離が近いこともあり，日常的なかかわりの中で食育が実践されている。

をする調理士に話しかけ，日常的に食事の大切さや，野菜の産地などの知識を学ぶことが可能である。

同様の効果は，日々の散歩やイベントの準備などさまざまな場面でも発揮される。保育士と児童，または児童同士の距離が「近いこと」は，保育の「質」を担保する重要な要件といえよう。

「近すぎる」ことへの対応

ところで，一見逆説的ではあるが，少人数保育はメリットばかりではない。保育士Bさんの言葉を借りれば以下のようなデメリットも存在するという。

「保育士と子どもの距離が『近すぎる』ことは，デメリットでもあります。どういうことかというと，一人ひとりの子どもに目が行き届くことの裏返しとして，普通なら気づかないことにまで気づいてしまう。見えすぎてしまう。たとえば，子どもの悪戯や我儘。本来なら見えないはずの子ども同士のやり取りが，（意図せず）見えてしまう。そんなとき子どもと目が合うわけだけれども，あえて注意しないで，目をそらすことがある。見なかったことにする。そして，子どもは『あっ，見られちゃった』って顔をする。その後の子どもの反応は，いろいろ。そのまま継続することもあるし，止めることもある。（中略）どちらにしても，子どもは，自分で考えて行動するようになる。」（筆者フィールドノーツ 2008 年 8 月より）

保育士は，児童との距離が「近すぎる」ことのデメリットを克服するため，「見なかったことにする」という少々大胆なかかわりを通して，適度な距離を児童との間に現象させる。児童にとっては，保育士に叱られることは回避されるが，その後の行動の継続については，自らが判断する必要に迫られる。保育士のこうしたかかわりは，児童の主体性を育てる効果も期待される。

5　制度の限界と民間への期待

本章では，制度的要件には完全に合致するにもかかわらず，実態として，あるいは求めるニーズの観点からは制度からこぼれ落ちてしまう具体的事例として，筆者自身の経験を手がかりに，保育所における支援のあり方をみてきた。

筆者の家族は，予期せず制度からこぼれ落ちたわけだが，この保育所に出会ったことでどうにか乗り越えることができた。この保育所での実践は，子どもだけでなく家族全体をも視野に入れたものであった。また，従来の保育理論を超えた独自の工夫がなされており，まさに「技法（art）」と呼べる。このような保育の提供は，長時間保育という物理的なサービスが担保されているだけではなく，保育の「質」の面においても保護者のニーズを満たす。

以上の検討から，私たちは，「制度には必ず限界がある」という認識を新たにしておく必要があるだろう。つまり，ある制度において支援の対象となることができるのは，あくまで困難を抱えた人びとの最大公約数であって，すべての個人ではない。どんなに優れた制度であったとしても，そこには必ず「限界」がある。「完璧な制度」というものは，現実的には一つも存在しえないのである。

これは，「制度が無意味である」ということを言おうとしているわけではない。3章で確認されたように，わが国の社会福祉の発展は「制度化」のプロセスとしてとらえることができる。その方向性には，「誰もが安心して暮らせる社会」という社会福祉の目標がある。また，制度は，タイムラグはあるにせよ時代に即して新設，改正を続けている。取り上げた夜間保育所は，当時では長時間保育を実施するほとんど唯一の選択肢であったが，現在ではその選択肢も増えている。

ここで主張したいのは，制度が成立すればそれですべての問題が解決されたと考えてしまう制度至上主義への警鐘である。制度の裏面には，必ず「こぼれ落ちる」人びとがいる。このような人びとは，多数派ではないが，同様に社会生活を営む人間であることにかわりないという意味において，決して捨象されてはならない。

これまで，このような人びとへの支援をしてきたのは，民間レベルの取り組みであった。本章でも検討されたように，そこでは制度的に担保されない困難やニーズに臨機応変に対応し，努力と工夫を積み重ねることによって成し遂げられたものである。

このような民間レベルの取り組みは，今後その重要性がいっそう増していくだろう。現代社会において，時代に即応した制度を期待することは難しい。こうした状況も，見方を変えれば「民」が本領を発揮する絶好の機会といえよう。

第 10 章
家庭福祉員（保育ママ）
——乳児の家庭的保育

岡野晶子

1　家庭福祉員（保育ママ）制度の変遷

家庭福祉員制度の発足

主に 0 歳から 2 歳までの乳児を，保育者が自宅で家庭の雰囲気の中で保育するのが，家庭福祉員制度である。「保育ママ」制度ともいわれている。ここでは東京都の例をあげ，この制度の始まりから変遷について，主に東京都家庭福祉員の会が発行している『はぐくみ』をもとに述べていこう。

家庭福祉員制度は 1960 年，東京都の民生局婦人部主管の事業として，都独自の施策として発足した。就労する女性の増加にともなう保育所不足を補完するため，児童の養育に関する技能と経験をもつ家庭にいる女性に対して，児童の養育の受託を推奨することを目的としていた。その後 1969 年，東京都の補助事業として実施されることになり，この事業を実施する市区町村には事業に要する経費が助成されるようになった。

しかし 1990 年に，東京都児童福祉審議会において「家庭福祉員制度は，設備及び人的配置の面で不十分，保育者の高齢化などを理由に，保育所と比較して保育水準が低いから，認可保育所と並ぶ選択肢の一つとして位置付けることは望ましくない」とされ，存続が危ぶまれる時期もあった。これに対して，家庭福祉員に子どもを預けている保護者が署名を集めて家庭的保育の良さを訴えたことにより，この制度は守られた。

家庭福祉員制度の確立

その後，家庭福祉員制度の重要性が認識されはじめる。5 年後の 1995 年，「緊急保育対策 5 カ年事業」が実施され，低年齢児保育の促進が進められるという背景のもと，増え続ける 3 歳未満児の保育需要に保育所だけでは十分に対応できない状況から，児童福祉審議会において，家庭福祉員の保育環境の改善および増員の必要性の意見が出される。ようやく子どもの預け先として公に認められてきたのである。

これを受けて 1997 年に東京都は，保育を必要とする低年齢の乳幼児に対し，家庭的な雰囲気できめ細かな保育を提供する保育サービスと位置づけ，設置基準・補助基準の大幅な見直しがされる。補助員を雇用して 5 人まで保育できる制度も導入される。

2000 年にようやく国においても家庭的保育事業を開始し，保育所との連携を前提とした家庭的保育を推進するようになる。2005 年には，次世代育成支援東京都行動計画において，多様な保育サービスの供給主体の一つとして，認可保育所，認証保育所と並んで家庭福祉員を位置づけ，保育サービスを必要とする子育て家庭が自らサービスを選択し利用できる環境を整備していくこととなる。

また 2007 年に政府は「子どもと家族を応援する日本」重点戦略検討会議（中間報告）および「経済財政改革の基本方針 2007」を発表し，3 歳未満児に対する家庭的保育（保育ママ）の充実を含め，さまざまな働き方・ライフスタイルに対応した，とくに 3 歳未満児に対する家庭的保育（保育ママ）の拡充を示す。そして，2007 年 8 月 9 日および 8 月 27 日に「東京都児童福祉審議会専門部会における家庭的保育制度に関する集中討議」が行われ，東京都における家庭的保育の拡充策について話し合いがなされたのである。

現在，国においても家庭的保育事業の拡充策を検討している。この制度を利用した多くの保護者が家庭的保育を守ろうと奮闘し，こうした保護者の支えがあって，この制度が半世紀にわたり続くことができたのである。さらには家庭的保育に法的な位置づけを与えるための児童福祉法の改正も行われている。

2　家庭的保育の特徴と現状

家庭福祉員数と受諾児童数

家庭福祉員（保育ママ）制度では，保育士・看護師などの資格をもち，区長から認定された保育者が，自宅を保育室として開放し，少人数（2～5人）の3歳未満の乳幼児を，保育園（施設型保育）とは違う家庭的環境の中で保育を行う。ただし，東京23区内すべてにこの制度があるわけではない。「東京都における家庭福祉員に関する基本資料」[1]によれば，家庭福祉員の受託数も受託児童数も登録や定員を大きく下回っており，まだまだ周知されていない（**図10.1**）が，2010年には登録福祉員数が761人に増加した。

また保育料は区市町村独自できめるのでかなり幅がある。とりわけ平均保育料は，区部では26,000円に対して，市部では40,000円と大きな違いがある。補助者の雇用に関しても，5人の乳幼児を保育する場合は100％補助者が雇用されているが，3人の乳幼児の保育の場合は，2008年4月現在，24.9％の雇用率にとどまる。また，一人当たり所要経費が，認可保育所と比較すると，0歳児，1歳児は，かなり低く抑えられている（**表10.1**）。家庭的保育に対する諸制度はまだ十分整ってはいないといえるだろう。

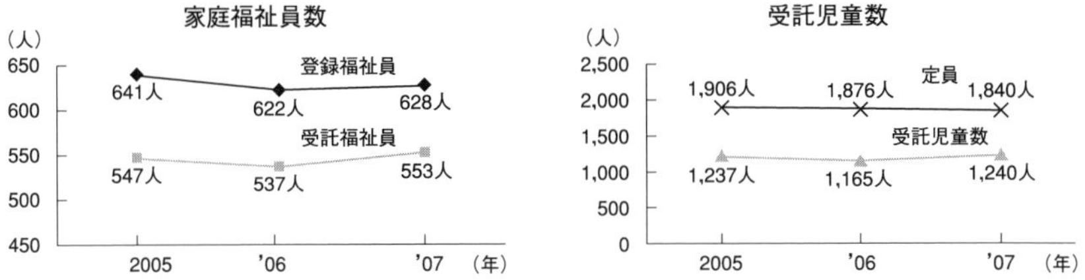

図10.1　家庭福祉員数と受諾児童数

表10.1　一人当たり所要経費比較

	0歳児	1歳児	2歳児
認可保育所	172,555円	97,935円	42,615円
家庭福祉員	43,956円	43,956円	43,956円

注：2006年度予算による推計。

家庭的保育の長所と短所

それでは，家庭的保育の特徴を2007年8月に行われた「東京都児童福祉審議会専門部会における家庭的保育制度に関する集中討議」[2)]の資料をもとに述べたいと思う。まず初めに，家庭的保育の良い面としてあげられたのはつぎの通りである。

①子どもへの個別的な配慮が可能です。
同じ保育者が関わるため，保育者が子どもと安定した愛着関係がもてる。子どもの日々の体調や様子等に応じて，臨機応変な対応も可能である。個々の子どもの気質や個性に寄り添って，対応ができます。
②家庭での保育が，低年齢児に良い影響をもたらします。
自宅に近い雰囲気で，子どもが安定します。
1日を通じて同じ保育者が見ます。
少人数で過ごせます。
③保護者と保育者の密接な関係を築くことができる。
保護者は保育者から子育てを学んだり，日常的な悩みの相談相手など，精神的な支えともなります。
④地域の子育て家庭との交流がもてる。
保育所よりも，子育て中の家庭と個別に交流することができ，地域の子どもたちとの関わりももてます。

これに対して，デメリットとしてつぎの4点があげられている。

①保育者の資質にばらつきが生じます。
保育者自身の保育方針に偏りが生じます。
優れた保育者もいるが，その半面独善的な保育者もいます。
②保育の密室化，孤立化。
原則1人で保育するために，家庭福祉員は孤立してしまうことがあります。
③第三者の監視の目がない。
定年退職した保育所従事者等の人材を活用し，保育所と家庭福祉

員との調整役を設置したり，第三者の目から家庭福祉員へのアドバイスができるような体制づくりが望まれます。

④保育者が休む時は保育休止となる。

家庭福祉員が合同で保育をしたり，一方が休暇をとるときには他の家庭福祉員が児童を保育するなど，家庭福祉員の相互連携の実施も検討されています。また，保育所との連携を強めることで，家庭福祉員の保育休止日は，保育所が受け入れられるような体制づくりも望まれます。

家庭福祉員制度の改善策

また，利用者側からすると，家庭福祉員が担当する２歳をすぎた後，保育所に入所することが保障されていない点などが問題である。家庭福祉員の保育内容に満足していても，３歳以降の保育の道筋が保障されていなければ，利用は拡大しないであろう。

また，利用者が安心して家庭福祉員制度を利用するためには，保育所との連携を強化し，家庭福祉員を支える仕組みづくりが不可欠である。保育所との連携が進むことにより，家庭福祉員が休まざるをえない時や休暇取得時の対応という方法が定着されていくことが望まれる。具体的に，区市町村独自の取り組み事例はつぎの通りである。

区市町村独自の取り組み事例

Ⅰ　家庭福祉員の休暇時，研修参加時の支援体制，その他

①研修時，休暇時等に，区立保育所の緊急一時保育事業で対応

②休暇時の代替保育を認証保育所で受託。実績に応じて認証保育所に対して一人当たり 3,000 円の補助金

③夏季休業時に認可保育所での預かり保育の実施

④区立保育所実施の「ふれあい給食」への参加

Ⅱ　相談支援体制

①指定園制度により，行事等への招待，園庭開放，電話・訪問による相談等

②健康診断や交流保育，家庭福祉員の病気等の場合に協力を行う

Ⅲ　研修

①研修の一環として，家庭福祉員の保育実習を認可保育所で実施
②開設時に，認可保育所にて保育研修を行う

厚生労働省の「家庭的保育のあり方に関する検討会」は2009年3月23日に，2010年度から施行する新たな家庭的保育事業の実施基準とガイドラインについて，家庭的保育者は現在のように保育士や看護師のような有資格者に限定せず，無資格者であっても保育の知識や技術を習得する一定の研修を課することで認めることになった。そのほかにも対象となる子どもを3歳児未満に限定していたのを就学前までに拡大する，保育者自身に就学前児童がいないことが要件とされていたのを削除して保育者のなりてを確保しやすくするなどの変更点も報告されている。

こうして家庭的保育は拡大される傾向にある。このことは保育者の資質のばらつきが大きくなる可能性もあるので，注意が必要だ。また，保育所の家庭福祉員への理解が進まないことや，連携する保育所の負担感が大きいことなどから，保育所との連携を推進する国の家庭的保育事業の取り組みはなかなか進まないのが現状である。保育所が家庭的保育の有効性や連携の必要性についての理解を深め，家庭福祉員と連携が進むようにするためには，保育所保育士に対しても研修を実施するなど，連携する保育所への支援の強化が必要である。

3　家庭福祉員による保育の実際

家庭福祉員の仕事と魅力，課題

家庭保育の実際と仕事の内容，魅力，課題についてみていこう。まず初めに，筆者の息子ひろたかがお世話になった家庭福祉員Mさんへのインタヴューをもとにまとめる。

①保育ママの仕事を始めたきっかけ

1990年からこの仕事を始めて18年目になります。以前，豊島区の公立保育園に4年間勤めていましたが，出産を理由に仕事を

辞めました。そして2人目の子どもが小学校に入学したのをきっかけに保育ママの仕事を始めました。保育の経験を生かし，自宅で3人という少人数のお子さんを預かれるという良さからです。その当時は現在ほど勤務条件も整わず，また夜7時までお子さんを預かるというように勤務時間も長かったため，ぎっくり腰になってしまい，入院したこともありました。1997年から，子ども一人につき補助金がアップして，勤務条件も少し改善されました。

②保育にあたって

「一人ひとりの生活ペースが違う」というところからスタートします。まずは子どもに合わせる。どんな子どもか大人が慣れるまで時間がかかります。0歳の乳児は，一人ひとり生活時間もバラバラです。午前中にお昼寝する時もあれば，まったく寝ない日もあったりします。家庭では当たり前のことだけれども，こうした睡眠パターンにも個性が表われます。乳児期は，こうした子どもの個性も大事に受け止めてもいいのではないでしょうか。

今は，2歳をすぎた子ども2人と1歳の子どもを預かっています。手袋を使った遊びや「がらがらどん」など絵本を見たりしています。部屋の中で音楽をかけて，歌いながら踊ったり，子どもと一緒にやっています。音楽が早くなったり，遅くなったりして，子どもはとても喜びます。とにかく，子どもたちとの時間をゆったり，のんびり過ごすようにしています。「あれをやりましょう」,「これをしましょう」と計画するよりも，子どもが自分で遊びたいように，子どもの自主性を育てるようにしています。

知り合いの公立保育園の先生から話を聞くと，複数担任制とはいえ，10人ぐらいの子どものことをすべて頭に入れなければならないので，余裕がないし，子どもも集団生活の負担がかかるとのことです。何より，日々，3人の子どもたちに助けられ，3歳までの子どもの一番かわいい時の時間を共有して，幸せを分けてもらっているように感じています。

③これからの課題

最近,「保育の質」が言われて，どういう保育にしたらよいかと考える時があります。補助者をつけて，サービスを向上させたらいいのかと考えたり，保育園のように，時間を決めて，子どもに何かやらせたらいいかと思うときもあります。でも，子どもの自主性を育てるということから考えると，そういう方法が子どもにとっていいとは限らないようにも感じます。

保育ママの仕事をやっている方は，「子どものために，どうしたらいいか」，「いろいろ試してみたい」，「考えたい」という熱心な方もいれば，もう高齢で，「今まで通りできればいい」という現状維持型の方もいますし，さまざまです。家庭福祉員の横のつながりも，もう少しあったらいいかなと思います。

⑤研修の必要性

2008 年 4 月から，月 12 時間まで補助者が入ることに対して，区から援助が得られるようになりました。また，今までは月曜から土曜まで基本的にお休みなしだったのが，土曜日は保育を行うかどうかが自由になりました。このように少し勤務条件が改善されてきていますが，まだ不十分な点もあるように思います。

2008 年 8 月，9 月に，4 日間にわたるモデル研修が行われました。この研修は国の助成で，これから家庭福祉員になりたい人にもむけた話なので，幅広い分野の専門家のお話が聴けました。これ以外にも研修は，板橋区では年に 1 回，東京都でも希望者に年 1 回行われています。研修は都合をつけて，参加するようにしています。保育を行っていても，忘れてしまうこともあるし，新しいこともでてくるから，話を聞くと勉強になります。また，経験者の話はとても参考になります。新しい取り組みの話を聞くのも楽しいです。

3 人の乳児を保育するという仕事は，体力的にも，精神的にも負担があると思うが，M さんはいつも温かく親子を支えてくれる心強い子育て支援者の一人である。家庭福祉員さんは，子どもに「先生」と呼ばれることが多いのだが，M さんは子どもにも名前で「M さん」とか「ママ」と呼んでもらっていることにも，子どもとのより親しい関係を意識しているようにも感じた。研修にも積極的に参加し，一人ひとりの子どもとの関係づくりに心がける姿勢は，乳幼児保育に熱心に取り組まれていることがうかがえる。

家庭福祉員の保育の一コマ

つぎに，保育場面の様子を，家庭福祉員Mさんと筆者の連絡帳から紹介しよう（○は連絡帳の記録を主にそのまま記したものである。〈M〉はMさんの記録である）。

2007年4月，ひろたかが生後10カ月の時，Mさん宅に通いはじめた。前年度から通っている生後8カ月のY君との2人の保育から始まった。子どもを保育園に預ける際，通常2，3日〜7日ほど，預け先に慣れるための慣らし保育が行われる。家庭福祉員の場合も，7，8時間以上の通常保育になる前に，一日2，3時間という短時間の慣らし保育から始まった。

①保育の始まり

○4月2日（月）（保育時間2時間）

短時間の慣らし保育が始まりました。初日なので，大泣きして子どもと別れる。

○4月5日（木）（保育時間3時間）

午後1時から預けました。3時ぐらいにはお昼寝をして，おやつのイチゴとパン2切れとミルク50ccを飲む。ひろたかは，別れ際に涙はあっても，それ以降は落ち着いて過ごせるようになる。

○4月6日（金）（保育時間4時間）

〈M〉「昼食は，モリモリ食べてくれました。スープはコップに入れて飲みました。今日はぜんぜん平気で，私からも離れてY君に近寄っていき，同じおもちゃに興味をもって，取って取られて遊んでいます。まだ執着はしないので，取られても取ってもお構いなしに遊んでいます。『よく笑うね』と，上のお姉ちゃん（Mさんの娘）が2階から下りて抱っこしても，平気で抱かれていました」

慣らし保育は，保育所の場合，保育所の決めた時間に合わせてスタートするが，家庭福祉員の場合は個人の都合に合わせて，子どもの状態をみながら時間の調整をすることができる。ひろたかの場合は，私の仕事が春休み中であったため，１週間，子どもの様子をみながらの保育のスタートになった。

つぎの週からほぼ一日保育になった。Ｍさんの自宅で預かっていただいているため，必要に応じてＭさんの家族も手助けしてくれた。ひろたかはＭさんの娘や夫にもなついていた。とくにＭさんの夫は自宅の２階が仕事場であったため，常日頃接することができ，「パパ」と呼んで親しんでいた。

②保育に慣れてきて

○４月10日（火）

〈M〉「食事もよく食べて，主人に抱っこされ，しばらく下りようとしません。すっかり慣れたようです。Ｙ君のおしゃぶりが気になっています。いつの間にかひろ君の手にありました」

○４月12日（木）

〈M〉「午前中の睡眠が足りなかったようで，少し遊んでは抱っこです。抱っこされていればご機嫌です。寝そうな感じですが，何とか12時30分ごろ食事を済ませました。今度は元気になってＹ君と２人，おもちゃ箱を囲んでおもちゃを取り出して遊びはじめました。お互いの顔を見て声を出し合って，何だかすっかりなじんでしまっているような，１歳にならないうちからいろんな表情があって楽しいです。さすがに眠くなって，エーンと泣いておんぶで寝ました」

○４月１７日（火）

〈M〉「朝眠かったようです。おんぶすると30分ほどで寝ました。まだ寝足りなかったようでした。昼食を早めにして12時30分ごろには布団を敷き，昼寝の準備に入りました。静かに布団の上で抱っこしていると寝つきました。横で布団に横になって眠っているＹ君の方も見て，ひろ君もスムーズに入れたようです。まだ一人で布団に横になるのは無理のようです」

○４月19日（木）

〈M〉「朝少し泣いて抱っこしていると眠りました。抱っこが一番安心のようで，離れて遊んでは戻ってきて抱っこです。Y 君が抱っこのときは，押しのけて抱っこしてもらいます。『待っててね』と言いながらも待てないのはわかっているので，安心するまで抱っこです。Y 君は一人でお布団に入り，ひろ君は抱っこで 2 人トントンしているうちに眠ります」

○ 4 月 27 日（金）

〈M〉「こちらの生活は順調です。初めの頃より目の輝きも増して探索して動きます。危険な物でも何でも興味あるところに一目散です。まだ不安なのが，おむつ替えとお昼寝でしょうか。便のときはさっさとできないので，泣かれてしまいます。お昼寝は，布団に横になって『眠いのね，ひろちゃん。〈ネンネンヨー〉』と歌いながら，話しかけながらです。静かになって添い寝で眠ってくれました」

保育が始まった当初のひろたかの記録には，「抱っこ」ということばが多く出てくる。生後 10 カ月から 11 カ月，まだ歩きはじめる前の時期である。上の子どもを預けた保育室では，保育士に「抱き癖を付けないでください」と厳しく言われた記憶があった。単純には比較できないが，同じ時期の子どもへの対応として，抱っこ中心の保育は母親の私には安心するものであった。また，少人数の子どもを同じ人が決まって面倒をみるため，子どもの表情や動きをきめ細かにみてもらえた。そして，7 月には新たな仲間，生後 8 カ月の A 君が加わった。

③保育がスタートして 1 カ月半

○ 7 月 2 日（月）

〈M〉「今日は A 君が仲間に入りました。初日でしたが，ひろ君も Y 君も不安定になることもなく，いつもどおり過ごせました」

○ 8 月 7 日（火）

〈M〉「絵本の箱のそばに座りこんで Y 君と 2 人絵本を広げ見ています。また，何かと世話好きの顔を見せてくれます。私の物をもってきてくれたり，Y 君のおしゃぶりを見つけて Y 君に吸わせたり，A 君に「かわいいかわいい」と頭をすりすりしたり，

家庭福祉員Mさん宅の庭にて

心の発達も目まぐるしく大きくなってくるなと感じるこの頃です。A君を囲んでパチパチと手をたたきあって喜んでいるY君とひろ君，そしてA君です」

○8月23日（木）

〈M〉「Y君ともとてもいい関係ですよ。モノのとり合いもときにはとられ，ときには勝つ。お互いにエーンと泣きますが，それぞれにその泣き声に何か感じるのか，『欲しいけど，悪かったかな』みたいな雰囲気を醸し出しています。今日はY君がひろ君に魚を食べさせてあげていました。食欲なくとも，そんなふうにされると口をあけ，パクっと食べるひろ君です。段ボールの後ろに隠れて楽しそうな2人です。『いた！　いた！』と大喜びです。一緒に隠れる。風船をけったり，物をとり合ったり，2人のかかわりも深くなってきました」

○12月27日（木）

〈M〉「I公園に出かけると，ひろ君の成長ぶりが実感できます。山登り下りが自分でバランスをとってできるようになりました。怖がっていたシーソーも自分から楽しみます。砂遊びも滑り台もいっぱい楽しめます。ここの滑り台は高いので階段登りは教えないようにして，途中から乗せて滑らせます。Y君と交互にキャッキャッはしゃぎながら，滑ります。また，追いかけっこで走るのが早くなりました。だんだんいたずらも覚え，お兄ちゃんぽく危険度もアップしてきました」

4　家庭福祉員の位置づけ

3人の保育が始まり，1カ月もたつとすっかり3人の関係が形成され，毎日3人の子どものかかわりを見ていて楽しくなってきた。朝，ひろたかが多少愚図る時があっても，Mさん宅に着いてY君やA君の顔を見ると，機嫌ががらりと変わって，喜んで近づいていく。乳児の仲間関係の力がこんなにあるものなのかと感心した。また，乳児3人の世界が連絡帳をとおしてよくわかった。Mさんに支えられながら，うまく呼吸を合わせてそれぞれの個性を出しながら，子どもの世界をつくりあげていた。

子どもの生活が安定してくると，保育者との信頼関係も形成され，育児の悩みなどを連絡帳に記録することが多くなってきた。この連絡帳が子育て中の諸々のストレスのはけ口になっていたように思う。保育の経験だけでなく，ご自身の育児の体験も踏まえたコメントはたいへんありがたかった。育児の些細な悩みも打ち明け，受け止めてもらえ，心の支えにもなっていた。

ひろたかは，2歳になる時期に認可保育所へ入園した。保育園の集団の中で形成されていく力も感じる一方で，集団の中に入ると，ひろたかの緊張した，まったく違う表情が見られる。この時期の集団生活の負担を感じるのである。3人という少人数で，同じ保育者に世話をしてもらう家庭的保育は，集団生活を重視した施設保育とは別の魅力がある。すなわち，「子どもの全体像」と「家族の全体像」をとらえるという家庭的保育ならではのよさがある。すなわち，家庭的保育は施設保育のたんなる補完であるとか，待機児童対策としてのみとらえるのではなく，保育園や幼稚園に通う前の保育サービスの一類型として，その理念や意義を明確にしていくことが重要であることを利用者として，保護者として強く訴えたい。

基本的に一人の保育者が行う少人数保育の良い面を生かすためには，保育者の専門性の向上や安全性の確保のためのバックアップ体制が求められる。保育の質の向上は，個々の子どもの発達状態に見合った物理的な環境が提供されているかについても，重要な点である。施設保育の良い面と家庭的保育の良い面を互いに認め合い，子どものためのよりよい保育環境を考える必要がある。その際，子どもが生き生きと日々暮らしているかが一つの大きな基準になろう。子どもの発達は一人ひとりで多様な姿を描く。家庭的保育のメリットとして，個別対応性の高さや家庭的環境での保育，子どもの生活リズムの尊重などがあげられる。これらは，保育の質の重要な要素である。乳児の個性の豊かさを養うために，家庭的保育の良さがもう少し積極的に認められてもいいように感じる。

家庭福祉員制度は，待機児童対策の重要な柱として，保育所を補足する役割を担うだけでなく，保育所等との連携を密にとることで，保育所とは異なる良さをもつ保育制度として積極的に位置づけがされていく必要があろう。

註

1）東京都福祉保健局少子社会対策部子育て支援課調査による（東京都ホームページで公開）。

2）東京都のホームページで公表。

第11章
子どもも家庭支援センター
——地域の子育て支援事業

岡野晶子

1　子ども家庭支援センターとは

子ども家庭支援センターの創設

東京都では，住民が身近なところで，子どもと家庭にかかわる問題でどのようなことでも気軽に相談でき，適切な援助やサービスを利用できる体制づくりを目指し，1995年10月に子ども家庭支援センター（正式名称は児童家庭支援センター）事業を開始した。

従来は児童福祉法にもとづいて設置された児童相談所が，児童に関する相談に対応してきた。それが1997年の児童福祉法の大幅な改正により，新たに児童福祉施設として「児童家庭支援センター」が創設された。子どもと家庭の相談に対応する場の必要性が認識され，区市町村業務として法律上明確になったのである。よって都の事業は国に先駆けてのことになる。

子ども家庭支援センターは，①すべての子どもと家庭を対象にし，②子どもと家庭に関するあらゆる相談に応じ，③子どもと家庭の問題へ適切に対応し，④地域の子育て支援活動を推進し，⑤子どもと家庭支援のネットワークをつくることを目標に掲げている[1)]。すなわち，児童相談所，児童福祉施設等との連絡調整を行い，地域の児童，家庭の福祉の向上をはかることが目的である。

近年になり児童相談所の相談件数は増加し続けている。たとえば児童

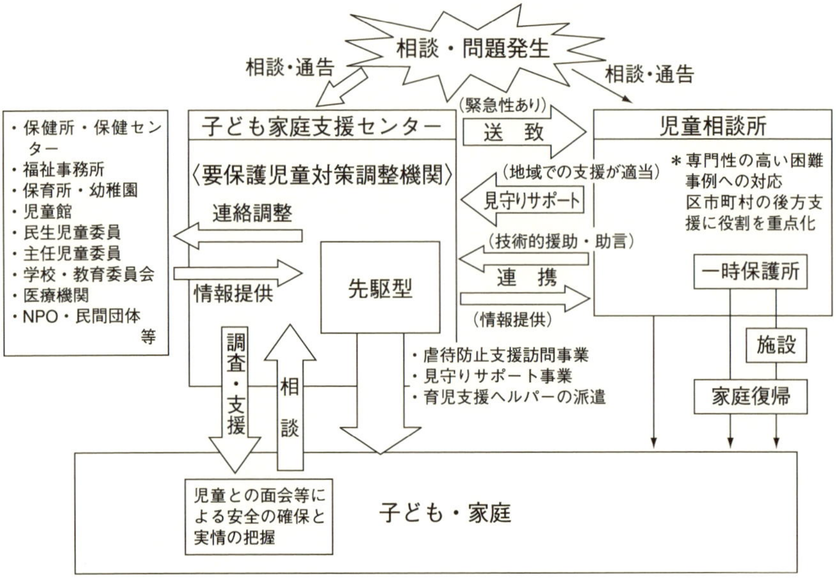

図 11.1　子ども家庭支援センターと児童相談所の関係

出典：「子ども家庭支援センターガイドライン」

虐待相談の処理件数は，厚生労働省によれば 2004 年度に 30,000 件を超え，09 年度には 44,210 件となり，過去最多である。自治体別では東京都が最も多く，3,229 件である。そして個々のケースは深刻化しており，対応が追いつかない現状から，より幅広い家庭を対象に扱う相談の場が必要となったのである。**図 11.1** にあるように，子ども家庭支援センターは要保護児童対策調整機関として位置づけられ，児童相談所よりも幅広い対応が求められている。

子ども家庭支援センターの事業

子どもに関する問題の多くは複雑で広範囲にわたり，また関係する機関も多種多様である。一方，子どもと家庭に関する問題は複雑化し，機関単独による対応で解決を図ることが困難なケースが増えているのが現状である。そのため一見問題が表面化していない「ふつう」の家庭を支える場として子ども家庭支援センターが位置づけられる。

子ども家庭支援のネットワーク（**図 11.2**）には，保育所，幼稚園，小

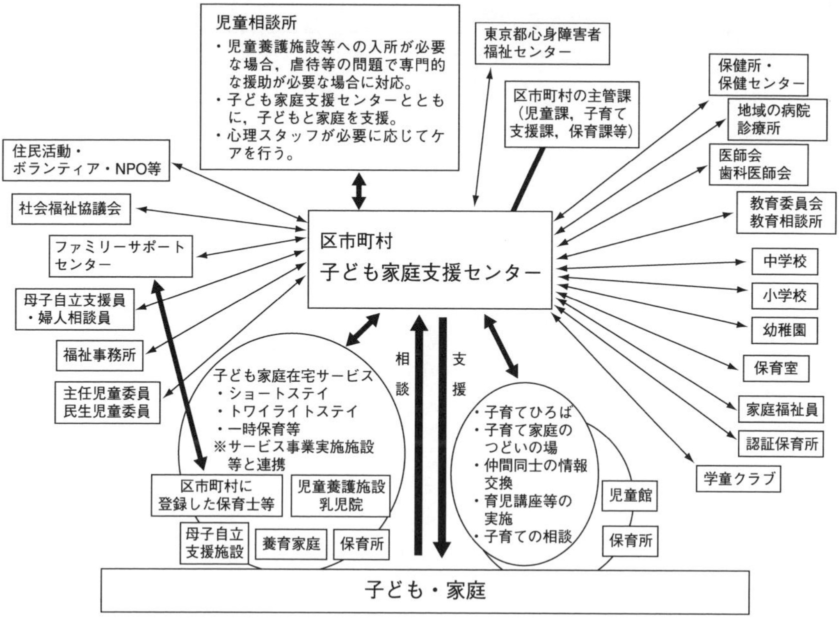

図 11.2　子ども家庭支援のネットワーク
出典：「子ども家庭支援センターガイドライン」

学校，中学校まで切れ目のない総合的な対応が必要であり，支援が必要な子どもが出合う諸機関をできるだけ幅広く網羅したものであることが重要である。虐待予防や防止という観点から，すべての子どもを対象に，取りこぼしがないように連携の強化が図られている。

したがって政府は，「子どもと家庭に関する総合相談，子ども家庭在宅サービス等の提供・調整・地域組織化等の事業を行う子ども家庭支援センターを設置運営する区市町村への補助を実施し，地域における子どもと家庭に関する支援ネットワークを構築する」[2)]としている。具体的には，**表 11.1** に示す事業の内容について補助が行われている。

児童虐待防止と子ども家庭支援センター

さて，2000 年「児童虐待の防止等に関する法律」の制定以降，児童虐待がよりいっそう社会的な問題と認識されている。この法案では，18 歳未満の児童に対する，(a)身体的暴力，(b)わいせつな行為，(c)著しい食

表 11.1　子ども家庭支援センターの事業内容

①子ども家庭総合ケースマネジメント事業	総合相談，ショートステイ，トワイライトステイ，一時保育事業，子育ての情報提供など
②地域組織化事業	地域のグループ活動の支援，ボランティア育成，地域の福祉ニーズの調査研究など
③要支援家庭サポート事業	「見守りサポート事業」→児童相談所と連携し，軽度の児童虐待の家庭等への支援を行う 「虐待防止支援訪問事業」→保健所，保健センターなどと連携し，親の不適切な養育態度など生活環境に問題がある家庭などを訪問する 「育児支援ヘルパー事業の提供」→産褥期の母子に対する育児相談や簡単な家事などの援助
④在宅サービス基盤整備事業	在宅サービスの担い手となる養育家庭の開拓への協力など

事制限や長時間の放置，(d)心理的外傷を児童虐待と規定している。この定義では明確に項目としてあげられているが，子どもを懸命に育てている中で，しつけと思い手をあげることは決してめずらしいことではない。自分の子どもを思わずたたき，「これって，もしかして虐待かしら」と悩む親の声をよく聞く。

そこで 2003 年に，区市町村において，児童相談所と連携し，虐待防止に力を入れた，先駆型子ども家庭支援センター事業が創設された。先駆型子ども家庭支援センターは表 11.1 の四つの事業をすべて実施するセンターである。これ以外に子ども家庭支援センターでは，①②の事業を実施し，④の事業を選択実施する「従来型」子ども家庭支援センター，実施事業は従来型と同じで小規模な「小規模型」子ども家庭支援センターがある。2010 年 3 月現在，東京都では「先駆型」を実施している自治体を含め，「従来型」「小規模型」を合わせ，合計 59 区市町村が子ども家庭支援センターを設置している。

また最近では，児童相談所による立ち入り調査，警察官による支援が規定され，関係機関が早期発見・早期対応に努めることが要請された。しかし，実際には立ち入り調査は容易にはできないのが現実である (2008 年度の強制立ち入りは全国で 2 件で，計 4 人の子どもが一時保護されている)。このような状況の中で，関係機関として，子ども家庭支援センターは，子どもの諸々の問題について，とりわけ早期発見・早期対応について，手を差し伸べられる機関として期待されている。

2　親子の交流の場「ひろば」

低年齢の子どもを抱える親の虐待予防

このように子ども家庭支援センターの事業内容は幅広く，子どもとその家庭を対象に，「相談・サービスや情報の提供」を行っている。その中で重要な役割を担っているのが，親子の交流の場「ひろば」である。ここでは，とくにひろば事業について取り上げよう。

そもそも「ひろば」設置の目的は，低年齢の子どもを抱える親の虐待予防であった。育児ストレスを大きく抱えやすい０歳児，１歳児の親子が気軽に足を運び，親同士の交流をはかり，情報を交換したり育児講座にも参加したり，専門家に子育ての相談ができたりするのが「ひろば」である。問題が起こる前の家庭を支えようというものである。

板橋子ども家庭支援センター「ひろば」の事例

それでは，筆者も息子が生後３カ月の時から親子で利用している，東京都板橋区の子ども家庭支援センターを例として取り上げよう。ひろばの目的は，第１に「保育園や幼稚園未入園児のための健全な子育て支援を目指します」とある。板橋区の子ども家庭支援センター「ひろば」は事業の目的・機能について以下の４点をあげている。

「いたばし０・１・２（おいっちに）ひろば」事業の目的

①０歳から３歳未満児の遊び，親子の交流の場の提供（安全・清潔な乳児専用スペースの充実)。

②スタッフが常住し，育児不安，孤立感その他あらゆる子育てに関する相談を常時受け付ける。

③相談事業を主とし，センターの専門相談員の個別相談や各種機関との連携も図りながら，孤立しがちな乳幼児の母の子育てを支え，虐待などを未然に防ぐ。

④子育て啓発事業（関連情報の提供，講座，講習の企画）具体的に

「いたばし０・１・２ひろば」室内

は，お母さんのための応援講座として，アサーティブ講座等を行っている。

①「ひろば」の立ち上げから地域への定着まで

子ども家庭支援センター内に，親子が気軽に立ち寄れるスペース，親子交流サロン「いたばし０・１・２ひろば」が設置されるまでの経緯，ひろばの役割・目的について，保健指導担当係長（当時）新井さんの話をもとにまとめよう。

2004年秋に板橋区西台から大山に引っ越してきた当初は相談業のみで，「ひろば」のような親子交流の場はなかった。次世代育成行動計画のもとに，板橋区では初めての試みとして，「０・１・２ひろば」がスタートした。三鷹市の子ども家庭支援センターなど他の地域の取り組みなどを参考にしながら，公立保育園との交流を目指して，「ひろば」のあり方を何度も話し合い，手探りで活動計画をみつけていったという。

こうした「ひろば」の良さは，総合窓口にわざわざ相談するよりも，遊びに来たついでに専門家に話が聞けることである。職員のそれぞれの個性や得意分野も活かし，グループで支えるようにした。各職員が親子にていねいに関わるよう心がけ，相談員の親しげな人柄にも支えられ，また豊富なおもちゃや建物の新しさもあって，次第に口コミで広がり，利用者が確実に増加した。結果としては，子育てが初めてという親子も落ち着いて過ごし，児童館や公園デビューするまでの支えの場となった。また，保育園に入園前の集団生活に慣れるきっかけであったり，家庭で子どもと向き合うのに少し疲れた時や，親子の友人づくりの場であったり，土曜日は仕事を持つ母親も多く訪れ，さまざまな育児不安を抱えた母親の支えとなる場になったのである。

開館時間は，月曜日から土曜日の10時～12時・13時～16時で，15人の定員は，平日も土曜日もほぼ毎員となり，親子交流の場として定着している。

施設長の関さんによれば，「ひろば」の設置のそもそもの目的は，虐待予防にあったという。母の悩みに耳を傾けることがとても重要であり，動きがとれない乳児を抱えた母親が閉じこもりきりにならないようにと願っているとのことだ。

②「ひろば」を支えるスタッフの役割

「いたばし０・１・２ひろば」を支える職員は，現在，保育士，保健師，元教員なども含む福祉職の計５人が中心となっている。その他の子ども家庭支援センターの職員の力も借りながら，ひろばを運営している。スタッフの役割について，元相談員の中島さんに語ってもらった。

> 「まずは私たちの仕事は，親子をよーく観察することが第一です。とくに，自分とは異なる感性の人とのかかわりには注意が必要です。母親が，安心して，居心地良く，ゆったりと過ごしてもらえるように心がけます。訪れた親子に対しては，挨拶を元気良くして，子どもの名前を呼びかけ，理解してあげるようにします。
>
> ０歳児の個性の豊かさには驚かされます。とくに生後６カ月ぐらいになると，子どもの個性が見えてきて面白い。同じ月齢でも，まったく違う。子どもを比較しないようにすることが大事です。その子なりに成長していくから，その子の特徴を楽しむようにしています」

中島さんがいると笑い声が絶えないし，「ひろば」の雰囲気も和む。時にはご自身の娘と息子さんの子育ての失敗談を語る。夫婦の行き違いや早期教育といった悩みから，アルコール中毒の夫や離婚問題など，深刻な問題についても相談にのったり，自然に何でも語ることができるふん囲気がある。

乳児の親子の交流の場としては，このほかにも児童館がある。「ひろば」は2歳までの子どもが対象とのため，乳児の一人遊びの充実に力を入れていることに児童館との大きな違いがある。月に1回の誕生会以外は極力行事を入れず，乳児の日常を大事にするという姿勢がうかがえる。

また，母親同士の支え合う力をつけてあげることも心がけたという。時にはお母さん同士の会の企画をもちかけたりした。ベビーマッサージの資格をもっているお母さんの存在を知ったら，その人を中心に親子ともに仲間づくりなどをした。子どもが3歳になった卒業組も，母親を支える活動を続けてくれた。相談員を媒介にして，自然に人間関係がつながっていった。人間関係が希薄になった今の時代こそ，こうした親を支えるシステムが必要なことを感じているという。

そして，何より子どもの安全面には注意を心がけたという。「ひろば」内でも，子ども同士のケンカはしばしば起こる。ケンカにはどちらにも味方しない。むずかしい時期の子どももいるが，必ずその時期は卒業するからと，親を励まし，温かく見守ってくれた。

最後に，中島さんに子育て中の母親へのメッセージを求めた。

「忙しい社会だからこそ，親子がじっくり向き合える2歳までの時間を大切にしてください。子どもの個性をじっくり観察してください。私たちが，お母さんと一緒に，お子さんの個性を一緒に見抜いていきますよ。母親の心の安定が大事だから，自分がつらくなったら，楽になる方法を一緒に見つけましょうね。子どもをしっかり見ているママは，自信をもってますよ。必要な時には手助けし，手を出しすぎずという，付かず離れずの関係づくりはとても難しいけれど，まずは子どもを認めて，喜んであげてください。後片付けを教えるよりも先にやることがあります。この子を幸せにしていくのは，2歳までが勝負なんです。子どもは，母に認められるのが大事です。成績の良い子，強い子もよいけれど，強くなくても心の安定した子に育ててください」

③ 「ひろば」利用の一コマ

ここでは，筆者が親子で利用したある日の一コマを紹介したいと思う。

部屋の広さは70㎡ほど。ままごとができるおもちゃ空間，絵本コーナー，まだ動けない乳児向けの畳のスペースなどに区切られ，中央には滑り台が置かれ，乗り物で移動できるスペースもある。隣りにはカーテンの仕切りで，食事やオムツ替えもできる授乳コーナーがある。以下，ひろたかを連れて遊びに行った日の出来事である。

10時少しすぎたばかりだったのに，10組ほどの親子たちで，すでに賑わっていた。久しぶりに訪れたため，初めは戸惑った様子のひろたかも，お気に入りの電車を見つけ，両手に握り，どっかりと座った。まわりのお友だちを少し気にしながらも，電車を走らせて遊ぶ。一番のお気に入りが新幹線だ。

しかし，残りの二つの電車も気になり，二つの電車をそれぞれの手に握って走らせていると，新幹線は別の友だちがもっていく。「しまった」と気づくが，すでに遅い。友だちが新幹線で遊びはじめるのを，じっと見つめる。それを奪い取るようなことはなく，名残惜しそうにじっと眺め，自分の手元にある電車で遊ぶ。友だちが，新幹線を離した瞬間に，また再び手にとって，うれしそうにする。今度は手放さないようにしっかり持って，しばらく遊んでいる。

しばらくすると，近くにあるままごとのセットが気になり取り出す。今度はまな板の上で野菜を切る。手つきよく，人参や卵など切ってはくっつけて，お皿に入れて，筆者に渡す。「はいどうぞ」「ありがとう」そんなやりとりを繰り返す。また別の友だちが一緒にままごとの道具を手に取る。包丁が三つあるので，一つをその友だちに手渡す。友だちも野菜を切りはじめる。切れた野菜をお皿に入れて，渡したり，お茶を入れる真似をしたり，ままごと遊びが始まる。

つぎは，ブロックのおもちゃが気になり，つなげたり，並べたり始める。友だちも同じおもちゃで一緒に並べる。おもちゃを手渡したり，自然に一緒に遊びはじめた。子どもが遊んでいる横で，「午前中にお昼寝をする？」とか，些細な心配事を母親同士で話していたりする。

今度は，トランポリンのほうへ走りだす。お友だちが上手にポンポン飛び跳ねている。ひろたかも真似してジャンプするが，まだう

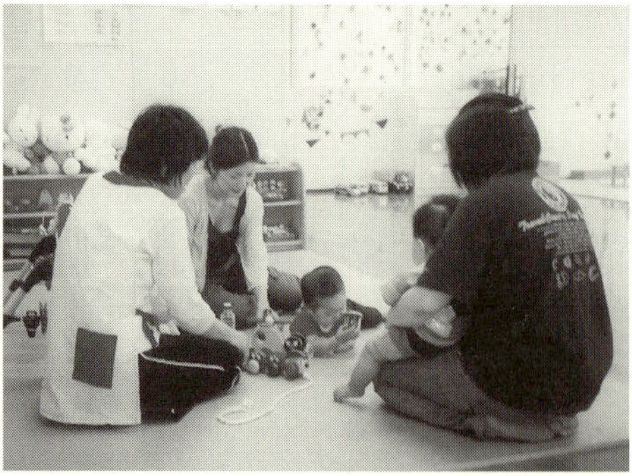

「いたばし0・1・2ひろば」での親子のひととき

まく飛べずにバランスが崩れる。筆者が手でバランスをとりながら，ぴょんぴょんと跳ねる。友だちとリズムが合わず，友だちが下りると，一人になってうれしそうに元気にまた飛び跳ねる。

今度は授乳・食事のコーナーへ走りだす。壁際に座って，「お茶」をせがむ。持参したふかし芋とジュースを取り出す。座ってサツマイモを食べはじめる。2人のお母さんがおっぱいをあげている。そのそばで上の子が走り回ったりしている。ひろたかは，一人でお芋を食べなら，友だちの様子が気になるようだ。友だちもお芋をほしそうに手を出してくる。「それは友だちのだよー」と母親が注意をして，「Kちゃんのはこれ」とせんべいを手渡す。ひろたかはそのせんべいを欲しそうに眺めている。母親同士が，子どもがどんな食べ物が好きかの話をしている。「レトルトのカレーをあげてみたけれど，全然食べない」とか，どこのメーカーがおいしいといったような情報を交換したりしている。

しばらくすると絵本のコーナーでアンパンマンの本を見つける。「アンパンマン」と指差して，うれしそうにこちらを見つめる。ページをめくりながら，「カレーパンマン」「バイバイキン」など指差す。その後も，お馬に乗ったり，家にないめずらしいおもちゃに関心をもったり，ちょこちょこ歩きまわり，遊ぶ。

10時から12時のたった2時間の間に，子どもは親の想像をはるかに超える出来事をつぎつぎと繰り広げる。親はそれを見て楽しんだり，時には叱ったり，そして母親とのおしゃべりを楽しむ。友だちとのぶつかり合いも，社会性の訓練になる。筆者は，日頃子どもを保育園に預けているため，家庭にいる時とは違う新たな息子の言動に気づくことが多い。また，いつも決まった相談員がいるという安心感もあり，「親子を支える場」として「ひろば」は活用されているのである。

子育て支援者養成システム

板橋区子ども家庭支援センターでは，ボランティア交流会，母の力を社会的資源に結びつける活動も行っている。たとえば，子育て支援者養成システムがつくられ，保育園や児童館のボランティアの活動を中心とした3級から，ファミリーサポート援助会員，保育園・児童館等の非常勤職員，育児支援ヘルパー，一時保育者など，給料・報酬を得て子育て・子育ち[3)]支援の仕事をする2級，そして，子育て・子育ち支援事業所や子育て支援・子育ち支援団体のリーダー・責任者，子育て支援団体・NPOなどを起業しようとする人を対象とする1級がある[4)]。

2008年12月現在，3級約340名，2級約450名の登録者がいる。10日間にわたる講義と実習に熱心に参加する主婦たちに多く出会った。こうした数字は，自らの育児経験を生かして社会的な活動をしたい，地域のために役立つ活動をしたいという思いをもった人が確実に増えていることを示している。

しかし現実は，こうした思いをもった人が実際に活動する場がまだまだ限られている。そこで子ども家庭支援センターは，自分の子育て経験を生かして活動したいという人と，現在子育て中で援助をしてもらいたいという人を結びつける役割を担っているのである。また，子育て環境や考え方が時代とともに変化するため，ボランティアや仕事に就いた後も，フォローアップ・バックアップ研修会，交流会や事例検討会などを開き，最新情報を提供し，活動のサポート体制をつくっている。

少子化，核家族化といった家族の変遷，現代社会の変容のため，子育てが難しい時代であるといわれる。そのため地域の中で子育て力をあげたいという目標から，板橋の試みが始まっている。子育て支援を「地域の中で」実践していこうという一つの証といえる。都内でも比較的人口が多い板橋の特徴を生かし，住民の声を取り上げながら，一人ひとりの力を生かしていこうという行政側の努力の姿勢がみられる。

3 「どんぐりのおうち」の事例から考える

民間による「ひろば」事業

板橋区板橋本町の商店街にある「どんぐりのおうち」は，いつでも気軽に遊びに来れる家庭的なふん囲気の空間，地域の親子の交流スペースである。

「どんぐりのおうち」は，東京都と板橋区の支援を受けて，労協センター事業団 NPO 法人ワーカーズコープが運営している子育て支援のための施設としてスタートした。民間による「ひろば」事業の試みである(ちなみにこの法人は，成増に区の空きスペースを利用した子育てひろば事業 C 型の「ひろば」も経営している)。

ここは認可外保育施設であり，保育時間が 1 日 9 時間で 75,000 円，7 時間で 60,000 円，4 時間で 45,000 円という月契約を結べる。そしてそれ以外に，「親子ひろば」がある。利用は月から金曜日の 9 時～16 時で，利用料金は 1 回 200 円になる。乳幼児の一時保育，学童の夜間保育も行う総合的な子育て広場として，2003 年 7 月にオープンした。

「どんぐりのおうち」の子育て支援事業のコンセプト[5)]
①働く親の子育て支援
②親子がともに育ち合う場
③子育ての街づくり，仕事おこし
④世代を超えた交流
⑤元気な子育てを応援する商店街

「親子ひろば」は，「子育てのこと，ちょっと悩んでいます」とか「子どもが遊べて，私も楽しめるところはないでしょうか」といったお父さん，お母さんが気軽に利用でき，みんながホッとできる場所となっている。毎月，お話し会や誕生会，絵画制作，おやつ講座，英語教室，リズム体操，そのほかクリスマス会，ハローウィンパーティー，節分などの

「どんぐりのおうち」のクリスマスパーティ

季節行事などを行っている。乳幼児連れの親子が気軽に楽しめるひろばである。また，子どもを預かる一時保育も行っている。母親が，美容院に行くとか買い物，親だけでの食事会など，ちょっとしたリフレッシュの時間をもつために利用されている。

子育て中の母親が気軽に立ち寄れる場所を

現在，「どんぐりのおうち」には，3名の職員と2名の非常勤職員，それ以外にも高校生，大学生のボランティア，シニアボランティアなど，アルバイトも必要に応じて配置されている。施設長の大木さんの話をもとに，ここでは紹介する。

この事業のねらいは，「いろいろなことに興味，関心をもたせ，親子の触れ合いの場を通じ，子育ての楽しさ，意欲をもたせる」ことにある。きっかけは子育て相談にあった。大木さん自身，専業主婦の経験があり，子育てで悩んだことがあった。そのため子育て中の母親が気軽に立ち寄れる場所になったらいいと思ったということから始まった。とにかく，初めての育児で不安をもっている母親は多い。「親子ひろば」に何回か通ってもらいながら，母親との信頼関係を築き，子育ての悩みの相談にものったりしている。

先日も，母親と小学生の子どもが具合が悪くなったので，「下の子どもを預かってほしい」という依頼が急に入った。また夫が入院して，幼稚園児の上の子どもを連れて母親が付き添うため，0歳の下の子どもを夜10時まで職員2名で預かったりしたこともあった。こうした非常事態の際に駆け込み寺のように頼れる人（場所）が地域にあると心強い。大木さんの「安心して，電話一本で子どもを預けられる場所があったら」という思いが，こうした事業を支えている。

また，どんぐりのおうちは板橋区子育て支援者活動サポートステーションにもなっているため，月１回，子ども家庭支援センターの職員と定期的な会議をもち，地域で子育て支援を行っていくための具体的方法，実践について話し合いを行っている。

広がらない利用

「どんぐりのおうち」の「親子ひろば」は当初，板橋区はつらつ親子ひろば事業として板橋区とパートナーシップを深めながら展開されてきたが，現在は板橋区の補助は受けていない。板橋区とは，子育て支援活動サポートステーション業務，区の産後フィットネス時の託児，区の育児支援ヘルパー業務など，行政から育児支援を委託されているが，財政的にはかなり厳しいのが現状である。また翌2004年3月には利用者総数は1,625人，100世帯を超える登録者となったが，最近は利用者が伸び悩んでいる。

この背景には近年の子育て支援事業の特質とニーズがある。どんぐりのおうちの場合，利用者の減少の一番の理由は，歩いて数分のところに平日から土日祝祭日も開所している認証保育所ができたことにある。この認証保育所は，1時間からの一時保育，クッキング保育，リトミック，幼児教室など，働く母親にとっては魅力的な保育プログラムが実施されている。

このように認証保育所のサービスが豊富になってきている。しかし，それは利用者にとってありがたい面がある一方で，生活感などの大事なものが失われていく傾向があるのではないだろうか。子育ての最中は，いつどんな困ったことが起こるかわからない。その時の必要に応じて，うまくサービスが利用できればよいが，子どもとの相性であったり，自宅付近であるか，必要なタイミングで空きがあるかどうか，サービスがあっても，利用に結びつかないということになりかねない。いつも同じ場所に，同じ顔があって，親子が安心して，困ったときも，そうでないときも気軽に立ち寄れる場を提供する事業は，サービス内容としては曖味な位置づけになってしまい，助成が受けにくくなってしまうという問題点が生じるかもしれないが，必要な事業なのではないだろうか。

働く親の子どもを預かるいわゆる保育園としての役割，仕事をもたない親子の交流の場の提供，緊急時の保育，子育て相談事業など，親の立場にそくして支援を幅広く提供しているのが「どんぐりのおうち」である。子育ての街づくり，世代を越えた交流，元気な子育てを応援する商店街というコンセプトは，認証保育所には欠けている視点である。こういった施設が，認可保育所，認証保育所とともに共存していけることが今後重要ではないだろうか。

註

1）東京都福祉保健局少子社会対策部計画課 「子ども家庭支援センターガイドライン」2005

2）東京都福祉保健局少子社会対策部 「子どもと家庭・女性福祉・母子保健施策概要（平成 20 年度）」2008

3）「子育ち」とは，どちらかというと大人が主導権を握る「子育て」ではなく，子どもの本来もつ力を引き出すのが大人の役割と位置づけるものをいう。

4）「板橋区子育て支援者養成講座テキスト」板橋区児童女性部男女社会参画課子ども家庭支援センター，2006

5）特定非営利活動法人ワーカーズコープ「どんぐりのおうち――総合的な子育て広場を目指して（平成 15 年度版）」2004

第12章
仕事を続けるか，専業主婦になるか
――高学歴女性の出産後の労働状況

白井千晶

1　高学歴・社会進出が少子化の原因か

「男女雇用均等法施行以降の就職世代の女性で，高学歴，子持ち」と聞いたら，どんな生活をイメージするだろうか。保育所やベビーシッターに子どもを預け，スーツを着て走りまわるバリバリのキャリアウーマンだろうか。それとも英語教室や学習塾に子どもを通わせ，お受験の準備に余念がない賢いお母さんだろうか。

これまで，一般的に，未婚化・晩婚化と少子化の大きな原因は「女性の高学歴化」と「女性の社会進出」であるとされてきた。女性が高学歴化して，職業キャリアを追求する傾向が強くなり，それが結婚離れをもたらしたり，退職を余儀なくされる人生上の出来事としての出産を回避するという説である。その説に従って政府の少子化対策が組まれてきたといってよい。男女雇用機会均等法の施行や「総合職」に象徴されるように，女性が高学歴で専門職であるほど（あるいは「やりがい」のある仕事であったり，「男性並み」の給与水準であったりするほど），仕事を続けたいという欲求が強くて少子化が進むのだから，仕事と両立できるようにすれば出生率は上がるだろうとの予測である。

しかし，世間で思い込まれているほど，高学歴・専門職女性は出産・育児より仕事を選んでいないとの主張もある。確かに子どもを産む女性は少なくなっているが，いったん出産すると，専業主婦になりがちだという主張である。女性の年齢別の労働人口割合に特徴的なM字型曲線の底が上がったのは，子どもを産まない女性の効果が大きいのであって，子どもが小さな時も常勤雇用で働き続ける「ワーキング・マム（W・M）」は，一部に過ぎないという。

山田昌弘は，高学歴女性は「よりよい子育て」が「自分らしく生きる」ことに結びついて自己アイデンティティとなり，「よりよい子育て」に追い込まれることを明らかにした[1)]。夫が大卒で職業威信・収入ともに高い専業主婦グループはとくに子どもへの期待が高い。江原由美子は，現代社会の母親たちは「自分の生き方を大切にしたい」と「自分で子育てしたい」というダブルバインドにあると指摘している[2)]。そうした中で「3歳児神話」は，主体的に母親専業を選んだ女性の心理的安定を維持する機能をもっているという。専業主婦は有職者よりも，子どもをもつ者はもたない者よりも，子ども優先規範が強く，未婚化・晩婚化の進む中であえて結婚・出産をした女性は逆に保守的だともいわれている[3)]。女性が高学歴化・専門職化するほど，子どもを産まないか，産んでもキャリアをあきらめないという説は間違っているのだろうか。

2　各種調査にみる出産前後の労働状況

各種調査では，女性の出産前後の労働状況はどうなっているだろうか。知見をまとめると，**表 12.1** のようになる。

①は総務省が毎月約10万人を対象に実施している労働力調査の結果よりまとめたものである。M字型の底が上がってきていることがわかる。就業形態でみると，パート・派遣社員等の非正規雇用で被扶養者の枠内で就労している割合が高い（100万円以下の収入が4割）。

②は国立社会保障・人口問題研究所が5年おきに実施している出生動向基本調査の夫婦調査をまとめたものである。結婚後5年未満で子どもがいて就業する女性は18.6％と2割以下で，うち正規雇用は11.0％しかない。

③は労働政策研究・研修機構（当時，日本労働研究機構）による「女性と仕事に関するアンケート」調査の結果をまとめたものである。結

表 12.1　女性の出産前後の労働状況に関するマクロデータの知見

（　）内は調査年

①労働力調査（2003年）	女性はいわゆる「M字型雇用」だが，時代が進むにつれ全体的に労働力率が上昇，M字のボトムも上昇。就労希望者を含んだ潜在労働力率では，どの年齢階級でも7割を超え，M字型は消失。就業形態別にみると，正社員は半数を下まわり，正社員並みの長時間パート，短時間パート，派遣労働者，契約社員の割合が高い。収入分布で最も割合が高い階級は90～100万円で，100万円以下が4割近くを占める。
②出生動向基本調査（2005年）	結婚後5年未満で就業しながら子育てする妻は2割以下で，出産前に就業を中断する妻が多い。結婚年数が長くなるほど再就業が増える。
③女性の職業・キャリア意識と就業行動に関する研究（1997年）	(1)学校卒業時希望就業パターンと実際のパターンは一致している者が多い。 (2)卒業時就業希望パターンにかかわらず，現在は再就職型が望ましいとする者が多い（専業主婦の就業希望率7割，大卒専業主婦の就業希望は8割）。 (3)女性のライフコース決定要因は，家庭責任についての考え方，仕事のやりがい，仕事の充実度，昇進の希望の有無，働きやすい職場環境等。 (4)正社員の就業を規定しているのは年齢と婚姻状況。 (5)専業主婦の就業希望の有無の要因は，年齢（子の年齢が小さいほど就業希望に負の効果，末子の年齢が高いほど正の効果），本人の学歴（高いほど就業希望に正の効果），夫の収入（夫の収入が高いほど就業希望に負の効果），ローンの有無（ローンがある集団は就業希望が高い）。 (6)大卒女性の就業行動の特徴は，結婚退職よりも出産退職が多く，パート希望者が半数を下まわる（低中学歴者はパート希望者が7～8割）が，希望年収は大卒者も103万円以下希望が9割。大卒専業主婦でパート・派遣希望者の希望時給は770円で最も低く，自らの学歴・技能を評価していない。 (7)無業大卒者の母親は他の学歴よりも実母が結婚退職型3割と高い。
④出産前後の就業変化に関する統計（2004年）（パネルデータ）	第1子出産前1年に仕事をもっていたのは全体の73%。過去有職女性を母数とした時，出産前に離職・出産後1年半後に無職53%，出産後に離職13%と合わせ61%が出産を機に仕事を離れ復職せず。出産前後に離職・復職・再就職13%，仕事継続23%（育児休業者含む）。出産退職が一般的。今後復職・再就職する可能性はあり。第2子以上を出産した者で出産1年前有職女性は26%のみ。有職女性の44%が出産後就労継続，26%は一時離職後復職・再就職。第1子出産が女性の離職につながりがち，その後復職しないケースが多い。就労継続者はその後も継続しがち。出産1年半後に仕事をしていた3つのパターン。 (1)就業継続型：母の年齢，学歴，収入が高めで常勤者の割合が高く，育児休業取得率も高い。保育士を利用している。専門・技術職は8割弱がこれ，9割弱が育児休業を取得。官公庁の割合が高い。 (2)一時離職型：母の年齢が若干低めで出産1年前にパートの割合が高く，常勤であってもパートに変わる割合が高い。 (3)就業開始型：母の年齢が低く，パート等の割合が高い。 出産後1年半後に仕事をしていたこの3パターンは，大都市より郡部のほうが，核家族世帯より3世代世帯のほうが割合が高い。祖父母との同居割合や行き来

	が多い。生後半年の育児は祖父母が，生後1年半は保育士がになう割合が高い。父が育児・家事に参加しがちである。父の収入にかかわらず，母の収入が高ければ仕事を継続しがちである。母の職業別標準化出生率は管理職が最も高い。 出産1年半後に仕事をしていなかった3つのパターン (4)出産前離職型：結婚期間が短めである。第1子の4割。 (5)出産後離職型：常勤割合，育児休業取得率ともに(1)並みであるが少数派。 (6)無職継続型：第2子以上の5割。母の年齢，父の収入が高めで結婚期間が長い。
⑤高学歴女性の労働力率の規定要因に関する研究(2000年)	(1)どの学歴も子どもが小さいほど雇用就業しない傾向。大卒女性は子どもの年齢が上昇してもその効果が持続（専業主婦であり続ける）。この負の効果は学歴にかかわらず近年になるにつれ大きくなっている。 (2)卒業時に就業継続を希望していた者は一般職採用では割合が小さいが，総合職の女性は半数を上まわる。 (3)育児休業，病児看護制度等，育児を支援する企業内制度（ファミリーフレンドリー制度）は就業継続に正の効果。 (4)世帯所得が高いほど雇用就業率は低下する。負の効果は大卒女性でより強い。この効果は年々小さくなる。 (5)結婚による労働供給の負の効果は若い世代ほど大きい。その効果は高卒よりも大卒で大きいが，近年逆転。 (6)夫の所得が妻の供給確率を低下させるダグラス＝有沢の法則は学歴にかかわらず確認されるが，その効果は年々縮小。 (7)大卒時に継続就労等長期的な展望をもっていた者は実際に就業を継続する傾向。その理由として「自己実現」（能力を活かす）をあげる傾向（その他の者たちは再就職の不利益，経済的余裕など状況的）。また初職選択に際して継続就労の可能性に強く影響される。 (8)大卒女性の初職継続期間は，勤続5年を待たずに初職を離職する者が大多数。技能形成されていないのでその後良好な職に就くことが困難。全体的には初職就業前の意識は初職継続期間に影響しない。 (9)無業女性の再就職ニーズは高く（8割），長期的には正社員希望者も多い。
⑥白波瀬佐和子(2005)第2回全国家庭動向調査使用	(1)大企業の離職率は他の企業規模より高い。 (2)企業規模が大きくなるほど育児に際し親族の支援より育児休業・保育所等の制度的支援策を利用する割合が高い。大企業のほうが就労継続者はより選抜的，ファミリーフレンドリーな施策に積極的であるため小規模の企業より女性雇用者が出産を機に離職しがちだが，企業側の子育て支援策は就業継続女性には有効に働く。

婚・妊娠・出産を機に退職し，子の成長にともなって再就職する「再就職型」が大半であること，大卒者はパートでの復帰を望む割合が小さいこと，ライフコースを決める要因は仕事のやりがいや充実度，働きやすい職場環境，仕事と育児に対する考え方であることがわかる。

④は日本で初めて行政が開始したパネル調査「21世紀出生児縦断調

査」（同じ対象者が繰り返し調査される縦断調査で，2001 年 1 月 10 日～17 日の一週間に生まれた子が今後追跡的に調査されていく）と，それ以前に実施された人口動態職業・産業別統計（2000 年度出生票）とをつないで集計した「出生前後の就業変化に関する統計」である。子どもが生まれる前から，子どもが生まれて 1 年半後までの，時系列的な変化をたどることができる。ここからわかるのは，出産を機に離職して復帰していない者が 61 ％に達することである。就労を継続しているのは官公庁や学歴・年収の高い常勤の企業労働者など育児休業を取得しやすい一部の者に限られている。

⑤は労働政策研究・研修機構（当時，日本労働研究機構）が 1998 年に実施した調査で，4 年生大学を卒業した 22～40 歳以上の 5,000 人の女性が対象である。子どもが小さい時は就業せず，成長すると就業再開する傾向が同様に見られるが，大卒女性は仕事に復帰しない割合が高く，専業主婦であり続けることが指摘された。また民間大企業の正社員であった女性，夫の年収が高い女性は専業主婦である割合が高い（ダグラス＝有沢の法則）。

⑥は国立社会保障・人口問題研究所が実施している全国家庭動向調査を使用して白波瀬佐和子が分析したもので，先に述べた結果と同様，大企業に勤める女性は離職率が高いが，企業の子育て支援策が有効に働いてもいて，再就職しない女性と就業を継続する女性に二極化されることを示した。

この結果を大きくまとめると，第 1 子の出産を機に退職する女性の割合が高く，子どもが 1 歳時点では復職していないケースが多い。復職するのはある程度年数がたってからである。しかし学歴が高いほど復職しないで専業主婦であり続ける傾向が高い，ということになる。また，大企業・正社員であった女性ほど再就職しない割合が高い。実態は一般的なイメージとは異なっているのではないだろうか。

こうしてみると，少子化の原因は女性の高学歴化と社会進出だから保育所をつくれば女性は産むという仮説は正しくないといえそうだ。高学歴女性は，学歴という時間的・経済的資本が投入され，仕事にもやりがいがあり，収入や地位が確保されがちだから，労働市場で手に入れた地位を手放したがらないはずだと予想するだろう。しかし実際には，高学歴女性のほうが専業主婦になりがちで労働市場に戻らず，「M字型」の第二の山がほとんどない。

その理由は3点ある。一つは女性労働力が周縁化しているために，復帰しても以前と同じような労働形態・地位・収入は手に入れられず，高学歴女性ほどそのギャップが大きくて「見合わない」ことだ。二つ目は，現代社会でも同類婚が大勢を占めているから，高学歴女性は高学歴男性と結婚しがちであり，そのため世帯収入が高いために，働く必要がない（ダグラス＝有沢の法則）ということだ。三つ目は，女性は自らの資本を子どもへの投資（教育）に費やす[4]ということである。

3　三つの仮説

それでは，どのような時に，女性は出産後も仕事を続けるのだろうか。

仮説1　状況依存モデル

女性が出産後も仕事をするかどうかは，その時の状況に依存する。つまり，続けられる状況なら仕事を続け，続けられなければ退職する。育児支援，家庭環境，仕事と育児の両立可能性等の環境に依存する。逆にいえば，仕事と育児の両立ができなければ退職し，専業主婦になるか労働時間の短いパート労働に就く。具体的には，親から子育て支援を受けられたり，公務員や大企業正規雇用者で育児支援制度を利用しやすかったり，夫の就労時間が短いなど夫が家事育児に参加したり，子どもの数が少ない，などの場合に，女性は出産後も仕事を続ける[5]。状況依存モデルには，経済状況依存性も含まれる。つまり，仕事を続けなければならない状況であれば，仕事を続ける。夫の収入が低い・不安定就労である場合は仕事を継続しがちだろう。

仮説2　先行指向一貫モデル

高学歴女性が出産後も仕事をするかどうかは，もともと思い描いていたライフプランによる。先行する時点の指向性に沿ってライフコースを構築する，内面化した役割モデル（家庭・育児に対する態度や価値観，生まれ育った家庭環境，性役割に関する意識や規範）に沿って職業キャリアを構築する。たとえば子どもが小さいうちは家庭を優先すべきだと考えていたほど，再就職しないなど。

仮説 3　機会損失モデル

高学歴女性が出産後も仕事をするかどうかは，機会損失に規定される。離職による損失が大きいほど（機会費用が大きいほど）仕事を継続する。たとえば，管理職・専門職，高学歴，やりがいを感じている，職業・職場・収入に対する満足度が高い，昇進の可能性があるなど，「もったいなくて辞められない」場合に仕事を継続する。離職した場合は，以前の職に見合う職に再就職しやすいほど，資本投下が回収しやすいほど（投じたコストが取り戻せるほど），再就職が促進される。「見合わない」ほど，子どもの教育に資本を投資する。この機会損失モデルは，出産回避（出産しない，出産を先送りする，子どもの数を予定より減らすこと）を説明する少子化分析でも言及されている。コスト・アンド・ベネフィットにより就業行動や出産が規定されるという合理的選択を想定したモデルである。

4　パネル調査からみた出産と仕事

大卒生のパネル調査からみた出産前後の就業動向

筆者が参加した「からだ・こころ・つながりの発達」研究プロジェクト（代表・正岡寛司）では，都内の某大学男女を卒業直前から卒業後約10 年間追跡調査した（1990〜2002 年に 5 回の調査と数回の特別調査を実施，第 1 回調査の対象者は 1500 人あまり）。ここでは，この調査の中からすべての調査に回答し 30 代半ばの回答時点で子どもをもっていた女性 94 人について，どのような条件・環境だと出産後に仕事を継続・再開し，どのような条件・環境だと仕事を辞めがちであるのか，さまざまな角度から検討してみよう。

まず回答者の全体像を概観しよう。大学卒業後 9〜11 年が経過して30 代半ばになった時点で，対象女性の 4 人に 3 人が結婚し，2 人に 1 人が子どもをもった。4 人に 1 人は結婚していなかったが，そのうちの 7 割強は結婚の意志があった。また子どもがいない者で将来子どもをもつ予定があると答えたのは 8 割弱にのぼり，有配偶者も無配偶者も共に子をもつ意志が高い（有配偶者 88 %，無配偶者 74 %）ことがわかる。

第 1 子をもった時期についてみると，卒業から第 1 子が生まれるまでは，平均 6 年 8 カ月。最も早い人で卒業から 6 カ月，最も遅い人で 11 年 7 カ月（ただし調査以降に第 1 子が生まれる可能性はある）。卒業して 4 年未満で第 1 子をもった者は 1 割に過ぎず，4 年以上 7 年未満が 5 割弱，7 年以上が 4 割強だった。就職から結婚までの期間が長期化しているが，結婚してから出産するまでも長期化していることがわかる。

出産前後の仕事の状況については，「出産前からの仕事を続けた」が 4 割弱，「出産をきっかけに仕事を辞めた」が 3 割強で，「当時仕事に就いていなかった」は 3 割弱にとどまっていた。そのほかに転職した者が 4 %あった。そして，第 1 子出産時に仕事を継続した者の 8 割が 30 代半ばでも就業しており，第 1 子出産時に無職だった者の 9 割は 30 代半ばでも就業していない。つまり，出産時に一時的に仕事を辞めるのではなく，出産前後も仕事を継続するか，出産後しばらくしても復職しないかの大きく二つに分かれることがわかる。

また「フルタイム勤務」が 35 %，「パート勤務」が 13 %，「無職」が 52 %だった[6]。先ほどみたように，出産をきっかけに仕事を辞めた者と仕事に就いていなかった者の合計が 6 割程度で，仕事を継続した者が 4 割弱であったから，働き方でみても変わらず，まったく働かないかフルタイム勤務をするかに大きく二分しているようである。就業者の 65 %を民間企業・公務員の常勤者が占めていた。

それでは，出産後に働くか働かないかということには，どのような要因があるのだろうか。

「続けられる状況」「続けなければならない状況」だと仕事を続ける（仮説 1）

仮説 1 は，「家庭の状況的に，仕事を続けられる人は続けて，続けられない人は辞める」「続けなければならない人は続けて，辞めてもいい人は辞める」という，状況依存説である。

実際にデータをみると，夫の年収や勤め先により女性の出産後の就労状況に違いがあることがわかる。夫の年収が 599 万円以下だと 5 割以上がフルタイムだが，所得階級が上がるにつれ，無職割合が増える。夫年収の最頻値 600～799 万円では 69 %が無職である。だが「経済的な理由で働かなければならない」のかは疑問だ。対象者の夫の多くは大卒だが，厚生労働省の賃金構造基本統計調査（調査当時：2004 年）によれば，大卒男性 35～39 歳の平均年収は 559 万円（ボーナス・税込み）。これを考えると，本対象者たちは特別「働かなければならない」ほど経済的に困窮しているわけではないし，必要な消費のために「夫＋妻」の所得が一定になるよう調節しているわけでもない。

夫の年収が 1,000～1,199 万円（全体の 11 %）では妻がフルタイム勤務をしている者は 60 %におよぶので，夫の収入が 600～799 万円の所得階層の無職 69 %が特徴的だ。いわゆる職業的地位が高い男性と結婚した人ほど働かないわけではなく，収入が高いほど妻は働かない（働く必要がない）という「ダグラス＝有沢の法則」のように単純ではないようだ。ローンの有無や暮らし向きによる違いはなかった。

ならば，経済的に「働かなくてはならない」からではなくて，就業環境や家庭環境の点で「働き続けやすい」者だけが働くのだろうか。

一般に官公庁や規模の大きな企業は育児支援制度が整備されているといわれる。実際，30 代半ばでフルタイムである者の 58 %が 1,000 人以上の企業・団体か官公庁に勤めていた（かつ 39 %が教育業と医療福祉業の 2 業種に偏り，42 %が専門技術職）。つまり，30 代半ばでフルタイムで働いているかどうかは制度的に選別された面があるといえるだろう。性別や子の有無を問わない本データ全体の半数以上は 2 回以上の就職を経験しているが，この子持ちフルタイム女性は 63 %が同じところで働き続けている。

それでは，仕事と育児の両立ができる家庭環境があるほど働くのだろうか。まず夫の状況をみてみよう。

配偶者の学歴は 95 %が大卒・大学院卒で，76 %が民間企業・団体の常勤者，44 %が専門技術職である。職種による違いはほとんどないが，夫が民間企業・団体の常勤者だと無職者の割合が高く（無職 56 %，フルタイム 29 %），夫が常勤公務員だとフルタイム率が高い（無職 27 %，フルタイム 55 %）。夫が民間企業・団体だと「妻は働き続けにくい」のだろうか。

夫の家事・育児の分担度によって差があるのかをみると，縦断的にみても，横断的にみても（つまり家事・育児の参加度が高いとその後の妻の就業率が高いか，現在の参加度と妻の就業率に関連があるか)，大きな違いはみられなかった。これはどういうことかというと，「家事参加度が高い夫」自体がほとんど存在しなかったからだ。妻の就労状態がどうであっても，炊事，掃除，洗濯，子どもの世話などは概してほとんど妻で，唯一夫の参加度が上がっているのは，風呂掃除や子どもの入浴ぐらいである。共働きであるためやや家事育児を分担している生活スタイルを形成しているといえるものの，家事育児参加度が高いから就労を継続できるというほどでもなさそうである。

それでは，親の援助があれば就労継続しがちなのだろうか。昨今，パラサイトするシングルという概念が注目を浴びている，パラサイトするのはシングルばかりではないかもしれない（次章で詳しく検討する)。親に子を預けて就労したり，親に保育園の送迎を頼んだり，集団保育ができない病時に親を呼んだりと，夫ではなく親を当てにしないと就労が成立しない状況が見受けられる。2007 年の労働力調査では，核家族世帯で妻が就業しているのは 32.7 %に対し，三世代世帯では 45.9 %と高く，就業希望者は核家族世帯の妻 18.9 %に対し，三世代世帯では 24.2 %と高くなっていた。親と同居していることは，妻の働きやすさと関連しているようである。

データの結果は意外にも，親の援助，とくに実母の援助が期待できる状況にあるかどうか（近居，無職など）と就労パターンには差は認められなかった。また出産時の親の援助状況や，経済的・非経済的（サービスの）援助による差も認められなかった。どうやら，親の援助が期待できる恵まれた人が仕事を継続できるというわけではなさそうだし，就労を継続するために親の援助を得やすい環境をつくる（たとえば転居等）わけでもなさそうである。ただし，30 代半ばで親と同居していた少数派（1 割）は 30 代半ばで出産後に仕事を始めた者の割合が若干高く，またフルタイムを継続しやすい傾向はみられ，親が 10 分以内の場所に居住している者は就労率が高い（パート 29 %，フルタイム 43 %)。したがって，親の援助の得やすさは，就労の継続よりは再就職により影響を与えがちであるといえるだろう。

描いていたライフコースを歩む（仮説 2）

仮説 2 は「初志貫徹」「自分が思い描いていたコースに沿う」というものである。就職，結婚，出産する前から，「子どもが小さい時も仕事をする」気持ちがあった女性は，そのようなライフコースを描くのであろうか。

大学生時の調査で，共働きの意志について尋ねていたが，「共働きする」と答えたのは 59 %と過半だったが，「子どもが小さい時も共働きする」は少数派であった（6 %）。職業生活の継続について尋ねた質問でも，「定年まで働き続けるつもり」は 7 %と少数派で，「働き続けるが途中働かない時期があるかもしれない」が 6 割であり，継続的に仕事を続けようという者は，男女雇用均等法以降の世代であっても少数であった。

では，彼女たちが 30 代半ばになって実際にどうなったかというと，子どもが小さい時は共働きしないと答えた者は，明確な意志がなかった者にくらべると，出産を機に仕事を辞める傾向にある（第 1 子出産時に仕事を継続した者は 22 %のみ，出産退職 44 %，出産前に退職 34 %）。また大学卒業前の調査で，職業生活引退希望年齢として 30 歳以前の年齢をあげた者は 30 歳半ばで実際に 74 %が無職であり，逆に 50 歳以上をあげた者の 62 %はフルタイム就労で，以前にもっていたイメージと重なる。つまり出産前にもっていたライフイメージはその後の就業に影響を与えるという傾向がみられる。

では，少し角度を変えて，職場への定着性という点からみてみよう。卒業前に 5 年後も同じ勤務先で働くと答えた者は 30 代半ばでフルタイム率が高いが（56 %），継続勤務・転職・就学などの意思がなく「そのほかのことをしている」と答えた者は就業を継続しない傾向にある（出産退職が約半数。30 代半ばに無職 8 割）。興味深いことにこうした違いがみられるのは 1 年後，20 年後というタイムスパンではなく，5 年後というタイムスパンであった。5 年後に働いていると答えた少数派は実際に出産前後に就業している確率が高いけれども，明確な意志がない場合は，その他の要因によって継続の有無が規定されるといったところだろう。また，転職回数が多いほど 30 代半ばに無職である割合が高くなり，就職経験が 1 回しかない者は 30 代半ばの就業率が高いという結果もあり，出産前後に就労している者は，そこにいたる道のりも「定着性」が高い者たちであるといえる。

以前からもっている職業に対する志向性も影響していることがわかった。職業に就くことの意味を「生きがい」に求めたり，職業生活で「やりがい」を重視するいわゆる「やりがい派」なのか，職業に就くことの意味を「収入」の手段においたり，職業生活で「職場の雰囲気や人間関係」を重視したり，「家庭」志向の高い，ある意味仕事に生きがいや中心性を求めない「バランス派」なのかということが，その後の就業と関連していた。職業に就く意味を尋ねた質問では，「生きがい」と「収入を得る手段」に二分されていた。「収入を得る手段」と回答した者は，出産退職したり出産時にすでに退職している割合が高く，「生きがい」と答えた者は出産時にその仕事を継続したり30代半ばにフルタイムで働いている割合が高い（たとえば卒業2年目に「やりがい」と回答した者の6割が30代半ばで就労し，「収入を得る手段」と答えた9割弱が無職である）。

職業生活で重視するものが「仕事のやりがい」と答えた者は，「雰囲気・人間関係派」よりも就労を継続する傾向にある（後者は7割が出産前後に退職した）。職業生活を含むライフコースのビジョンは，「仕事のやりがい派」と「仕事とその他のバランス派」に分けられるようである。本調査では，「スペシャリスト志向か管理職志向か」，「専門知識を活かしたいか」，「管理職になれそうか」も尋ねているが，この「やりがい派」は従来いわれているような「キャリア志向」，つまり上昇・出世志向や高い・中心的な職業的地位に就いていることとは少々異なるようである。

また，30歳前後の状況は30代半ばまで継続しやすい傾向がみられた。30歳前後で無職だった者の75％は30代半ばでも無職であったし（パートを開始23％），30歳前後に就業していた者の60％は出産時に就労を継続し，57％は30代半ばにフルタイムで働いていた。30歳前後にはじつに73％が専門技術職であり，教育業と医療福祉業が2割ずつを占めていた。この時点で民間企業・団体の常勤者，常勤公務員であった者は8割が出産時も継続し，フルタイムを続けている。つまり，職業の志向性と職業選択は相互連関しており，かつ仕事によって制度的に就労継続できるかどうかが分かれるといえそうである。

それでは，この志向性に「育った環境」つまり定位家族の状況は関係しているのだろうか。価値観やライフスタイルの世代継承性という点からみれば，働く母親をみて育った女性ほど，自分も当たり前のように共働きするということになるが，結果は逆であった。

このデータの回答者は親の地位（学歴・従業上の地位）が高い者が多かったが，母親が役員，上層ホワイトカラー，パート勤務だと，対象者が30代半ば時に無職である割合が非常に高く（順に100％，80％，67％），母親の職業的地位が高かった者ほど専業主婦率が高いことになる。よくいわれるように，「母が働いていて鍵っ子だったので，自分は寂しい思いをさせたくない」という母親志向の隔世型継承なのだろうか。それとも母親の職業的地位が高くて娘が高い地位を達成したために就労する必要がないのだろうか。

つぎにあげるのは，大学生時の調査で「最も関心のあるもの」を「幸せな家庭」と答え，30歳前後の調査では結婚退職しており，同じく「幸せな家庭」を関心事にあげていた者の30代の時の記述である。

「社会人，結婚，主婦業，出産そして子育て。めまぐるしく生活が変化しました。30歳で出産し，毎日育児に追われています。日々成長する子どもを楽しく見ています。子どもは私にとって一番密着度の高い仲間です。私の人生で他人とこんなにも寄りそっている時は他にありません。心強くもあり，時にはめんどうにも思います。でも，後にも先にも子どもが小さいのは今だけと思うと楽しむ気持ちが強くなります。私にとって30代は，子育て＋自分育ての時になりそうです」

専業主婦で子育てしていることに対し，大きな充実感を感じていることをうかがわせる。いわば予定のライフコース・理想のライフコースどおりに育児中心の生活を送っているわけであるが，そこには「30代」というライフステージの特別な位置づけがあることがわかる。周囲からみれば，「大学まで出てどうしてすっぱり仕事を辞めてしまうのか」と思われるかもしれないが，そこには「今だけ」という割り切りがある。つぎの記述では，ライフコースのプランや志向性は，「初志貫徹」ではなく，変化することもあることがわかる。

> 「就職活動をしていた大学 4 年生の時は，『結婚しても働き続ける』と強く思っていた。だが社会に出ると現実は厳しいし，『結婚して家事，育児に専念するのもいいなぁ』と思うようになった。現在，専業主婦だが，念願の子宝にも恵まれ，育児を楽しんでいる」（無職）

「辞めるに惜しい」から仕事を続ける（仮説 3）

最後に，三つ目の仮説についてみてみよう。30 代半ばで働いている女性の職務の特徴は，「人との接触が必要」，「自律性が高い」，「多種技能が必要」，「他人への生活の影響度が高い」，「評価のフィードバック度が高い」，「自分の適正に合っている」，「責任ある業務を任されている」，「自分の考えを活かせる」，「他人の補助や繰り返しが多い仕事ではない」，「能力が発揮できている」，「昇進につながる可能性がある」，「やりがいがある」といった回答に偏っており，自己有能感も高い。パートでも 9 割が専門職と回答し，「昇進の可能性」以外かなり高い割合で上記に当てはまると答えている。大学院修了者も，部下をもった者も就業を続ける割合が高く「やめるに惜しい」から続けていることが推測される。

それでは，高収入であると「辞めるに惜しい」仕事なのだろうか。30 代半ばでフルタイムの者の収入をみると，最も多いのは 200〜399 万円（38 %）であるが，400〜599 万円が 31 %，600〜799 万円が 16 %，800〜999 万円が 13 %で，30 代半ばの大卒・民間企業常勤職女性と比較すると高額である割合が高い。パートは 85 %が前年度収入なしか 129 万円以下だった。総じて収入は高いが，必ずしも高い層ばかりではないし，高いから続けるばかりでもなさそうである。

また，フルタイムの者は，30 代半ば時点で将来の就業意志についてたずねると，「働き続けるつもり」と答えたのは 3 人に 1 人にとどまり，「働き続けるつもりはない」，「わからない」が 3 分の 1 ずつを占める。また，休日制度，給与，労働時間に対する満足度があまり高いといえないのが特徴的である。ただし役割ストレーン（担っている役割に対して感じているストレス）はフルタイムより無職のほうが「ある」と答え，家族の無理解，家庭での負担は，フルタイムよりも無職の者のほうが高いストレーンを示していた。

以上をみると，確かにある特定の人びとが働き続ける傾向にあるし，機会費用が高い（その仕事を辞めることによって，継続していれば入手できた収入を失う金額が大きい）ほど継続しがちであるとはいえそうだ。

先の仮説と関連するが，働き続けることが制度的に想定されているコースと，そうでないコースがあるようだ。卒業1年目には本データの72％が専門職・管理職ではない事務職・販売職などのホワイトカラーであったが，彼女らは就労を継続しがちだった（出産時に仕事を継続41％，30代半ばでフルタイム35％）。一方，卒業1年目に専門職・管理職などの上級ホワイトカラーだった一部の者（13％）はそうではない（30代半ばでフルタイムの者は1人もなく，無職63％，パート38％・ただし専門職）。

30代半ばで働いている者は，4割が専門技術職で，事務職の割合は33％である。時系列的に分析すると，卒業1年目・2年目の早い段階で専門技術職であった者が「抜け落ち」ずに就労し続ける部分と，卒業2年目以降に他の職種から専門技術職に移行して就労し続ける部分があることがわかった。いずれにしても，就労の継続には，制度的な選抜があるといえるだろう。

収入が高い，再就職が難しい，一般技能より企業内技能が高い，役職についている，恵まれた職場であるなど制度的にみて「辞めるに惜しい」仕事，やりがいがある，気に入っているなど主観的に「辞めるに惜しい」仕事だと歯を食いしばって就労継続しがちだといえるだろう。反対に，離職した女性の「辞めるに惜しかった」という心境も調査票に綴られていた。

5　割り切れない女性たち

階層論的にみれば，大学・大学院を卒業した高学歴女性が結婚・出産後に専業主婦になることは，合理的に説明されるものだという。つまり，獲得した高学歴（あるいは親が教育投資した結果の高学歴だったり，親が高階層である結果の高学歴）は，社会的地位が高い夫と結婚することによって資本回収できたことになる。また，高学歴女性が子どもに高教育を受けさせることで，階層の再生産がなされる。

しかし，専業主婦で子どもの成長や教育に専従している女性の実感としては，学歴は自身の資本にならなかった，役に立たなかったというものだろう。

「正直なところ，大学で得た知識や技術が，現在の自分の生活に直接役立っているとは思えない。もっとしっかり勉強して，専門の職業に就けば，違った人生を歩めたのでは……と考えることがある。ただ，結婚，出産，育児，そして家庭というものを大切にしたい気持は変わらないので，これから，じっくりと考えたい。」（無職）

「自分の希望の会社に就職できたので，結婚するまでの会社生活は本当に楽しかった。この大学に入れたおかげで就職も上手くいったと思う。どこかで自分は「運がいい恵まれた人生を歩んでいる」と思っていたが，結婚すれば結局，女がすることは同じ。炊事，洗濯，掃除，出産，子育て……。今はそのまっただ中におり，日々，自分とは何なのか，虚しい孤独と戦っている。結婚をして，子育てをして，つくづく女の人生というのも，たいへんだと感じている。正直いって，結婚せずに，あのまま，仕事をしていたほうが少なくとも 30 代に関していえば楽しかったのだろうと思う。ただ 20 代後半で結婚，第 1 子妊娠，出産，家の購入，第 2 子妊娠と，30 代のはじめに女として今しかできないことをやっているという自負もある。しかし，それにしても子育てに終わりはなく，私の 30 代はきっと，たぶん，「子育て」で終わるだろう。そう考えると，なぜか空虚な気持ちになったりするのも事実である」（無職）

「高い学歴を得たのに」という割り切れない思いが苦しくさせているようである。

さて，本章では三つの仮説を検討したが，そのどれもが部分的に当てはまっていた。高学歴女性は，就労を続けるにしても続けないにしても，「女性」であることと，「高学歴」であることの齟齬を感じつつ，「わたし」を探しているといえるのではないだろうか。それは，絶対的には幸せであっても，「高学歴」の「女性」として，相対的に幸せといえるかどうかを自問自答することでもあるといえるだろう。

「希望を抱いて大学へ入学し，さまざまな体験の中で大学院入学の選択をしました。現在も，研究生活の延長線上にありながら，子育て中心の生活をしています。大学時代に思い描いていた生活に近くもあり，何か心が満たされない生活でもあり，『本当の自分』探しをいまだに続けているといえます」（有職）

このようにみてくると，女性の高学歴化と「社会進出」によって少子化が進んでいる，仕事と育児を両立できるようにすれば，出生率は上がるという少子化対策のピントがずれていたことがわかるだろう。人が出産や仕事を選択する際には，もっと多様なメカニズムが働いているからである。本章でみたメカニズムは「私らしさ」のため，仕事と育児の両立を青年期から志向していたり，育児による仕事の中断を志向している，今の日本では辞めたら二度と同じ職業地位には戻れないから育児をしても仕事にしがみつく（しがみつくために産まないという選択もありうる），夫や親の支援が得られるから，職場に育児支援制度が整っているから，仕事にやりがいがあるから……などである。このように多様だからこそ，仕事の継続に焦点を当てた育児休業と保育所整備の二本立てにとどまる少子化対策ではなく，就労の有無を問わない多様な育児支援が必要とされるのである。

註

1）山田昌弘「『よりよい子育て』に追い込まれる母親たち」，目黒依子・矢澤澄子編『少子化時代のジェンダーと母親意識』新曜社，2000

2）江原由美子「母親たちのダブル・バインド」，目黒依子・矢澤澄子編『少子化時代のジェンダーと母親意識』新曜社，2000

3）白波瀬佐和子『少子高齢社会のみえない格差』東京大学出版会，2005

4）同上

5）これについては因果関係・時間的前後関係が逆であるとの批判，つまり家事育児分担をしているから妻が就労できるのではなく，妻が就労しているから家事育児分担せざるをえないという見方もできる。一方で，マクロデータ（国民生活時間調査等）でも，男性の家事育児参加度は妻が就労していてもいなくてもあまり変わらない（ほとんどしていない）という結果が出ている。

6）週労働時間30時間以上をフルタイム，1～29時間をパートとした。ちなみに「パートタイム労働者」の定義は主に四つに分けられる。(1) 一般労働者よりも労働時間が短い者（厚生労働省実施統計定義），(2) 事業所でパートと呼ばれている労働者，呼称パート（総務省統計定義），(3) 週間就業時間35時間未満（総務省労働力調査），(4) 同一事業所内で通常の労働者より所定労働時間が短い者（パート労働法）。また，これらに嘱託等を加える場合もある。当然のことながら「パート」の定義によって労働者におけるパートタイム労働者比率は異なり，14～28％（2003年）である。労働力調査特別調査（2001年）によれば，雇用者である夫をもつ有配偶25～34歳女性の48％が仕事をしており，仕事をしていないが就業希望である者2割，非希望者3割であった。35～44歳では労働力比率は6割，無職就業希望者2割弱，無職就業非希望者2割強であった。夫も妻も雇用者である場合，妻の労働時間14時間以下2割弱，15～34時間3割強，35時間以上5割（25～34歳），35～44歳では同2割弱，4割，4割強であった。

本データの最後の調査時点では「民間企業・団体の常勤者」「常勤の公務員」の週労働時間は30～50時間で，就業者の一部は常勤の時短取得者であることが予想された。「自営業家族従業員」は1～80時間，「派遣社員・契約社員」は1～20時間，「臨時・パート・内職」は1～40時間でフルタイム・パートもいた。これらから雇用形態ではなく，労働時間で分類した。

パートの者は前年度の年収129万円以下が半数であるが，前年度無収入が33％，400万円以上が17％あった。フルタイムの者は200～399万円が36％，400～599万円が32％，600万円以上が46％，前年度無収入が3％だった。総じていえばパートにはいわゆる「働き控え」もあってかフルタイムより年収は低いが，労働時間も年収も高いパートもあれば，労働時間も年収も高くないフルタイムも存在してはいる。

7）ただし，総合職採用だった者の3人に1人は30代半ばでも就労しており（出産時継続44％，30代半ばでフルタイム47％），一般職採用，区別なしは退職率が高い（出産退職65％，30代半ばで無職67％）。「大卒者の採用状況及び総合職女性の就業実態調査」（財団法人21世紀職業財団，2000年）でも，女性総合職採用のおおむね半数以上が就労継続しているという。これは，「やりがい派」ということと，子育て支援制度が充実している大企業という環境要因が関連しているだろう。

謝　辞

本章のデータは「からだ・こころ・つながりの発達」研究プロジェクト（代表・正岡寛司）によって構築され，ライフコースアーカイブ研究所（代表・嶋﨑尚子）の許可を得て使用した。調査にご協力くださった皆さま，関係者の皆さまに深く感謝いたします。

第13章
子持ち女性も「パラサイト」しているのか
――それとも相互依存か契約か

白井千晶

1 パラサイト論

パラサイトシングルとは

「パラサイトシングル」という言葉が日本でセンセーショナルに登場したのは1999年のことであった[1]。パラサイトシングルとは当初，親元にとどまる未婚成人子で，経済的にも家事労働でも親に依存し，自由気ままな生活を送って結婚しないリッチな者たちのことを意味していた[2]。

そもそもパラサイトシングルは，若年層における結婚市場のミスマッチによって，未婚化・晩婚化が進行したからだとされる。つまり，現代日本では同類婚または男性のほうが高学歴という組み合わせの割合が高いから，高学歴女性と低学歴男性は結婚相手を見つけにくい。さらに，高学歴で収入の高い女性は結婚・出産によって離職すると生活が低下するから結婚が促進されず，低学歴で収入の低い男性は一人暮らしや定位家族の元で暮らすことはできても，生殖家族を扶養するゆとりがない。また山田昌弘は「子どものためならなんでもする親」，「子どものためイデオロギー」に着目し[3]，これをパラサイトシングルの成立要件とした。

パラサイトシングルの実態

「パラサイトシングル」論では親子の情緒的な関係が特徴であるとさ

れた。また後にパラサイトできる層とできない層があるという階層性が発見された。

国立社会保障・人口問題研究所の「世帯内単身者に関する実態調査」(2001) によれば，18 歳以上で大学生を除く単身者がいる世帯をみると，豊かな所得階層に偏っておらず，約 8 割が持ち家で，自室をもつ者が 9 割だった。世帯内単身者の性比は半々で，全体の 6 割は 20 歳代，2 割が 30 歳代だった。また高学歴者に偏っているわけではない。一方，就労状況は平均的な姿とは異なっていて，高卒者，専門専修学校卒業者，短大高専卒者では 25 %がパート・アルバイト・嘱託・派遣だった（大卒者はフルタイム割合が高く 75 %)。中卒者の 3 割弱が無職，それ以上の学歴の 1 割が無職だった。経済的な状況をみると，7 割の者が月に約 3 万円を家計に入れており，個人所得による差はあまりなく，むしろ世帯所得が低いほうが金額が多く，世帯が未婚子によって経済的恩恵を受けているようであった。家事援助は，休日には女性 7 割，男性 3 割が家事をしているが，有職者は平日には家事をまったくしない傾向にある (男性 7 割，女性 4 割)。また，外食，趣味娯楽，旅行などは積極的であった。

白波瀬佐和子は，成人子を受け入れる親の状況，つまり経済状況，親の年齢によって未婚成人子の立場が変化することを明らかにしている[4)]。また，SSM 調査（日本社会学会が 10 年ごとに実施している「社会階層と社会移動」全国調査）データを用いて未婚者の分析をし，男女ともに低所得層と高所得層で未婚割合が高いこと，高学歴層で未婚割合が高いものの低学歴層も未婚率が上昇しており，「結婚にあぶれる」恵まれない階層の男性未婚割合の上昇，「結婚を踏みとどまる」リッチな層の女性未婚割合の上昇という説は部分的にしか支持されないことを示した[5)]。さらに，家庭動向調査の分析から，親と同居する成人未婚子は，親の所得によって立場が異なる（親世帯の収入が高ければ経済的貢献が小さく，収入が低ければ経済的貢献が大きい）ことを示し，「パラサイトシングル」論はイメージ先行であると述べた[6)]。子への支援（未婚子への支援，別居親から既婚子への支援ともに）は，子の性別，年齢，子どもとの距離，世帯の経済的状況によって異なり，パラサイトシングル論が根拠にする「子ども優先規範」という親の属性よりも，子の属性に依存することを示している。

これらからいえることは，パラサイトシングルは二極化していること，その二極は本人や親の属性（経済状況等）の二極性によることである。

2　パラサイトペアレントの実態

では，パラサイトしているのはシングルだけなのだろうか。子育て世代も親に「パラサイト」しているのではないだろうか。とくに仕事をしている女性は，保育所不足もあって，子どもの世話を親頼みにしたり，保育所の送迎や引き取り後の世話を親にまかせたり，病児の保育など緊急時に親を頼ったりして，配偶者ではなく親がいなければ仕事ができない状況にある者も少なくない。有職女性ではなくても，平成不況の中，子育てを終えた元気な親世代への経済的依存がみられる。

現役祖父母世代は，高度経済成長で安定的に経済的地位を築いている上に，少子化で孫の数が少ない。現代っ子には子ども服，玩具，早期教育，旅行など，消費やレジャーに「財布が六つある」といわれたりしている。彼らの特徴は，親との同居にかかわらず支援を受けているので，具体的な「パラサイトぶり」が表面化しにくいということだろう。

しかし，たとえパラサイトしていたとして，「親に頼る」ことは以前からあったとみることもできる。資本・相続を核にした親子関係では長期的な相互扶助関係がみられたし，相続がない場合でも，子への投資は自らの老後への投資でもあるという，暗黙のインフォーマルな契約関係が成立していたとみることができる。

厚生労働省の「出産前後の就業変化に関する統計」（2004）によれば，子の出生１年半後の居住形態は，全体の 75 ％が核家族世帯，22 ％が三世代世帯等であったが，大都市では核家族世帯が 85 ％，郡部では 61 ％（４割が三世代世帯等）と地域の差が大きかった。妻が就業継続型では三世代世帯が３割を超え，出産前離職型，無職継続型では８割強が核家族世帯だった。

生後半年では子の保育担当者は就業継続型，一時離職型，就業開始型などで「父母と保育士」よりも「父母と祖父母」のほうが割合が高いが，生後１年半では「父母と保育士」のほうが上まわり，子が小さいほど保育園に入所させずに祖父母の支援を受ける・期待することがわかる。とくに郡部や三世代世帯では，平日日中を保育士にまかせる者と祖母に預ける者が同じくらいの割合になる。就業継続型など出産前後に仕事をしている者は，無職継続型など仕事をしていない者にくらべて祖父母との行き来も頻繁で，就業継続型では同居・毎日接触・週に２～３回があわせて７割におよぶ。

国立社会保障・人口問題研究所の「第２回全国家庭動向調査」(2003年）は有配偶女子を対象にしたものである。これによれば，親（妻方・父方）との別居割合は高く，同居率は２割に満たない。しかし若い年齢層（34歳以下）ほど親と近居している割合が高く，４割が15分以内のところに居住しており，30分以内を含めると６～７割におよぶ（人口集中地区では５割)。会話の頻度は居住関係よりも性別と身分関係の影響を受け，妻－妻方の母では週に１～２回以上会話がある者が７割だった。成人子（25～49歳）がいる有配偶女性は，６～７割の独身男女子に毎日身の回りの世話をし，３～４割の独身男女子に経済的援助をしている。また，有子女子の７割に子育て援助をし，有子女子の４割の相談相手など精神的ケア資源になっている。どうやら，別居していても援助を受けていないのではなく親は近居で，親は息子や娘が独身であるか，結婚して子どもがいるかにかかわらず，あれこれ世話を焼いている様子がみえてくる。また，夫婦共働きでも３割弱の夫は家事分担をせず，親と同居しているとますます夫は家事をしない。１歳未満の子がいても１割の夫は何もせず，していても入浴など単発的なものに偏っている。妻が常勤であってもこの傾向に変わりはない。子育て中の女性に負担が大きくかかっており，夫にではなく親に支援を受けていることがわかる。

国立社会保障・人口問題研究所の「第13回出生動向調査　夫婦調査」(2008年）によれば，親の育児援助がある者は妻の正規就業率が高い。また出生子ども数も多くなる。夫の労働時間が長い，夫が管理職では妻の仕事継続率が低いという。育児援助できる親がいることは，母親の働きやすさや産みやすさに影響を与えているようだ。

これらのデータから，現代社会でも子育てには祖父母の手助けを得ていることがわかる。

3　パラサイトペアレントの要因

こうした知見と，パラサイトシングルに関する調査研究を照らし合わせると，パラサイトペアレントを説明できるモデルとしては，つぎの7つがあげられるだろう。

①親の経済状況依存モデル

親に経済的・物質的ゆとりがあるほど，未婚者，既婚有子者に援助をしがちである。親が持ち家をもっていたり，父親が有職だったり，世帯収入が高いほど，同居率が高くなったり経済的援助・非経済的援助をしがちである。あるいは親の年齢が若いほど，母親が無職で時間があるほど，近居であるほど経済的援助・非経済的援助をしがちである。つまり，「手がある」「余裕がある」「資源がある」から援助をするというモデルである。

②親との情緒的関係依存モデル

親との情緒的関係が密であるほど，未婚者，既婚有子者に援助をしがちである。仲が良かったり，情緒的関係が密だったり，情緒的な相互依存関係があるから援助の授受があるというモデルである。

③子の経済状況依存モデル

子どもが経済的に豊かでないほど，未婚者，既婚有子者は援助を受けがちである。具体的には世帯収入が低かったり，ローンがあるほど，同居率が高くなりがち，経済的援助・非経済的援助をしがちである。つまり子どもの側に「資源がない」から援助を受けるというモデルである。

④子の就業状況依存モデル

子どもが仕事をもっていれば，家事・育児援助を受けがちである。職種，業種，雇用形態により就労に拘束されるほど家事・育児援助を受けがちであり，フォーマルな育児支援は受けない傾向にある（あるいはフォーマルな支援を受けられなければ，親の家事・育児援助を受けがちである)。つまり，援助を受ける必要，ニーズがあるから援助を受けるというモデルである。

⑤家庭状況依存モデル

夫婦が家事・育児労働を供給できないほど，あるいは家事・育児労働の需用が大きいほど，家事・育児援助を受けがちである。具体的には，夫の労働時間が長い，管理職である，子どもの数が多い，末子年齢が低い，本人に疾病等身体的問題があるほど家事・育児援助を受けがちである。つまり，夫の代替として親に援助を受けるというモデルである。

⑥トラック依存モデル

未婚時に親に依存していた者ほど，既婚有子者になったときに親に依存しがちである。つまりパラサイトはこれまでのライフスタイルの結果である。独身時や出産時など先行する時点で家事・育児援助を受けていた者ほど育児にも援助を受けがちである。つまり，援助を受けることが当たり前になっているから，援助を受けることを前提に生活が組み立てられているというモデルである。

⑦相互扶助モデル

今後親の介護をすることや相続を受けることが暗黙の了解になっている者ほど援助を受けがちである（長期的相互扶助・契約モデル）。つまり，将来的に親に提供することの見返りとして，現在育児支援を受ける，長期的な相互扶助のモデルである。

現実的には，これらのどれか一つのモデルが「正解」で，残りが当てはまらないという単純な図式ではなく，ある部分ではあるモデルが適合したり，ある状況ではあるモデルが優位になったりして複合的であることが予想される。ここでは，マクロデータからいくつか手がかりを示すので，読者も予想を立ててみてほしい。

4　祖父母ー親世代の関係からみた子育てと孫育ての実態

まず，子どもの親とその親の関係をみてみよう。

図 13.1 に，親（子どもの祖父母）との居住関係を示した。図をみてわかるように，親との同居は 11〜17 %と高い割合ではないけれども，片道 2 時間以内という，何かあった時には頼める距離に住んでいる者が 67〜76 %とほぼ 4 人に 3 人である。

保育園に子どもを預けている共働き夫婦に聞いた「共働き夫婦の仕事と家庭生活に関する調査」（第一生命経済研究所，2005 年）では，夫以

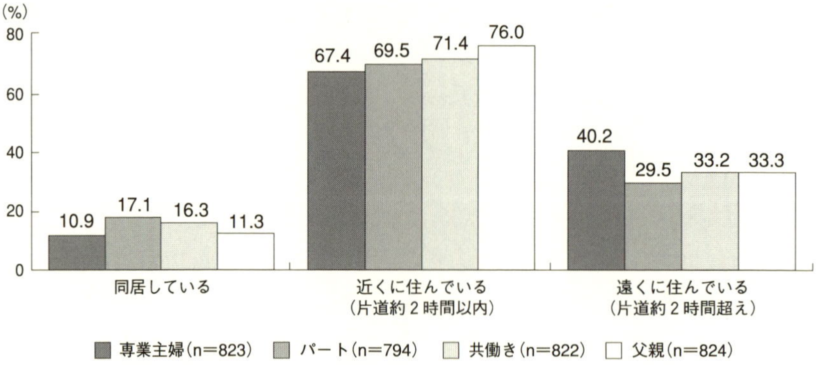

図 13.1　親（子どもの祖父母）からの距離

出典：『平成18年度子育てに関する意識調査報告書』こども未来財団，2006

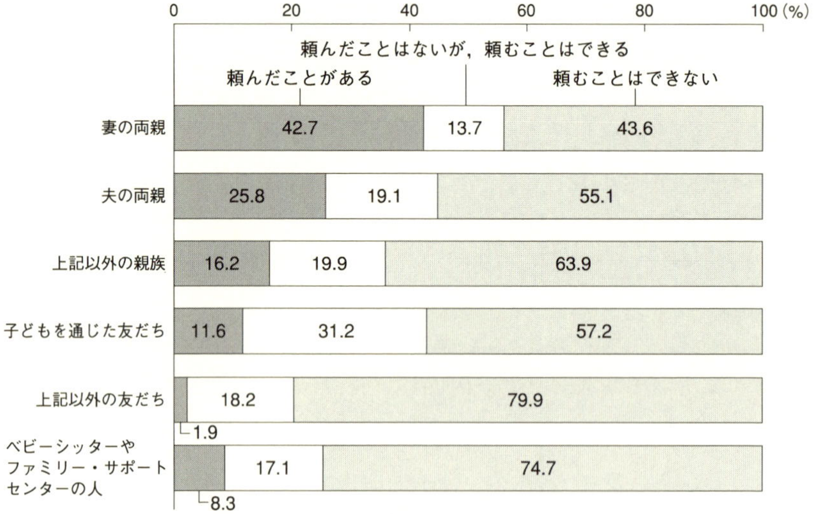

図 13.2　夫以外で，保育園への子どものお迎えを頼める人

出典：『共働き夫婦の仕事と家庭生活に関する調査』第一生命経済研究所，2005

外で保育園の子どものお迎えを頼める人としてあがっているのは，妻の両親が最も割合が高く，56.4％が実際にお迎えを頼んだことがあるか，頼むことができると答えている（**図 13.2**）。子どもを通じた友だち（同じ保育園や幼稚園の保護者）より割合が高く，親族が頼りにできる状況にあることを示している。

また，**図 13.3** によれば，未就学児をもつ父母が近居する祖父母に子

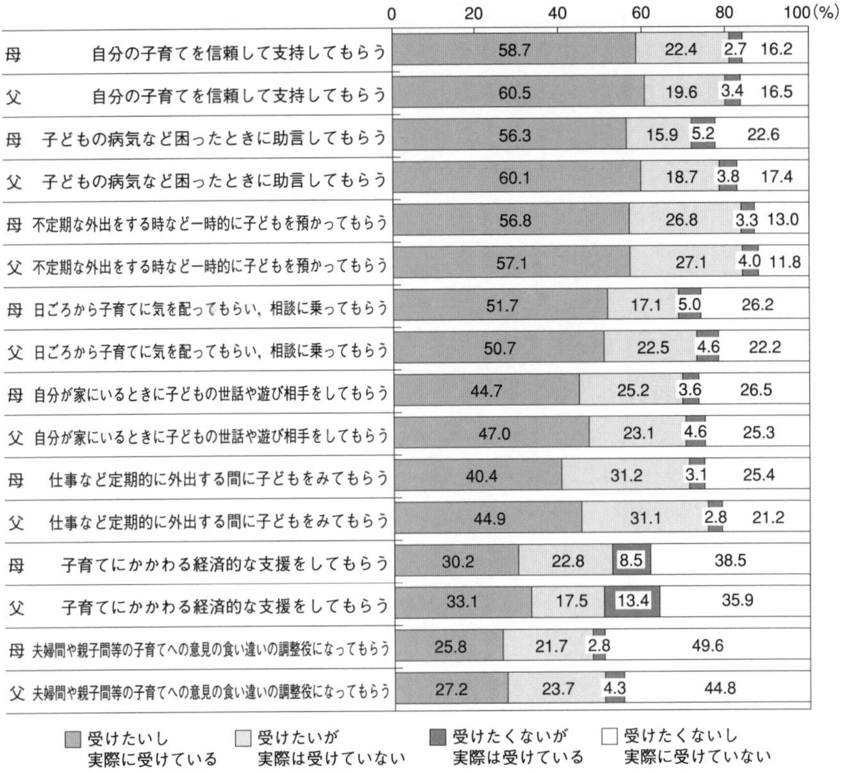

図 13.3　近くの親に期待するかかわりと実際に受けている内容

注：母 n=1655，父 n=679
出典：『平成18年度子育てに関する意識調査』こども未来財団，2006

を「一時的に預かってもらう」は「実際に受けている」が6割強，「定期的に預かってもらう」は「実際に受けている」が4割強ある。

これらからわかるように，保育の面でも，祖父母世代にかなり頼っていることがわかる。保育園に入園してからも，病気の時やお迎えに間に合わない時などイレギュラーな保育，あるいは保育園の閉所時間と就業時間がずれているために毎日お迎えを頼むなど，恒常的な保育の担い手として，祖父母をあてにしているといえるだろう。

ここで注目されるのは，以前の世代関係にもあったような「相互扶助」，つまり祖父母が孫を世話するかわりに祖父母の経済的扶養をする，祖父母が（若いうちに・元気なうちに）孫を世話するかわりに（老いてからの）介護は子どもが行うといった「相互扶助」ではない点である。ギブ・アンド・テイク，暗黙の長期的な契約関係ではなく，現代日本社会の祖父母世代は，ケアギバーつまり与えるだけなのである。

具体的にいうと，現代の祖父母世代は，自分たちの介護を子どもに期待していない。

「第3回全国家庭動向調査」（2006年）では，「年老いた親の介護は家族が担うべきだ」には67.4％が賛成している（1998年の調査よりも賛成度が低下している。また子育て世代の30〜49歳ではそれらより5％ずつ低い）が，「年をとった親は子ども夫婦と一緒に暮らすのがよい」という質問に対し，60〜69歳では賛成が53.6％とほぼ半分である。ほかのサービスを併用してもよいから家族がかかわるべきだが，同居はしてもしなくてもよいという態度だといえるだろう。同居によって経済的にも介護など非経済的にも扶助を求めるというより，子どもは重要な資源の一つにすぎないことがわかる。

また，6〜18歳の子どもをもつ父母600人に聞いた「子どもの将来に向けた親の意識調査」（第一生命経済研究所，2005年）では，子どもと同居や近居を望んでいる親は，全体の51％と半数であった。最も同居したいのは父親が女の子と（28％），最も近居したいのは母親が女の子と（38％）で，母娘関係では近居志向が高い。しかし，高校生の親は，「とくに同居や近居したいとは思わない」40.9％と，子どもの独立（離家）が現実的に近くなってくるにつれて，同居・近居志向が低下してくる（同居20.5％，近居25.2％）。

さらにもう一つ事例をあげよう。全国の50〜79歳の男女900人に聞いた「老い支度に関するアンケート調査」（第一生命経済研究所，2005年）では，「寝たきりや体が不自由になって，日常生活を送るうえで介護を必要とするようになった場合，誰に介護されると抵抗感があるか」という問に対して，抵抗があると回答した割合が高かったのは「娘の配偶者」（86.8％），「息子の配偶者」（84.5％），「外国人ヘルパー」（73.6％）で，抵抗があると回答した割合が最も低かったのは「配偶者」（32.4％），「女性ヘルパー」（38.3％）だった。意外にも，「女性ヘルパー」より「娘」への抵抗感のほうが強い（49.9％）。つまり，「配偶者」に介護してもらうことへの抵抗感は弱いが，「娘の配偶者」「息子の配偶者」など義理の関係や「息子」など男性に介護してもらうことに抵抗を感じる人は多く，それよりむしろ，「女性ヘルパー」「男性ヘルパー」など職業としての介護者には抵抗を感じないのだ。

では，子育て世代はパラサイトしているだけで，祖父母世代は将来の見返りを期待しないで自己実現ややりがい，孫かわいさで孫の保育にあたっているのかというとそうでもない。

現代においても親族は重要な資源の一つ，セーフティネットの一つとなっているといえるだろう。「息子と同居するもの」，「嫁が介護するもの」，「祖父母が内孫を世話するもの」，「娘の出産時は実家が世話するもの」という直系家族制を標準とした固定的な役割関係は崩れたけれども，一方で，保育サービスや介護サービスがすべてを担っているかというとそうではなく，互いに重要な資源の一つだと考えているといえる。これを家族社会学では，「インフォーマル・ネットワーク」ないし「パーソナル・ネットワーク」という。つまり，家族・親族は，「組織・集団」から「ネットワーク」になったのであり，親子（本章の文脈では子どもの母親と祖母）は，ネットワークの重要な結節点（ハブ）なのである。

5　祖父母ー親世代のよりよい関係とは

いざという時の支援者

それでは，今後どのような親－祖父母関係が求められるのだろうか。

第 2 章でも述べたように，現代社会では子育て中の母親の孤立感が顕著である。**図 13.4** に示したように，社会から取り残されていると感じる母親が少なくない。とくに専業主婦の 44 %が「ある」と答えている。その原因の一つは，夫と育児を共有できないことだろう。専業主婦家庭では，夜 8 時までに夫が帰宅する割合は 30.9 %しかなく（『平成 18 年度子育てに関する意識調査』こども未来財団），おそらく子どもと母親で夕食をとり，入浴するのだろう。夫と「一緒に子育てをしている」と「十分感じている」のは専業主婦もパートも共働き女性も 20 %台で，夫の帰宅時間が午後 10～12 時では 16.3 %，午前 0 時をすぎると 13.1 %しかない。男性が 40.9 %であるのと対照的である（**図 13.5**）。

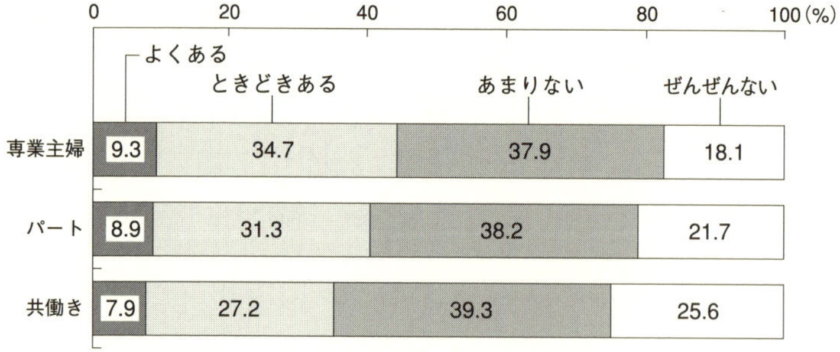

図 13.4　社会から取り残されていると感じる母親

注：専業主婦 n＝824，パート n：799，共働き n＝824
出典：『平成18年度子育てに関する意識調査』こども未来財団，2006

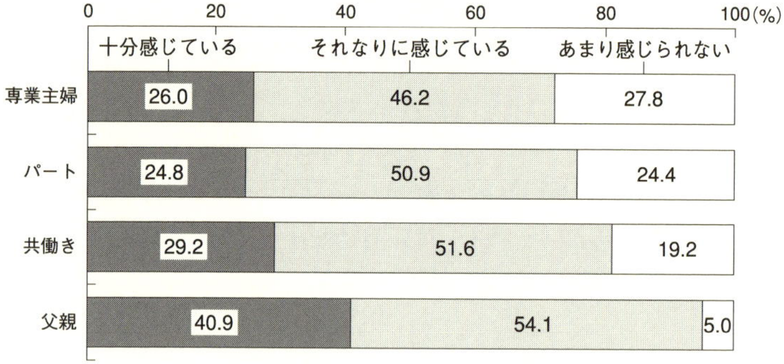

図 13.5　パートナーと「一緒に子育てをしている」と感じるか

注：専業主婦 n＝820，パート n＝747，共働き n＝824，父親 n＝817
出典：『平成18年度子育てに関する意識調査』こども未来財団，2006

こうした中，自分の親（子どもの祖父母）への期待が高まっている。『平成 18 年度子育てに関する意識調査報告書』（こども未来財団，2006）によると，「日常の世話」では妻の 83.0 %がパートナーに期待していると解答しているが，「一時的な世話」については，パートナーには 30.6 %，「自分の親」には 43.3 %と，親に期待する割合が非常に高い。「子育ての相談相手」でも「自分の親」には 14.7 %と，パートナー（22.8 %）についで割合が高くなっている。つまり祖父母世代は，「いざというときの支援者」として期待されているのである。

ネットワークの一部として

では，支援者として祖父母世代が深くかかわればいいかというと，そうでもない。松田茂樹がライフデザイン研究所のデータをもとに分析した研究によれば，育児ネットワークの構造と母親の心理的福利（well-being）は関連している[7]。母親のみならず父親が育児に参加して世帯外に広がるネットワークを構築することにより，母親の well-being は高くなる。インフォーマル・ネットワークのサポート効果は，フォーマル・ネットワーク（保育園や幼稚園）の効果以上であるという。とくに世帯外のネットワークの構造に注目すると，頼れる人数が多く，親族割合と密度が中程度のネットワークにおいて母親の well-being が高い。松田はこれを「複雑なネットワーク」と名づけ，心理的福利を高めるのは，この世帯外に頼れる人数が多く，親族割合と密度が中程度である「複雑なネットワーク」であるとした。

ここで重要なのは，存続割合と密度が「中程度」であることが最も心理的福利を高めるということである。松田は「多くの人が育児に直接・間接的にかかわりつつも，過度に同質のネットワークの中で育児を行うのではなく，適度にルースで多様性と自律性のあるネットワークの中で育児を行う環境を構築することが大切である。またネットワークは外部からあてがわれるのではなく，本人が主体的に選択・構築していくことが必要」[8]と主張した。

図 13.6 に示したように，支援者の数は多いほど資源の多様性を生むが（左図），親族ネットワークの割合が高いほど，拘束力が増して心理的福利が低下する（右図）。サポートの授受に多様性と自律性が確保されるためには，親や親族，友だちやその他の援助者など資源が多様で，そこに占める親族の割合が高すぎないことが必要なのだ。

このことは実際，祖父母世代が子世代の子育てについて距離のとり方に苦心していることにも表われている。祖父母が孫とどうかかわるのかに関するノウハウ本が多く刊行されている。今や「孫育て」本は，一つのジャンルをつくり上げている。子ができたら親が育児書を読むように，孫育ての本を開く。自分たちが子どもを育てた時とは「時代が違う」ことを学ばなければならない。今の祖父母世代は，急激に出産が施設化した時に産み，公団住宅や社宅で親世代と離れて育児書と同世代仲間を頼りに子育てをした世代だから，マニュアル本を読むのは抵抗がないだろう。「おじいちゃん」向けの孫育て本も少なくないし，熟年離婚ではな

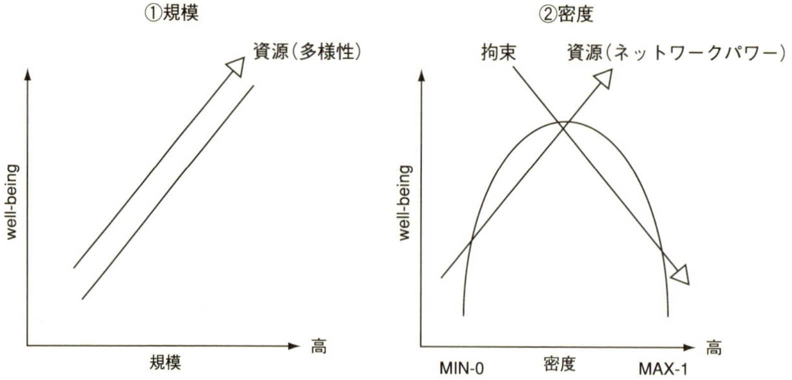

図 13.6　育児ネットワークの構造と力の関係

出典：松田茂樹「インフォーマル・ネットワークと well-being（下）―育児におけるネットワークのサポート効果―」『LDI REPORT』2001. 8

く孫育てにエネルギーを注ぐよう進言している本まである。

しかし実際には，親と祖父母の関係は難しくもあるようだ。ネットの掲示板などでは，親と祖父母の関係をめぐるさまざまな相談や愚痴，悩みが飛び交っている。祖父母の育児支援に報酬を支払うか，かつての女性が祖父母の育児方針に従ったように自分も舵取りを明け渡すか。こうした悩みは，直系三世代同居時代のモデルと異なっているために，祖父母世代の孫育てのモデルが揺らいでいることを示しているだろう。

祖父母世代である「団塊の世代」は，「近代家族」の担い手として，最も専業主婦率が高かった世代である。自己実現と良妻賢母規範と階層の上昇を背景として，「子どものために」生きてきた女性が，今度は「孫のために」ケアギバーとなっている。パラサイトシングルの要因として，親世代が子どもを情緒的に手放したがらないことが指摘されていた。祖父母世代の，介護という見返りを期待しない惜しみない協力は，こうした世代的特徴が一因だと指摘されている。

親密圏の形成

親密圏とは，「親密な関係を核として，ある程度持続的に互いの生への配慮を共有する他者と他者の関係性」である[9]。「私的領域」（＝家族）は，「公共領域」を下支えするために再生産（子の養育を含む）を行うとされた。公私二元論では，私的領域（家族）の機能が限定的になっている現代社会で，「公」たとえば保育サービスがこれを代替するということになる。しかし現実にこれは困難である。

具体的な事例で考えると，人見知りで一日中泣き続けたりするために，制度を利用せずに仕事を休んだりして，仕事や職業キャリア全体に支障が出ることが少なくない。人間はいつでも「合理的行動」をするわけではないから，制度を整えるだけでなく，「預けたいと思える関係」をつくることが重要なのだ（もちろん就業側が改善する必要もある）。祖父母が近居していて健康であれば祖父母でもいいし，祖父母にかわるような親密な他者でもよい。「親密圏」の形成，ないし「親密な他者」の存在の重要性は，児童養護でも介護でも指摘されている。

保育施設でも，家庭福祉員（保育ママ）がますます見直されようとしている。保育サービスの商業化や民営化の中で，保育室や家庭福祉員は減少の一途をたどったが，現在では保育政策の中に，家庭福祉員の積極的活用が明記されている。家庭で負いきれないことを集団保育や託児サービスに担わせるのではなく，祖父母や，継時性と信頼性がもてる特定の支援者がかかわること，またそのネットワークの形成を支援していくことが必要なのだろう。

註

1）山田昌弘『パラサイト・シングルの時代』筑摩書房，1999

2）パラサイトしない「恋も仕事もサクセス」を目指す女性を指す，自称的な言葉として，「おひとりさま」という用語もある。岩下久美子『おひとりさま』中央公論新社，2001

3）山田昌弘『近代家族のゆくえ——家族と愛情のパラドックス』新曜社，1994

4）白波瀬佐和子「親子の間に存在するジェンダー——親と同居の未婚成人子の現状」，袖井孝子編著『少子化社会の家族と福祉　女性と高齢者の視点から』ミネルヴァ書房，2004

5）白波瀬佐和子『少子高齢社会のみえない格差』東京大学出版会，2005

6）同上

7）松田茂樹「インフォーマル・ネットワークと well-being（下）——育児におけるネットワークのサポート効果」『LDI REPORT』2001．8，松田茂樹「育児ネットワークの構造と母親の Well-Being」『社会学評論』52(1)［＝205］：33-49，2001

8）同上

9）井上たか子「親密圏」『応用倫理学講義 5』岩波書店，2004

第14章 子どもの発達と社会
――「子育て」から「子育ち」の視点へ

岡野晶子

1　短くなった乳児期

乳児期とは，出生直後から歩きはじめ，最初の有意味語（初語）が出現するまでの１歳頃，あるいは離乳がほぼ完了する１歳半前後までの時期をさす。児童福祉法による区分では，生まれてから１歳までを乳児期，１歳から小学校就学前までを幼児期としている。よちよち歩き期とも呼ばれる１歳代を幼児期のほうへ組み入れているのである。少し前までは，乳児期を２歳ぐらいまでとするのが通説であったから，乳児期の終わりを早める（短くする）傾向にあるといえる。

乳児期，幼児期ということばは，発達心理学による人間の発達段階を示している。発達は，人によって多様で，幅広くとらえなければならない。一つのことが，一見簡単にできてしまう子どもと，ものすごく時間がかかる子どもがいる。できたかと思ったら，またできなくなってしまうこともある。

本章では，「オムツが外れた」，「○○ができた」という，発達を示している個々の事柄が，社会との関係でどう影響されているかを検討する。また，従来の発達心理学では，発達はどのようにとらえられてきたかを概観しつつ，実際に育児中の立場から，筆者の考えを述べたい。

2　乳児と現代社会

遅れるトイレトレーニング

乳児期が早く切り上げられるのとは逆の現象として，最近気になることがある。それは，オムツはずしの遅れである。

筆者の場合も，娘が1歳から2歳の頃は，仕事が忙しい時期と重なり休日も出かけるような生活であったため，家庭でのトイレトレーニングが徹底してできなかった。その結果，オムツはずしは3歳を過ぎてしまった。下の息子も，1歳になってから少しずつトレーニングを始め，リズムがつかめてきたのに，その頃に保育園に入園という出来事が重なり，またオムツに戻ってしまった。2歳半を過ぎた現在もまだオムツは完全にはずれていない。息子が通う保育園の同じクラスに，1歳のうちに家庭で徹底したトレーニングをして，オムツはずしに成功している子どももいる。しかし多くは，2歳半から3歳ぐらいまでに，「ゆっくり，無理せず，トイレトレーニングをしましょう」というのが現状である。

最近の紙オムツの性能は，たいへん素晴らしい。オムツがぬれても，お尻にはその冷たさがほとんど伝わらない。水遊び用の紙オムツという便利な商品も出ている。こうした紙オムツが開発されたことにより，子どものオムツはずしは遅くなっているのが現状である。また，育児でストレスやプレッシャーを感じることは，「トイレトレーニング」が最も多いという報告もある[1)]。早くはずしたいのだけれども，うまくいかない，というのが実情である。一昔前までは，ほとんど1歳のうちにオムツがはずれていたのだから，現在は大人の都合と便利な商品のおかげで，乳児のもつ本来の身体能力を奪ってしまっているともいえる。

離乳食の開始の遅れと離乳の時期

離乳食の開始の時期も，10年ほど前より遅くなっている。「みんなの食育ステーション」[2)]で食育料理教室を開催している管理栄養士相澤菜穂子さんによれば，「約20年前は，離乳食の準備として果汁を1カ月たったら飲ませ，生後3カ月たったらうらごしの野菜や果物を始める1回食が開始し，その後，生後6カ月で2回食（中期），生後8カ月で3回食（後期），１歳頃より，幼児食というような進め方であった。しかし，2007年に公表された厚生労働省の『授乳・離乳の支援ガイド』では，果汁を離乳準備として飲ませる必要はないという見解になり，離乳開始は５～６カ月頃となり，離乳の完了は12カ月から18カ月となった」という。

子どものアレルギーを心配して，離乳食を早くあげすぎないようにという考え方がある。実際に，私も生後５カ月頃から息子の皮膚に湿疹が出た時は，たいへん心配した。ただ，その時出会った小児科医のことばで少し気が楽になった。乳児に湿疹が出たとしても，身体の発達の面から考えて，栄養を食物からとることが大切であるから，あまり消極的に考えないようにということであった。

子どもの出産や授乳に関して，母親の栄養状況は多く影響することに加え，子どもの成長もそれぞれであり，一律にいつから開始とはいえなくなったのが現状であるようだ。また，現代の病気は，アレルギーや生活習慣病といわれる動脈硬化，糖尿病，高脂血症，高血圧，脳卒中，癌といった，戦前の日本には少なかった病気が多く発生していることもあって，今の離乳の進め方は子どもの成長の違いや，肥満の防止も含めた食の進め方に配慮されたものになっていると相澤さんは語る。

離乳（おっぱいの卒業）の時期についても，一般に生後10カ月頃から１歳半ぐらいとされているが，お母さんたちの話を聞くと，離乳の時期についてあまりこだわっていないようだ。この月齢には「いっせいにやめろ」という保健所の指導に疑問を感じることもある。筆者の経験からも，１歳過ぎてあっさりおっぱいを飲まなくなってしまった次女と，３歳過ぎてもおっぱいを飲み続けた長女の性格の違いを感じる。情緒の形成からみれば，しっかり食べ物を食べられているのであれば，あわてておっぱいを卒業しなくても構わないのではないかというのが，筆者の考えである。子どもの欲求が満たされるまで，少し待ってもよいのではないか。

筆者の息子の場合も，保育園の入園をきっかけにまたおっぱい返りした。２歳前に一度離乳したにもかかわらず，４カ月後に体調を崩した時に，またおっぱい返りしたという友人もいる。２歳過ぎのおっぱいは，栄養面というよりも「精神安定剤」的な役割になるだろう。

以上，トイレトレーニングと離乳の現状は，1歳が乳児の区切りという発達観とは異なっている。2，3歳ぐらいまでを乳児として，ゆっくり構えてもよいのではないかと感じられるのである。現に，保育園の乳児クラスは，2，3歳までは乳児という区切りになっている。

睡眠時間

また最近の乳児の傾向で気になるのは，睡眠時間の問題である。近年，幼児・児童期の遅寝，睡眠時間の短縮傾向が指摘されている。P＆Gパンパース赤ちゃん研究所が，全国の0歳から4歳までの子どもをもつ母親521人（首都圏260人，その他の地域261人）を対象に実施した，日本の赤ちゃんの睡眠に関するインターネット調査（**図14.1**）では，日本の場合，平日の夜，19～22時に寝ると答えたのは51.9％。それに次いで，46.8％の赤ちゃんが22時以降に寝ているという結果が出ている。22時以降に寝る赤ちゃんの割合が多くても3割弱という他の国にくらべて，日本の赤ちゃんはいかに夜ふかしかということがわかる。

実際，私の息子も，夜ふかしになっている。夜9時ぐらいに，小学生の娘は就寝するのに，2歳の息子は，それからまた遊びはじめる。ちょうど9時ぐらいに夫が帰宅するのがまずは一番の原因である。パパの帰宅時間と，子どもの就寝時間はかなり影響が大きい。しかし，それだけが原因ではない。夫が11時に布団に入っても，まだ寝ない時がある。11時から深夜の0時まで，布団の上で，ブロック遊びや絵本を見たりと一人で淡々と続ける日もある。とことん遊び終わると，深夜になってコトンと眠りにつく。

朝は，もちろんなかなか起きてこないこともあるし，7時ぐらいに機嫌よく目覚めることもある。お昼寝は2時間程度であるから，1日10時間以下の睡眠時間の短い生活が続いている。夜10時前に無理矢理寝かせようとするよりも，この「遅寝」の生活のほうが機嫌がよいため，子どもの欲求を優先させた，かなり「非」健康的な生活が続いている。睡眠は体の成長にとって大切であるから，できれば「早寝早起き」に戻したいが，そう簡単にいかないのである。このように乳児の発達は，親たちの生活を含め社会の影響を大きく受けている。

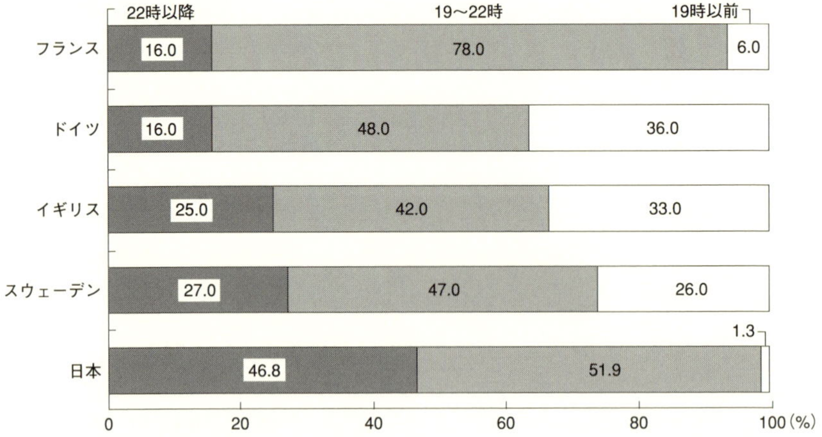

図 14.1　赤ちゃんが寝る時間の国際比較
出典：P＆Gパンパース赤ちゃん研究所ホームページ

3　乳児の発達の特徴

そもそも発達とは何か。現代社会は移り変わりが激しい。変化し続けていく社会の影響を乳児はつねに受けている。しかし，人間のもって生まれた身体の発達の過程があるはずである。乳児の発達の特徴をみていこう。

動物と人間の発達の違い

運動機能の発達は一定の順序に進行することが知られている[3)]。その一つは「頭部から尾部へ」という方向性である。たとえば，「首のすわり→おすわり→ハイハイ→つかまり立ち→一人歩き」という順序で乳児の発達は進む。この順番が身体の発達においてはたいへん重要である。最近，ハイハイをほとんどしないで歩き出す子どもがいるという話を聞く。この発達順序からすれば，丈夫な身体を形成するためには，十分ハイハイをしたほうがいいということになる。それが，子どものためのスペースが十分にとれないという現代の住宅事情その他の影響で，ハイハイの時期が短くなる傾向には注意が必要である。

二つめは，「中心部から周辺部へ」という方向性がある。たとえば，

「手を伸ばす，脚をけるといった粗大運動」から「微細な運動調整（把握，操作)」へと発達は進む。この運動機能の発達は，順序があるということと，一つひとつのステップを踏んでつぎに進むという特徴がある。このことに親は気がつかないでいることがある。十分な粗大運動を行うよりも先に，微細な運動調整の獲得を急いでしまうことがある。

動物行動学者のポルトマン（Portmann, A.）は「ヒトは未熟な形で生まれてくる」と述べ，人間の赤ちゃんが他の動物と比較して，未熟な能力しかもたないことを「生理的早産」と表現した。それだけ乳児は大人が守ってあげなければならない存在であり，大人の社会の影響も大きく受けるといえる。また人間の発達の特殊性は，他の動物が運動系を中心とした運動感覚系から発達するのに対して，人間は感覚知覚系を中心とした認知空間活動から発達する。幼い時からまわりの環境を認識しているといえるから，乳児の環境はとりわけ重要なのである。

アタッチメント（愛着）の研究

他の動物とは違う人間の特徴の一つに，母子のつながりの強固さがあげられる。ここでは，心理学で乳児期のテーマとして代表的なアタッチメントの概念について取り上げたい。モノとは違う「人に対する特徴的な反応」が生まれたばかりの新生児の社会性と強く結びついているといわれる。社会性の芽生えには，特別な対象としての人とのかかわりが大事である。それを伝えたのがアタッチメント研究である。

アタッチメント（attachment）とは，とくに乳幼児の養育者に対する親和の感情を示し，親和性の発達の原点である。また，「養育者と乳児」との間の心理学的な絆といえる。行動学の立場では，愛着は人間に生まれながらに備わっており，成熟の途上に現われるものとする。母子の愛着関係の原点は，そもそもはサルから人間へという進化論に求められる。親和関係によってもたらされる安定した人間関係は，正常なパーソナリティの初期発達にとって必要不可欠なものである。そして，初期の愛情関係は，後の人間愛一般までに拡張されるといわれている。

こうした愛着の心理学的説明の代表例は，フロイト（Freud, S.)，エリクソン（Erikson, E. H.)，ボウルビー（Bowlby, J.）らである。これらの研究者によれば，愛着は人間に普遍的な発達的特徴である。養育者に愛着をもつ乳児と，親友に友情を示す学童と，恋人や妻を愛する青年や成人のそれぞれの心情は，基本的な点で多くの共通性があるという。

愛着研究の代表者である児童精神分析家のボウルビーは，アタッチメントの形成は，つぎのような段階を提示している[4)]。

アタッチメントの発達過程

①前愛着期（出生から生後６週まで）

遺伝的に決定された反射が支配する。非社会的な刺激よりも社会的刺激（すなわちモノよりも人とのかかわり）を好む。

②愛着の形成開始期（生後６週から６カ月まで）

養育者に対する注目と偏好がみられる。微笑や喃語（意味のないおしゃべり）や身振りで養育者に働きかける。養育者と分離されても，抗議したり，不安を示さない。

③明白な愛着形成期（生後６カ月から18カ月まで）

養育者との分離不安がみられる。養育者（とくに母親）は子どもにとって，外界探索の安全基地である。

④母子相互関係の形成期（生後18カ月から２歳まで）

言語と表象の急速な成長によって，子どもは養育者の行動を予測できるようになる。分離不安は２歳に近づくにつれて低下する。養育者への説得も始まる。

乳幼児は２歳頃から，養育者に対してだけの親和的態度から，何人かの人への愛着を示すようになる。そして２歳前後から同じ年頃の子どもに関心をもち，仲間関係が始まる。こうしたことも乳児と幼児の境界を決める重要な要因となる。

乳幼児期にこうした養育者からの愛情に満ちた養育を受ける機会を奪われたことをアタッチメント障害という。アタッチメント障害は，マターナル・デプリベーション（母性養育の喪失）による子どもの心の発達のひずみであり，主なものとして，非行などの反社会的行動，性格の偏り，精神発達（言語や知能）の遅れ，発育不良（体重増加の不良，病弱，うつなど）があげられる。また，早期に親と引き離された児童養護施設の子どもの問題として，取り上げられることもある。

ボウルビーの理論は，マターナル・デプリベーションの短期および長期的影響を強調しすぎていたり，養育者に対する乳児の愛着は，最初は他の愛着よりも強いかもしれないが，唯一のものであるとは思えない点で疑問視されているものの，発達の出発点をとらえたものとして重要な視点である。

情緒の研究

乳児期の発達の基本的な要素として，情緒の働きがある。基本的な情緒とは，喜び，驚き，悲しみ，不快，怒り，恐怖などのことである。つぎのように，大きく二つに分けられる。

一つは，不快，悲しみ，味覚など，生命維持に必要不可欠な「生物学的な機能」と，もう一つは，たとえば，他者と一緒にいたい，認めてほしい感じなど，他者とのかかわりの基本である「社会的コミュニケーションの機能」である。

乳児は生後1カ月以内に，オムツがぬれて不快な時に泣いたり，おなかがいっぱいになり微笑んだりという，いくつかの基本的情緒と結びついた，遺伝的に決定されている表現と行為をするようになる。

この基本的情緒とは，「①特殊的で生得的に決定された神経的基盤をもち，②特徴のある神経―筋肉的な表出パターンをもち，③独自の主観的，現象学的な性質をもつ」[5]という。そして，そのほとんどすべての基本的情緒は，少なくとも生後1，2カ月には存在し，新生児も不快の刺激を自ら調整するなどして，発達の過程で，これらの情緒からより複雑な情緒が派生され，人間独自の繊細な感情が形成される。乳児期の終わりには，基本的な情緒から分化し，羞恥，困惑，罪悪感，羨望，誇りといった複雑な情緒が現われる。こうした情緒の形成は，どのような文化の社会でも同じ年齢に一定の順序で情緒が現われることから，人間という動物種に内蔵されたプログラムが推定される。そして，2歳までに自分の情緒について自覚するようになり，表現の形を自分の力である程度制御することもできるようになるといわれる。「情緒表現の社会化」である。

こうした情緒研究の知見から，新生児の時期からの情緒の形成が大事であり，乳児期に人間の情緒の基礎的な働きが完成していくこと，また，こうした情緒が乳児の個性と結びついていることも推測される。

微笑の研究

乳児期の発達について，微笑の研究も重要である。微笑みとは，乳児の最初の情緒的で社会的な行動の一つである。それは，子ども自身の緊張解消および喜びの表現であると同時に，周囲の養育者に快の情緒を起こさせ，子どもと心の結びつきを相互的に強め合う契機となる。乳児期の微笑をみると，周囲の大人はなんともいえない幸せな気分になる。この微笑は，外部からの刺激とは無関係に生じる「内因性微笑（自発的微笑)」と，人の声や動きなど外的刺激によって誘発される「外因性微笑(外発的微笑)」に分けられる。

この変化を簡単に示すと，「自発的微笑→外発的微笑→社会的微笑(人に対する微笑み)」ということになる。また，内因性微笑と外因性微笑の関係は，中枢神経系の機能があるレベルに達しないと外発的・社会的微笑は出現しないことから，最初は内的に制御されていた微笑が，上位中枢の発達にともない抑制を受けるようになり，ついには外的制御による上位中枢の活動による微笑へと切り替わる，と説明できる。具体的には，6つの段階，①胎生期における自発的微笑の発達，②レム期における自発的微笑と外発的微笑の共存，③社会的微笑の萌芽とレム期における自発的微笑，外発的微笑の共存，④人一般に対する社会的微笑のピークと自発的微笑の減少，⑤社会的微笑の分化，⑥人見知りの出現と自発的微笑の消失がある。

こうした微笑の発達の段階に注目して，乳児の発達は，一つひとつの段階を踏まえながらも，つぎの幼児期へと移行する準備を着々と進めていることがわかる。そして，最初には外からの働きかけとは別の自発的な微笑の段階があるということを忘れてはならない。乳児は養育者に対して，徐々に愛着を形成し，環境への積極的な探求を始めるのである。

乳児が抱く社会に対する信頼の最初の現われは，乳や食べ物を十分にとり，よく眠り，便通が順調であるということである。乳児が最初期の経験から得る信頼は，養育者との関係の質によるところが大きく，その後の発達にも影響を与えるという報告もある。

乳児の形態的特徴が，かわいらしさ反応や母性行動，母親語（マザリース）を導き出す。行動学者のローレンツは，このメカニズムも「生得的解発機構」（ベビーシェマ）と呼んだ。乳児だけでなく，動物の赤ちゃん，アニメのキャラクターにもこの特徴がある。乳児は，か弱い存在（大人の手助けが必要であるという意味で）であるけれども，乳児の本来もっている力が大人の働きかけを引き出しているともいえる。

4　乳児から幼児へ

幼児期の特徴は，遊びの豊かさであろう。「ふり」や「見立て」，ごっこ遊びを含む象徴遊びが盛んになる。幼児は，目の前にないものを再現する「表象」を獲得する。記憶や知識，イメージを使って，頭の中で考えること，すなわち表象活動を始める。また仲間関係の形成の時期でもある。集団遊びが豊かになってくる時期である。認知機能は運動機能と相互に作用し合いながら発達する。全身運動機能の発達にくらべて，手先の動作などの微細な運動はゆっくりと発達する。また，集団の中で，自己主張や自己抑制行動などの発達もみられる。心が大きく成長する時期である。

ピアジェの考え方

ここで，子どもの発達についての基本的な見方を提示しているピアジェ（Piaget, J.）の考え方を紹介しよう。ピアジェは，子どもの知能や思考の発達に関する研究を数多く発表している。なかでも，自分の子ども3人の誕生から2歳までの観察記録をもとにした著書『知能の誕生』[6]は有名である。

ピアジェは，人が環境から受け身に知識を受け取るのではなく，知識を求め，それを組織化し，前から備えている認識体系の中に同化していくという考えを示した。そして，子どもの発達はつぎに示すような段階に分けられると考えた。

ピアジェの認知発達の図式

①感覚―運動期（0から2歳）

②前操作期（2から6歳）
③具体的操作期（6から11歳）
④形式的操作期（11歳から成人）

幼児期の思考の特徴は，ピアジェのことばを用いると，「前操作期的思考」である。その思考は，「推理，保存，自己中心性，アニミズム，夢」などに反映される。推理とは，「一つの特殊から他の特殊へ」と向かう転導的推理（トンチンカンな結論）といわれる。たとえば，「あの子は腕を折ったので，自転車から落ちた」というように，推理が原因と結果を取り違え，非論理的であったり，混乱していたりする。そして，「三つ山問題」（三つの山の形が人形からどのように見えるかを想像させる問題で，自分と人形の位置の違いを理解しないで間違って答えてしまう幼児が多い）の実験結果から，自分の立場や視点から離れて，相手の気持ちや意図を理解することが難しい「自己中心性」の思考が支配するといわれる。また，無生物でも感情や意志などをもち，動きのあるものすべてに命があると考える「アニミズム」の思考も特徴とされる。

歴史，社会的な観点から独自の精神発達理論を提唱したロシアの心理学者ヴィゴツキー（Vygotsky, L. S.）によれば，言語ははじめコミュニケーションの手段（外言）として発生し，成長の過程で思考の道具（内言）へと派生するという。ピアジェは，3歳から6歳頃にかけて頻繁に現われる独り言を「自己中心語」と呼んだ。それに対して，ヴィゴツキーは，外言の形をとりながら，内言の働きをする独り言を思考の獲得と考えた。保育園または幼稚園に通う子どもたちを見ていると，「自己中心語」というよりも，他者からの見えを意識した言語をかなり幼い時から使用しているようにみえる。

また，小学生になる児童期には，概念が獲得される。しかし，この時期の「概念」は，「モノ」を前提にしており，完全にモノの世界から切り離されないため，具体的操作期と呼ばれる。たとえば，ピアジェの代表的な「液量保存の実験」では，同じ液量でも入れ物が変わるとその中身まで変わったかのように誤解してしまうように，現在の見え方に支配され，見かけにだまされやすいのである。

11歳以降は，シンボルや数値の操作が可能となる形式的操作期である。抽象概念や知識が新たなシンボル操作を可能にし，具体物から完全に切り離された論理・数学的世界が構築される。

生後1，2年間の子どもを綿密に観察した結果をもとにしたピアジェの認知発達の図式は，知覚と知能が最も基本的な形で相互に密接に作用し合い，感覚運動期から形式的操作期へ，「モノ」への感覚，知覚や運動的働きかけから表象が生まれ，シンボルが内化されるという発達の方向性を示したことで，現在も意義が認められている。

遊びの発達と社会的発達

先ほどもふれたように，幼児期の遊びは，ふりや見たて，ごっこ遊びを含む「象徴遊び」が中心となる。これは，目の前にないものを再現する表象の働きによる。象徴遊びは，子どものさまざまな欲求や葛藤を満足させたり，解消する働きをもつといわれる。フロイトは，遊びにより現実を代償・補償し，不快な経験を反復して，それを同化・解消・克服するものと主張している。子どもはごっこ遊びを通じて，特定の文化や社会に適応した行動様式，技能，態度などを次第に身につけるだけでなく，心の発達にもよい働きがあり，子どもを対象にした遊戯療法の根拠にもなっている。

子どもの遊び場面に注目した発達の理論家パーテン（Parten, M. B.）は，子どもの保育園での自由遊びを観察して，遊びの形態の発達的変化を発達段階として分類した[7]。

パーテンによる遊びの発達段階
①2歳頃の幼児に多くみられる一人遊び
②2，3歳頃の幼児の平行遊び
③3，4歳頃の幼児の連合遊び
④5歳以降の幼児の協同（共同）遊び

一人遊びとは，近くに他の子どもがいても，互いにかかわりをもたず，自分だけの遊びを続けている状態である。平行遊びとは，近くで遊んでいる子どもと同じような遊びをするが，互いにかかわりをもたない。連合遊びとは，複数の子どもで，同じ内容の遊びを行い，会話などもかわすが，役割分担などの組織化された遊びがない。協同（共同）遊びになると，相互のかかわりだけでなく，役割分担があり，協力関係のある遊びの集団をつくって遊ぶ。ここで注意しなければならないのは，一人遊びは，未発達な遊びとは一概にいえないことである。お絵かき，粘土遊び，積み木など一人でじっくり取り組む造形活動から，探究心や表現力が向上するからだ。

こうした発達段階と子どもたちの様子を合わせてみると，最近の子どもの遊びの発達は，進んでいるようにみえる。1，2歳児でも，特定の友人と遊ぶ姿を見かける。ひろたかも，2歳の後半になると，特定の友だちと親密な関係を形成し，いつも一緒に遊び，仲間関係を形成していた。2歳の女児は，気に入った友だちと手をつなぎ，移動したり，花いちもんめのような遊びをしている。仲間形成は，パーテンの図式よりも，1年ぐらい早く進んでいるようにみえる。

5　子どもの自己——子どもの「心」が育つかかわりとは

乳児期から幼児期への成長として，「自我の芽生えから自己の発達」が一つの大きなテーマである。自我の塊のような状態の乳児から，社会の中で自分を主張する「自己」へと移行するのが幼児ともいえる。

乳児期の終わりになると，自我が芽生えてくる。幼児期初期に自分のしたいことや欲求がはっきりしてくると，自分なりのやり方で物事をしたいという自己主張が始まる。大人からみると，何にでも「イヤ」と反抗するやっかいな時期であるが，成長の一段階として重要な時期で，第一反抗期といわれる。

G. H. ミードの考え方

それでは，ここでアメリカの社会心理学者ミード（Mead, G. H）の自己論についてみてみよう。ミードは，「他者の態度に対する生命体（主体）の反応（主我：I)」と「他者の態度の組織化されたセット（客我：me)」とのかかわりから自己論を探求している[8)]。ここでは，便宜的に主我（I）を自我，客我（me）を自己と分けて考える。彼は，生まれたばかりの赤ちゃんにあるのは，「感覚的な経験」のみであるという。誕生時，脳の中の細胞はほぼ完成しているが，脳内の連関，いわゆる調整作用の大部分は，これから確立されねばならないとする。そして，ミードは人間の行為の機序を「衝動・知覚・操作・完成」の四つの段階に分けた。そして赤ちゃんは，このうち「衝動と完成」のみが存在するとした。赤ちゃんは，動物のレベルと変わらない，意識をもたない段階であるというのが彼の主張であった。すなわち，「Ｉ」のみが存在し，「me」をもたない。

しかし，ここまで乳児期の特徴となるいくつかのテーマを取り上げて検討したように，新生児でさえ，周囲の大人との関係を主体的に築き上げ，決して非社会的な存在とはいえない。ミードの言葉でいえば，「自由の感覚で，非決定性，新奇性，自由意志，能動性，独自性」といったものに特徴づけられる「Ｉ」の形成が，乳児期はとくに重要である。1，2歳の子どもは，外から見た自分と違う自分があるということに気づき，思いっきり抵抗したり，反抗したりすることがしばしばある。「Ｉ」とは，「問題状況で有効に働き，自分でもつかめない，予測不可能な不確定なもの」であるが，「行為した後にこの存在に気づく」，一人ひとりの中に確かに存在するものである。

こうした「Ｉ」を形成するためには，大人が乳児にかかわる際には，たとえば，食べ物を前にして「食べなさい」よりも，「おいしいね」「一口食べられてよかったね」というように，主体性が育つかかわりが重要であろう。乳児期は内的自我の形成が重要な時期であるからである。あちこち動きまわる乳児に対して，「どうしてこんなことするの？」よりも，「こうできたらすてきだね」「ここで遊んだら楽しいよ」とことばかけをしたり，トイレの前では，「おしっこ，でたでた」（パチパチ）「オオー」とうれしい叫び声を一緒にあげたりする。保育士が日常的に行っているような共感的なかかわりである。うれしい感覚をともに味わう時間を大切にしたい。また，そういった観点からみると，社会的役割理論といわれるミードの理論が，別の形にみえる。ミードは，外から見た「自己＝私」の形成を重視するようにみえるが，わけのわからない内的な叫びを含む自我（「Ｉ」）の形成を含め，より多層的な自己論と解釈されるのではないかと筆者は考える。

幼児期に，親があまりに厳しく自我を抑えようとすると，自信をなくし，自分の意志で始めようとしなくなる「自己放棄」型の子どもになる恐れがあり，あまりに好き勝手にやらせてしまうと，子どもは自己統制ができず，欲求不満耐性の低い，我慢や辛抱ができなくなる「統制されない自己主張（わがまま）」のタイプになる恐れがあるという報告がある。そのため，自我と自己とのバランスを調整する「自律性の発達」が重要となる。自己の登場が早くなっている現代社会こそ，自我の働き，「育ち」を大切にしたい。子どもが，他人との関係の中で，自分自身をつかさどり，人と協調して自覚していくことを学ぶためには，時には忍耐をもって見守る姿勢も必要である。子どもがやるのを待つゆとりと，子どもが必要ならば適切な援助を与えるという手出しのバランスを保ち，他律的でない自律的な自己コントロール力を身につけさせていくことが重要である。このバランス感覚は，言葉でいうほど容易ではない。子どものペースに合わせ，必要な時には，厳しくルールを教えなければならない。大人の都合で態度が変わるようだと，子どもはすぐに見抜いてしまう。大人の一貫した態度が重要である。

乳児の心は，社会の変化に応じて形を変えて適応する力をもっている。けれども，心はまた，身体に規定された，人間固有の何十年も変わらない働きをもつ。乳児期，そして幼児期は，内的な力を十分蓄える時だから，教育よりも，生活重視，身体育てが大事な時期である。息子の姿を見ていると，十分な遊びの中で育つ社会性の力の重要性を感じる。

また幼児期に続く児童期の遊びについて，ミードは「ごっこ遊び（play）」から「規則遊び（game）」へと変化すると述べている。幼児期の後半から，競争心が現われ，勝負を競うゲームなどの遊びを好むようになる。ミードは，集団的ゲーム遊びの例として野球をあげ，自分のポジションについている時は，自分に期待されている役割を知っているだけでなく，他の役割がどのようであるか，自分の役割と他の役割がどんな関係かも知っている必要があるという独自の役割理論を提示している。

子どもは，こうした集団遊びのなかで自己を発達させ，その先に，こうした分業の組織で成り立っている「大人の社会」の人間関係を学ぶことにつながっていくというのである。実際の子どもたちの姿を見ていると，暦年齢で，「この年になったら，何ができるようになる」という発達の図式よりも，ミードの提示する社会を前提にした（仲間関係の変化で子どもの心の発達をとらえる）「相互作用年齢」という概念はたいへん重要に思われる。

1990年代になって，幼児期の4歳が，子どもの心の発達の大きな転換期であるという「心の理論」が日本でも注目されるようになった。心の理論では，自分の視点からのみでなく，相手の立場になって物を見られるか，相手の身になって考えることの重要性に注目する。集団の中では，他者の身になって考え，感じることは大切である。保育園の集団生活では，「○○ちゃんの身になってごらん」「○○君も，こうされたらいやでしょ」など，子ども同士のトラブルが生じると，保育士が間に入って，互いの気持ちを整理している姿をよく目にする。2歳ぐらいだと，自分の感情だけでいっぱいになって，相手のことなど目に入らないことも多い。他者の視点に立って，あるいは他者の身になって考え，感じるためには，この自己中心的な考えや感じの世界から抜け出す必要がある。

客観的な自己が獲得されるまでの2，3歳までの過程で，他者の視点を先に教えるよりも，まずは「いたずらしたかったんだね」「おもちゃを崩したら，すっきりしたの」など，自分の気持ちに気づくことが大事であろう。子どもの気持ちを受けとめ，整理してあげた後で，そのつぎはどうしたらいいか，自分で考えられるような働きかけが重要であろう。

幼児期のトラブルは，大人の注目を引きたいという単純な叫びであったりすることも多い。大人が幼児期前半の子どもの発達を急ぎ，自我よりも自己の形成に力を入れすぎてしまうと，自分の気持ちがわからない子どもになってしまう恐れがある。発達心理学者マーラー（Mahler, M. S.）は，3歳以下の乳幼児と母親との関係性の視点から「分離―個体化」までの過程を図式化し，母子間の情緒的なやり取りをへて自己意識が確立していることを示している。自己感の発達の図式を示したスターン（Stern, D.）も，自己意識の確立には，母親など養育者との積極的な相互作用体験が必要であり，こうした経験をとおして，乳幼児は自分や他者の心に気づいたり，他者と経験を共有し共感しあったりできるようになることを主張している。

また，幼児期に続く児童期になると，自分が価値のある者と感じられるか，自己有用感，自尊感情といったものが大事とされている。最近の小学生は，自分が環境を操作し，自分の能力を信じ，解決していく力が弱いということも耳にする。子どもが，自分の頭で考え，行動していける力＝「生きる力」を養うことが，児童期以降の重要な課題だとされている。その力のもとが乳幼児期に形成されるのだ。

発達とは，何か。他の動物とは異なる「心」をもった人間として，大人が一人ひとりの子どもと向き合い，対話を重ねていく過程の中に答えがあろう。忙しすぎる現代社会だからこそ，大人主導の「子育て」支援から，子どもの本来もつ力を引き出す「子育ち」支援の充実が，今後ますます重要となるだろう。

註

1）P & Gパンパース赤ちゃん研究所「母親へのアンケート調査」より。
2）NPO 法人「みんなの食育ステーション」では，2005 年 1 月，東京品川区の大井銀座商店街に食の情報発信基地として「みんなの食育ステーション in 大井町」をオープンさせた。商店街の空き店舗対策事業として品川区が創設した商店街活性化の助成金「品川区チャレンジマート事業」を利用したもので，行政，商店街，NPO の連携モデルとして注目されている。地域の幼稚園，保育園，小学校の食育企画，ごはん食推進イベント「パワーボール」（農林水産省助成事業），親子での産地体験，大井町健康フェスタ（品川区商店街活性化助成事業）などを開催し，食を作る楽しさを体感できるような活動を行っている。
3）若井邦夫他『乳幼児心理学』サイエンス社，1994
4）村田孝次『生涯発達心理学入門』培風社，1994
5）同上
6）ピアジェ，J.（谷村覚・浜田寿美男訳）『知能の誕生』ミネルヴァ書房，1978
7）二宮克美他編『生涯発達心理学』ナカニシヤ出版，2006
8）ミード，G. H.（稲葉三千男他訳）『精神・自我・社会』青木書店，1973

参考文献

平田慶子『子どもの生活と心の発達』学文社，1990
片山義弘『乳幼児臨床心理学』福村出版，1992
丸野俊一・子安増生『子どもが「こころ」に気づくとき』ミネルヴァ書房，1998
尾形和男『家族のかかわりから考える生涯発達心理学』北大路書房，2006
津守真『自我のめばえ——二〜三歳児を育てる』岩波書店，1984
内田伸子・南博文『子ども時代を生きる——幼児から児童へ』生涯発達心理学第 3 巻，金子書房，1995
山内光哉『発達心理学　上——周産・新生児・乳児・幼児・児童期』サイエンス社，1989

第15章
これからの子育て支援

白井千晶・岡野晶子

1　ヨーロッパの子育て支援から学ぶもの（白井千晶）

世界に目を向けると，ヨーロッパの先進諸国においても少子化の進行が問題とされてきたが，1990年代以降，フランス，スウェーデンなどで少子化に歯止めがかかり，今世紀に入ってからは次第に上昇に転じている。2006年（一部2007年）の統計では，フランスの合計特殊出生率は2.00，ノルウェー，アイルランド，スウェーデン，イギリス，デンマークは1.80を超えている（**表15.1**）。

これらの諸外国では，どのような支援策を講じているのだろうか。ちなみに，アメリカ合衆国も出生率は2.05と先進国の中では高いが，それはつぎのようなアメリカ社会特有の要因によるものと思われる。①移民の出生率が高い（2003年にヒスパニック系アメリカ人の合計特殊出生率2.79，アフリカ系アメリカ人2.00。しかし非ヒスパニック系白人でも1.86の出生率である），②人工妊娠中絶の忌避（ヨーロッパでも保守系カソリックのアイルランドでは2002年に1.97でヨーロッパ1位であった），③柔軟性のある労働市場（日本と同じように育児休業も保育所制度も充実していないが，労働市場が柔軟であり妊娠・出産・育児による退職後に再就職することが容易である）。

表 15.1　世界各国の合計特殊出生率

国・地域	年	出生率	国・地域	年	出生率
フランス	2006年	2.00	日本	2007年	1.34
ノルウェー	2006年	1.90	韓国	2007年	1.26
アイルランド	2007年	1.90	シンガポール	2007年	1.29
スウェーデン	2006年	1.85	台湾	2004年	1.18
イギリス	2006年	1.84	アジア	2000〜05年	2.47
デンマーク	2007年	1.83	東部アジア	2000〜05年	1.66
オーストラリア	2007年	1.81	南部中央アジア	2000〜05年	3.19
オランダ	2006年	1.70	南東部アジア	2000〜05年	2.51
ベルギー	2004年	1.64	西部アジア	2000〜05年	3.22
スイス	2006年	1.43	アメリカ合衆国	2006年	2.05
オーストリア	2006年	1.40			
スペイン	2005年	1.35	北部アメリカ	2000〜05年	1.99
ブルガリア	2006年	1.37	オセアニア	2000〜05年	2.37
ハンガリー	2006年	1.34	ラテンアメリカ	2000〜05年	2.53
ドイツ	2006年	1.32	アフリカ	2000〜05年	4.98
イタリア	2005年	1.32	先進地域	2000〜05年	1.56
EU 全体	2007年	1.52	発展途上地域	2000〜05年	2.90
ヨーロッパ	2000〜05年	1.41	世界全体	2000〜05年	2.65

出典：国立社会保障・人口問題研究所『人口統計資料集2008』および報道発表資料より

GDPに占める家族支援費割合の高さ

ここではフランスとスウェーデンに注目してみよう。**表 15.2** は，子育て世代（25〜39 歳）の女性の労働力率と認可保育サービスの利用割合である。これをみると，フランス，スウェーデンでは有配偶女性の労働力率が高く，認可保育サービス利用率も高いことがわかる。一方，日本同様に少子化に歯止めがかからないドイツでは，有配偶女性の労働力率が高くなく，保育所利用率も低く，日本と似た傾向を示している。

図 15.1 は，GDP（国内総生産）に占める家族支援に関する費用の比率を示したものである。これをみると，日本は 0.75 %であるのに対して，フランスは 3.02 %，スウェーデンは 3.54 %と，日本の 5 倍も割かれていることがわかる。なおかつ，国民の負担率が高い。つまり，家族支援が日本とは比べものにならないほど「公共的」であるのだ。

さらに **図 15.2** をみると，日本では，家族・子ども向けの公的支出よりも，高齢者向けの公的支出の割合が非常に高い。少子化対策よりも，高齢者福祉に支出が割かれているのである。一方で，高福祉で知られて

表 15.2　女性の労働力率と保育サービス利用割合　　(%)

		日本	フランス	スウェーデン	ドイツ
女性労働力率					
(2005)	25〜29歳	71.6	78.4	83.2	73.5
	30〜34歳	61.6	78.9	84.6	74.4
	35〜39歳	62.3	81.4	88.1	78.7
(うち有配偶)					
	25〜29歳	48.4	72.4	78.8	58.7
	30〜34歳	48.1	74.6	83.1	64.8
	35〜39歳	54.5	78.9	88.6	73.3
3歳未満児のうち認可された保育サービスを利用する者の割合		20 (2006) (0歳児　7 1歳児　22 2歳児　29)	42 (2004) (集団託児所　11 家庭託児所　3 認定保育ママ29) ＊このほか，2歳児の26%が幼稚園の早期入学を利用	44 (2004) (0歳児　0 1歳児　45 2歳児　87) (就学前保育施設　40 保育ママ　4)	14 (2006) (旧西独　8 旧東独　39) (保育所　12 保育ママ　2)

出典：厚生労働省社会保障審議会第1回少子化対策特別部会資料

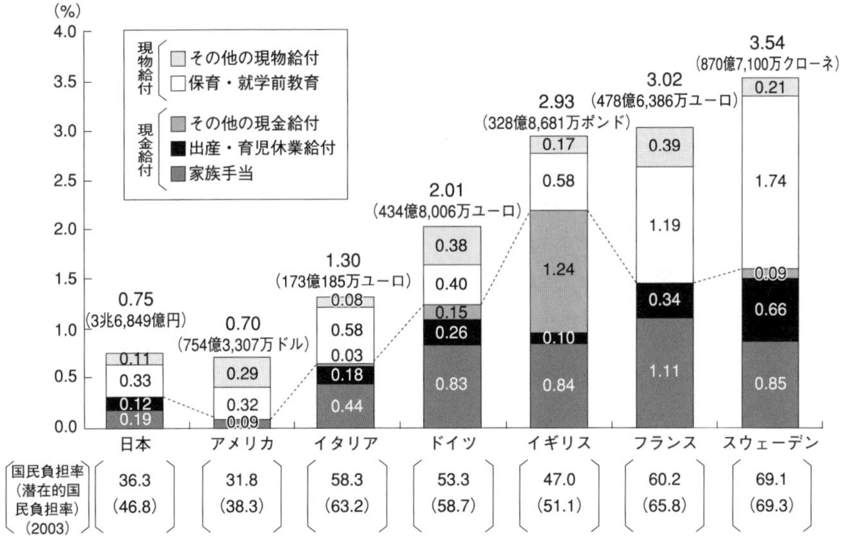

図 15.1　家族支援費が GDP（国内総生産）に占める割合

出典：『平成20年度版少子化社会白書』

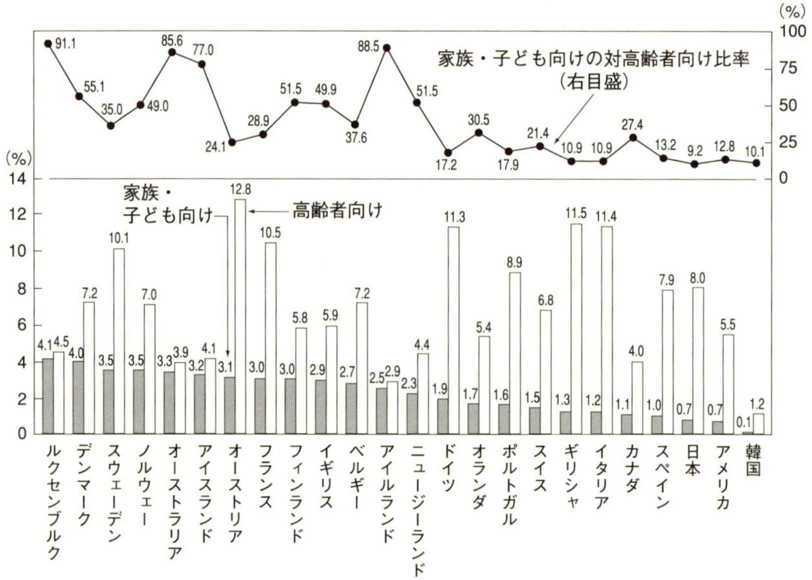

図 15.2　先進諸国における家族・子ども向け公的支出と高齢者向け公的支出の対 GDP 比
（2003年）

出典：「社会実情データ図録」(http://www2.ttcn.ne.jp/˜honkawa/) より作成

いるスウェーデンやノルウェーでは，確かに GDP における高齢者向け支出の割合は高いが，家族・子ども向け割合も高い。フランスも同様である。

フランスでは子どもが収入を生む

家族・子ども向けの公的支出の中身をくわしくみてみよう。

表 15.3 は，フランスにおける公的な家族給付を日本と比較してまとめたものである。これをみると，フランスでは，政府から支給される手当（給付）が多岐にわたっていることがわかる。日本では唯一すべての児童を対象にした児童手当にも所得制限があり，地方自治体による各集計を概括すると，支給対象年齢児童の受給率は 10 %程度である。

また特定の状況で支給される現金給付には，日本では児童育成手当などがあるが，フランスではこうした手当以外に，お手伝いさん雇用手当などさまざまな状況に応じて手当が支給され，金額も必要な額をできるだけカバーできるよう現実的な水準である。日本では児童手当が一人

表 15.3　フランスと日本の公的な家族給付・休暇

フランス	日本
【家族手当】 20歳になるまで支給。所得制限なし。 第1子　なし　　　　第2子　117ユーロ 第3子　267ユーロ　　第4子　417ユーロ 第5子以降　それぞれ150ユーロを加算 さらに11〜16歳時　33.51ユーロを追加 　　　16〜19歳時　59.57ユーロを追加 【家族補足手当】 3歳以上の児童を3人以上扶養している世帯に一律支給する。所得制限あり。子ども3人の場合，年収26,285ユーロの所得制限あり。3人目以降の子ども一人につき，月149.76ユーロの支給。 【家族扶養手当】 両親の一方または双方を失った遺児等を養育する家庭への補助。両親を欠く場合子ども一人につき，月107.87ユーロ。片親を欠く場合子ども一人につき，月80.91ユーロ。 【単親手当】 単身の妊産婦，または子の養育者への所得補助。手当額は，家族保障所得額から本人の所得額を差し引いた差額。	【児童手当】 小学校修了時まで。所得制限あり。国による。 第1子　5,000円 第2子　5,000円 第3子以降一人につき1万円 3歳未満一律10,000円 【児童扶養手当】 父親（母親）の死亡・離婚等による母子（父子）世帯に子が18歳まで支給される手当。児童1人の時，全額支給で月41,720円，2人目5,000円，3人目以降3,000円を加算。所得制限あり。たとえば子ども1人・母所得220万円で月11,870円。 【児童育成手当】 死亡や離婚で父母のどちらかがいない児童に対するいわゆる「ひとり親」手当。都道府県による。支給対象は18歳まで，東京都平成20年度・13,500円。所得制限あり受給率7割程度。
【乳幼児迎入れ手当】 ⑴2004年から，従来の乳幼児手当，認可保育ママ雇用手当，養育手当，養子手当を再構成したもので，3歳未満の乳幼児を保育する者に対する給付。 ①月収4,100ユーロ（約55.1万円）以下の家庭に，基礎手当として月165.22ユーロ（約2.2万円）を3年間支給。 ②826.10ユーロ（約11.1万円）を妊娠7カ月目から出産1カ月後の間に一括して支給。所得制限あり。 ⑵出産先行手当として，出産時に支給。 ⑶職業活動の停止に対する付加給付（3年間）〜子ども1人の場合は6カ月まで，子ども2人以上の場合は3歳まで，父母のどちらかが職業活動を中断した場合月347.42ユーロの付加給付。⑴と併給可。 ⑷保育方式による付加給付〜託児所に預けた場合にくらべ個人の保育ママを雇った場合の差額を補填。	【里親委託費】 親権をもたずに子を養育する里親に対し，親族里親以外に支給される。生活費と委託費で月約8万円。

【在宅保育手当】 親がみな就労していて６歳以上の子にベビーシッターを雇用している場合の手当	
【出産休暇（母親）】 第１子・第２子の場合 出産前　６週間　出産後10週間 第３子以上の場合 出産前　８週間　出産後18週間 この間，給与の80％までを保証。最高2,000ユーロまで。	【出産休暇（母親）】 出産前６週間，出産後８週間 出産休暇中の給与の保証規定はないが，健康保険法に基づいた出産手当金として標準報酬日額の60％が支給される。
【出産休業（父親）】 出産後　４カ月以内に11日間（双子以上の場合は12日間） 給与の80％までを保証。ただし最高2,000ユーロまで。	【出産休暇（父親）】 規定はなし。
【育児休業】 出産休暇終了後とるのが通常 １人目の子ども　６カ月間　この間，勤務状況によって手当を支給 まったく働かない場合　530.72ユーロ 半分勤務の場合　　305ユーロ ２人目以上の子ども　３年間，支給手当額は１人目の子どもの場合と同じ。	【育児休業】 子どもが生まれた日から１歳になる誕生日の前日まで。子どもが１歳時に保育所に入れない場合は，１歳６カ月まで休業可能。育休中に賃金の３割を支給。職場復帰から半年後を目処にさらに１割を支給。（10年３月末復帰者まで５割）
【お手伝いさん雇用補助】（フランス国家による） 個人で知り合いなどに頼む場合 子どもが３歳未満　160〜394ユーロ 子どもが３歳〜６歳　80〜187ユーロ 専門機関に頼む場合 子どもが３歳未満　562〜776ユーロ 子どもが３歳〜６歳　231〜388ユーロ ただしいずれの場合も雇用費の15％は自己負担。この他，パリ市など各自治体でも補助制度を実施。	
【大家族カード】 フランス国鉄：家族数に応じて割引率が高くなる。子ども３人の家族の場合は，家族全員30％の料金割引。子どもが６人以上いれば75％割引。 地下鉄：子ども３人以上の場合一律50％割引。 一部のデパートやホテル，レンタカー，小売店などでも割引制度を実施。パリ市ではプール，公園，展覧会の入場を無料にしている。	
【特定目的給付】 ⑴特別養育手当：障害のある子どもの養育と教育補助。障害のある子ども一人につき，基礎額115.64ユーロ（約1.6万円）を支給。障害の程度に応じ，補足額あり。	【就学援助】 生活保護と同程度の所得水準で，小中学校の学校給食費や学校で徴収される学用品の支

(2)両親在宅手当：重病や障害のある子どもの看護のために保護者が仕事を休職するか労働時間を短縮することに対する手当。所得制限あり。仕事を休む場合，カップルには月841.42ユーロ（約11.3万円），一人親には999.19ユーロ（約13.4万円）を支給。パートタイムで働く場合，カップルには420.73ユーロ（約5.7万円），一人親には525.90ユーロ（約7.1万円）を支給。 (3)新学期手当：9月の新学期に，修学年齢にある6歳以上18歳未満の児童を養育する者に支給される。所得制限あり。子ども一人につき，263.28ユーロ（約3.5万円）を支給。所得制限は，子ども一人の場合，年収17,011ユーロ（約228.6万円）以下で，1人増えるごとに，3,926ユーロ（約52.8万円）を制限額に加算。 (4)住宅手当：家賃生活者で，各種家族関係給付の1以上の受給権を有する者に，その所得から政令に定める最低限度の家賃を支払う者，保健・衛生，居住人数の点で最低限の要件を満たした住居に居住することを要件に支給。	払を免除される。 【乳幼児医療費助成】 自治体による乳幼児医療助成制度。自治体により年齢制限，所得制限，支給対象が異なる。 【特別児童扶養手当】 精神，または身体に障がいのある20歳未満の児童を養育している父母または養育者に対して支給される手当。療育手帳Bで月33,800円。 【障害児福祉手当】 常時介護が必要な20歳未満の重度障害者に対して支給される。所得制限あり，施設入所者は対象外，月約15,000円。

出典：読売新聞2007.1.28,『平成17年度版少子化社会白書』内閣府（2005.1現在）をもとに加筆

5,000円など，現実に必要な金額をまったくカバーできない。

総合すると，フランスでは子どもが3人いれば，およそ労働者一人分の「収入」に見合う給付を得られることになる。日本では子どもは収入を生まないばかりか，育児休業，退職，時短等によって親の収入を減らし，保育，教育，住宅等によって支出は大いに必要となる。生めば生むほど給付額が大きくなり，休暇が多くなるのがフランスの特徴である[1)]。

多様な子育て支援メニュー

フランスでは，このように直接給付が多額であるが，同時に子育て支援メニューも多様で，育児における選択を重視している。**表15.4**は，先進各国の保育サービスを比較したものである。これによると，フランスでは集団保育の保育園が存在する（3カ月児〜3歳対象）だけでなく，保育ママ利用者が非常に多く，3歳未満の乳幼児の大半は家庭的な環境で子育て支援を受けている。さらに日本と大きく異なるのは，「保育学校」と呼ばれる2歳8カ月以上対象の無料の保育施設があり，就労の有無を問わず利用できることである。3歳以上になると保育学校に移り，親が就労している場合は，保育学校の時間外に併設の託児所に預けるこ

表 15.4　保育サービスの各国比較

事項	日　本	フランス	スウェーデン	ドイツ	イギリス	アメリカ
設置主体	市町村，民間	市町村，民間，非営利団体	保育所の大半は，コミューン(市町村)により設置，経営されている(一部，親たちにより組織運営される両親共同保育所等が存在)。	地方自治体，協会，福祉団体等	自治体，民間 公立の施設は数が少なく，一人親家庭など特別なニーズをもつ児童が優先利用しており，施設の多くは，企業内託児施設や民間企業が設立した施設となっている。集団的な施設保育を行う保育形態は，デイナースリーと呼ばれる。	教会，非営利団体，企業 いずれも，親が私的に契約して利用。国で統一の制度はなく，保育所の設置基準等も州が定める。また，連邦政府は州に対して，低所得家庭が良質な保育を受けることができるプログラムへの助成を行っている。 施設型の保育所は，デイケアセンターという。
財源	国から，市町村へ保育所運営費として2分の1，都道府県から4分の1の補助金を給付していたが，公立保育所への国庫負担金が廃止に，税源移譲して一般財源化。	家族給付全国基金から市町村に補助金，市町村から非営利団体に補助金を給付。		州ごとに決められている。		
利用料	所得階層により0円～8万円の基準額が定められており，市町村により基準額を元に軽減措置等が行われている。	パリ市運営の場合一人，月30ユーロ(約4,000円)～570ユーロ(約77,000円)(応能負担) パリ市民間保育所一人，月1,500ユーロ(約202,000円)程度			原則，親の負担。伝統的に，保護を必要とする子どもへのサービスが中心で，一般家庭向けサービスの整備は低い水準にとどまる。	低所得の援助を受ける家庭を除いて，親が利用料を負担する。
	0～6歳児 3歳未満	0～3歳児 設置数	保育サービスは，幼児教育の一環	旧西ドイツ地域では，3歳未満	5歳未満児 施設保育に家庭	デイケア(保育園)とファミリ

事項	日　本	フランス	スウェーデン	ドイツ	イギリス	アメリカ
利用者・利用状況	21.0% 3歳～6歳未満 40.0%(2008年4月1日) 設置数 22,909(2008年4月1日)	4,300(1999年) 利用状況 3歳未満の児童(約230万人)のうち，集団託児所は約13万人，ファミリー保育所は約70,000人。3カ月～3歳未満児で親が就労している場合利用できる保育園は数が少なく利用者は就労する親の10%程度。2歳8カ月以降，親の就労等の条件を問わない「保育学校」に入れ，公立なら無料。	で，保育所に通っていない子どもと親が参加するオープン型保育所も設置されている。 利用者 1～6歳対象。教育的活動を中心とした託児施設。親の就労支援のため1日10時間～12時間開設 パートタイムグループ 4～6歳対象。1日3時間。他の施設と併用されることが多い。1～5歳児の82%が保育所を利用している(2003年)。1～5歳児の母親で専業主婦は1%のみ。両親休暇制度があり，1歳までは親がみるべきとの価値観があり，0歳児の保育所利用は基本的になし(1997年で200名のみ)。 オープンプレスクール 他のサービスを利用していない未就学児が利用可能。両親の付き添いが必須。	児は家庭でとの考えが根強く，保育サービスの整備は低い水準にある(ある州では，対象年齢に占める利用者の割合は，保育所2.3%，幼稚園97%)。一方，旧東ドイツ地域では，社会主義時代の名残で保育施設は充実している。 また，3歳以上6歳未満の幼児すべてに幼稚園入園の権利が保障されている。 利用者 0～3歳児	的保育を合わせても，5歳未満児の10数%をカバーする程度。「子どもセンター」は地域施設で3歳以上の就学前全児童対象。	ーデイケア(保育ママ)合わせて5割程度。施設不足と利用料が高額のため(平均家計の17%)。フレックスタイムやパートタイムなど就労調整で対応，もしくはベビーシッター。
	家庭的保育事業 保育に欠ける	認定保育ママ 3歳未満児の	ファミリーデイケア	在宅保育サービスは，公的制度	チャイルドマインダー	親が私的に契約を行って雇用す

事項	日　本	フランス	スウェーデン	ドイツ	イギリス	アメリカ
保育ママ、ベビーシッター等	3歳未満児に対し，保育所との連携により保育者の居宅において保育を行うもの。家庭的保育事業を行う市町村へ国，都道府県が助成，利用者の負担月額は約2万円～5万円。 保育ママは地方自治体の単独事業あり ベビーシッター協会に登録する事業者数は，115(2003年)。 基本利用料，1時間当たり1,000円～2,400円程度	児童(約230万人)のうち，認定保育ママを利用する児童は，約50万人と集団託児所(約13万人)に比べ，圧倒的に多い。 認定保育ママを利用している親に給付(児童の数と所得により支給額決定(所得制限なし) 〈3歳未満〉 151.78ユーロ(約20,000円)～354.19ユーロ(約48,000円) 〈3～6歳〉 75.89ユーロ(約10,000円)～177.11ユーロ(約24,000円) (月額)	チャイルドマインダーが自宅でチャイルドケアを引き受ける自治体のサービス。未就学児と学校に通う子どもたちの放課後の世話をし，両親の都合に合わせて利用される。 主に0～2歳で保育要件必要，85%が公費負担。	として認めておらず料金が高いため，利用できる親は限られている。	保育所同様に，利用料は原則親の負担であり，保育所とチャイルドマインダー合わせても，10数%の利用率にとどまっている。	るベビーシッターの利用が進んでいる。 家庭的保育は，自宅で他人の子どもを預かる仕組みで，州に登録して一つの家庭で6人程度の子どもを預かるもの等。

注1：保育ママは，保育所として行政に雇用されるパターンと保護者と直接契約するという二通りのパターンあり。
注2：在宅保育手当とは，6歳以上の児童のためにベビーシッターを雇う家庭への手当（ただし養育者が双方とも，片親の場合は一人が働いている場合のみ)。
注3：各国の為替レートについては，日銀報告省令レート（2005年9月分）により換算。
出典：「海外情勢白書　世界の厚生労働2004」（厚生労働省編）等をもとに，内閣府少子化対策推進室において作成した資料，『平成17年度版少子化社会白書』内閣府，第5回社会保障審議会少子化対策特別部会資料（2008年3.21),「保育所の状況について（2008年4.1現在)」2008年8月28日厚生労働省報道発表資料，『世界に学ぼう子育て支援』（フレーベル館，2003）をもとに作成

とができる。このほかにも，保育ママのネットワーク（家庭保育園)，ベビーシッター（学生のアルバイトや移民などが多く，安価)，下宿人が保育を請け負うシステム（欧米ではめずらしくない制度で，下宿代と保育料を相殺する)，親保育園（親が共同で保育を交代）など，フランスには多様な保育が存在している。

スウェーデンでは，育児休業と行政による保育の両面で育児環境を整備している。子どもがいる女性はほとんど就労していて，育児休業が徹底している。そのため0歳児の保育はほとんどない。1歳を過ぎると行政が設置主体の保育園に入園することが多く，2歳児の入所率は87％

におよぶ（日本は3割）。

ドイツでは，有子女性の就労率は日本より若干高いがヨーロッパの中では低く，保育園入園率が日本より低いことは先にみた。保育制度が州ごとに異なり全国統一の制度はなく，旧東ドイツ地域では低年齢児の保育施設が充実しているが，旧西ドイツ地域では3歳未満児の施設は数パーセントに過ぎない。3歳以上になると幼稚園入園の権利が全児に保障されている。

イギリスでは，低年齢児の保育はあまり保育園でカバーされず，企業内託児所や民間企業の保育施設で保育されることが多いが，3歳以上は，親の就労の有無にかかわらず「子どもセンター」で無料の保育を受けることができる。子どもセンターは保育だけを目的にした施設ではなく，医療を受けたり，親子のレクリエーションに利用されたりする。ただし4時間程度であるので，就学前の保育は先の託児施設の他，チャイルドマインダーなど個人との個別契約で担われることが多い。

アメリカでは，就業のほうを柔軟にすることで対処してきたことは先にもふれた。つまり，退職，再就職，パートへの切り替え，パートからフルタイムへの切り替えが柔軟であり，子どもが幼少の時は，仕事を辞めたり，祖父母などへの一時保育で対応できるようなパートタイムへの切り替えをすることで対応されてきた。保育としては，ベビーシッターの個人契約など，市場対処型である。

少子化対策→子育て支援→家族支援→ライフスタイル支援

こうしてみてみると，ヨーロッパの支援政策は「少子化対策」「子育て支援」というよりも，「家族支援」といえるだろう。産む数を増やす政策から，子どもを育てる・子どもが育つための支援へ，そして，子どもだけでなく親をも支援する家族支援へと展開してきたのである[2)]。

2　多様な家族支援へ（白井千晶）

家族支援へ

「エンゼルプラン」にみられるように，政府はこれまで，少子化対策

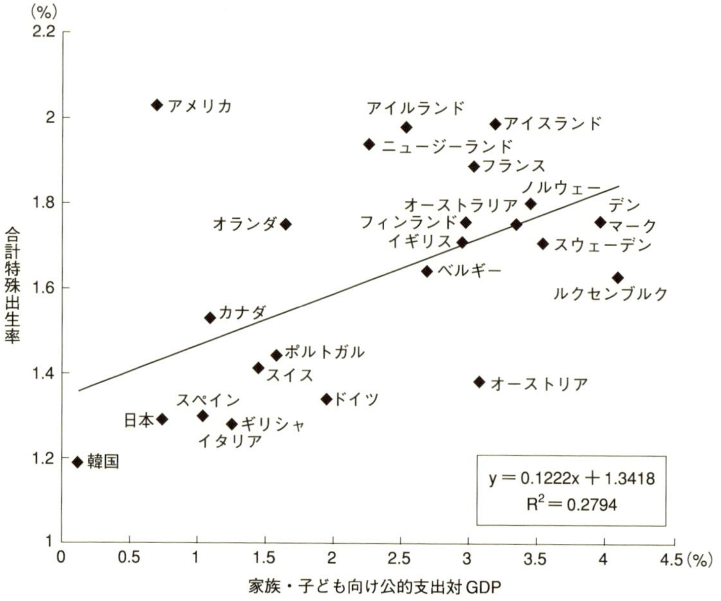

図 15.3　先進諸国における家族・子ども向け公的支出と出生率との相関(2003年)
出典：「社会実情データ図録」(http://www2.ttcn.ne.jp/~honkawa/) より作成

として，つまり出生率を上げるための重要政策に保育制度の拡充をあげていた。確かに **図 15.3** に示したように，家族・子ども向けの公的支出と合計特殊出生率は正の相関があるようだ。

しかし，周燕飛が統計的に行ったモデル検証によると，児童福祉費の投入は，出生率の上昇の誘因とならない。しかし，出生率が高い自治体は児童福祉費を投入しており正の相関がある。つまり，「児童福祉費投入における少子化対策の効果は統計的に確認されないが，児童福祉費の投入額に出生率の水準が大きく左右している」という[3]。児童福祉費を上げると出生率が上がるのではなく，出生率が上がったから児童福祉費が上がるのである。これまでの少子化対策は因果関係が誤っている。

それだけでなく「少子化対策としての保育所の拡充」は，男性や有職でない女性の育児支援を看過した政策だった。核家族化して同居する女性親族がおらず地域社会のネットワークも崩壊した現在，いわゆる専業主婦女性のストレス，育児不安，社会的疎外感の高まりは，仕事をしながら子育てをしている女性のそれ以上ともいわれる[4]。

さらに，保育所の増設と待機児童数の減少という「頭数」に集中してしまったために，多様な保育ニーズを看過してしまった。保育政策は，少子化対策として行われるべきではない。むしろ，家族支援の一貫として行われるべきである。就労の有無という親の属性によって保育サービスの利用の可否が決定されるのではなく，子どもに焦点を当てて支援がされる必要がある。「子ども・子育て応援プラン」は，少子化対策から育児支援へと舵を切ったが，育児支援からさらに家族支援へと包括的に政策展開するべきだろう。

ニッチを埋める

しかし，一方において，ヨーロッパ並みの家族支援策を展開できるような財政的負担については，国民の理解を得るのがむずかしいだろう。2007年4月，「子どもと家族を応援する日本重点戦略検討会議」の要請により厚生労働省が試算したところによると，日本でフランス並みの施策を行うためには，年間10兆6,000億円の財源が必要だという。現在の子育て支援政策の支出が3兆7,000億円であるから，新たに6兆9,000億円が必要となる[5)]。これを消費税でまかなうならば，さらに3％負担増が必要だという。現実的な財政政策として，家族支援に対する「公共性」についてコンセンサスが得られない日本では，家族支援の提供にあたって，昨今の政策の柱となっているような，「準市場型経済(Quasi Market Economy)」を基本に，民間の力を誘導していくしかない。具体的には，多様化する家族，多様化する就労，結果として多様化するニーズに照らして，支援提供側の理念としては，「ニッチを埋める」(隙間を埋める）ことしかないだろう。

シティズンシップ

一方で，育児にたずさわる側は「利用者」という「支援を受ける」役割にのみ甘んじてはならない。「準市場型経済」であると同時に，「シティズンシップ」を根幹に据えることが必要だろう。つまり，子育てにたずさわる者はただ消費者，受益者，客，被支援者であるのではなく，シティズンシップにもとづいて子育て社会の参加者を目指すべきである。

欧米では学生アルバイトがシッターになることが一般的であるが，これは直接契約により保育料金が安価におさえられるメリットだけでなく，子育て経験のない学生が育児を経験するという文化伝達機能もあわせもつ。日本では残念ながら学生アルバイトなどの個人契約はあまり普及していない。しかし，かつて共同保育が地域社会の中で生まれたように，行政主導の有償ボランティア登録という新たなネットワークに参加することができる。「共同からネットワーク社会へ」という時代は，子育てにたずさわる者が，ネットワークのハブとして，さらにネットワーク化を促進できることを意味する。

ファミリーサポート，民間のエスク，生協連合会が支援する各生協の有償ボランティアネットワークでは，サポートを受けることも，提供することも両方ある会員が存在して，いわばフォーマルな互助ネットワークを形成している。保護者参加型のNPO法人やコミュニティカフェへの参加という形態もある。子育て社会にローカルに参加し，創り上げ，改善するというアクティブな姿勢が必要だろう。それが準市場型社会をうまく機能させることにもなるのである。

3　新たな保育の試み（白井千晶）

多機能保育所

「ニッチを埋める」例を三つ紹介しよう。

保育施設は全日保育，企業や営利目的の託児所は一時保育といった一施設一機能ではなく，一つの施設で多様な保育を提供できれば，利用者にも運営側・経営側にもメリットがあるだろう。いわゆる「多機能保育所」の登場はそれほど新しくはないが，まだ全国的に普及していない。

多機能保育所の制度化は，新エンゼルプランで，地域における子育て相談，緊急・一時保育，延長保育，乳児保育など多様な保育需要に対応できる多機能保育所等の整備が決まったことに始まった。老朽化している保育所の改築にあわせて，地域における子育て支援のための子育て支援相談室等の整備，一時保育事業のための保育室等の整備など地域の実情に応じつつ創意工夫を重ねて，積極的かつ効果的な整備を推進している。1994年に政府が整備事業として助成した多機能保育所は0件だったが，99年には1,391件になり，新エンゼルプラン数値目標は2,000件とされた。のちにみるように，多機能保育所の中には，病後児保育室などが併設されることもあり，施設を多機能的に有効活用して，さまざまな利用者が訪れやすい環境をつくろうとしている。

とくに予算規模や人口規模が小さい地方都市や郡部，過疎地等では，政府が念頭においている多機能保育所以上に“多機能”な保育所が登場しつつある。たとえば，高齢者のデイケア施設と保育所の併設である。東京都江戸川区の社会福祉法人「江東園」は，地下1階，地上4階のビルで，養護老人ホーム，特別養護老人ホーム，老人短期入所事業，老人デイサービス，保育所，地域包括支援センター，指定居宅介護支援を提供している。1階が保育園，2階が養護老人ホーム，3階が特別養護老人ホームになっている。子どもたちが上の階に行ったり，お年寄りが園庭で子どもと体操することもあるという（読売新聞2008年2月5日）。運動会も合同だ。また19時15分までの学童保育も提供している。同区内の別の施設では，知的障がい者通所更生施設，老人デイサービス，訪問介護ステーション，配食サービスを提供している。養護老人ホームと保育園の併設は1976年からと歴史は古い。世代間交流とノーマライゼーションを目標の一つにしているという（同法人サイト）。

現在，このようにデイケア施設や特別養護老人ホーム，ケアハウス等と施設を共有してコミュニケーションを図ったり，行政の学童保育や児童館，子育て支援センターや福祉センター，保健センターと施設を共有するケースもみられるようになった。機能別単独施設ではなく，多機能的な地域の中核になることで，子どもが成長しても継続して来所できて情報やサービスが行きわたるほか，子どもや保護者が高齢者のボランティアに参加するなど，市民としてかかわる作用も期待できるだろう。

派遣型の病児保育サービス

ベビーシッター業とは別に，非営利の居宅型（派遣型）病児保育サービスが登場している。子どもは発熱等をしやすく病後時のセーフティネットの要請度が以前から高い。シッター企業が提供する病児対応という付加価値をつけた保育サービスは高額でなかなか手が届かず，職業キャリアに支障をきたす女性も少なくなかった。

NPO法人フローレンス（東京都中央区）は病児・病後児専門の派遣型保育サービスとして非常に先駆的な活動を行っている。病児・病後児保育室の9割が赤字であるといわれる中，非施設型で固定費を削減して経営努力をするとともに，利用者にとっては家庭保育が提供されるという，両者のニーズに合致した形態をとっている[6)]。月1回分の利用料を含む月会費は1万円弱で，それを超える分は民間シッター業並みの1時間2,000円あまりで利用する。別に契約を結べば，夜間保育等も受けられる。預かるスタッフは病児保育研修を受けた子育て経験者，保育士，幼稚園教諭，チャイルドマインダー，看護師であり，「こどもレスキュー隊員」とよばれ，固定シフト制か登録制で就労している。2009年2月現在，13医師と提携し，必要時にはレスキュー隊員がかかりつけ医や提携医を受診させる。NPO法人フローレンスの先駆的な点の一つは，法人の福利厚生と積極的にリンクしていることだ。たとえば日本女子大学はNPO法人フローレンスと法人契約を結び，教職員の就労支援と福利厚生のために，大学が月会費の一部を負担して居宅型（非施設型）病児・病後児保育の体制をしいている。

もう一点は，行政の病児・病後児保育事業とも積極的にリンクしていることだ。非施設型の病児・病後児保育は増えつつあり，国の「子ども・子育て応援プラン」でも，乳幼児健康支援一時預かり事業の一つに「派遣型（居宅子育て支援事業）」が据えられている。たとえば東京都港区には，病院内の病児保育所，単独施設の病後児保育室があり，利用者には料金の2分の1を区から助成している。それと同時に，区内の子育て支援を広く委託されているNPO法人あい・ぽーとステーションに委託して，訪問型の病後児保育も行っている。ファミリーサポートより若干高いだけの金額（二人目以降半額，夜間等は別途料金）で訪問病後児保育が受けられる。

これのすぐれた点は，夜間や宿泊をともなう病後児の委託が可能であること，また訪問型であるために固定費を抑え（施設設置維持費，利用のない時も職員が常駐することなど），研修を受けた子育て・家族支援者を登録しているため利用人数に柔軟に対応できることなどがある。

また東京都墨田区は，前述のNPO法人フローレンスを含む，NPO法人の派遣型病後児保育サービスを利用したときに，1時間当たり500

円の「NPO 法人の病後児保育サービス助成金」を出している（フローレンスの他に「NPO 法人病児保育を作る会」[7] も対象）。まさに準市場型の行政支援である。墨田区は 2008 年 11 月現在，施設型の病児・病後児保育室がなく，非施設型（在宅型）病児病後児保育政策をとっている。

東京都足立区には，区内に施設型の病後児保育室が二つあるが，訪問型の保育サービス（「子育てホームサポート事業」）で病後児保育も受けられ，しかも利用者負担金は 1 時間 500 円～という利用のしやすさである。ファミリーサポート事業とは別で，NPO 法人に事業が委託され，産前産後家事支援や病後児保育を行っている。

子育てタクシー

いわゆる保育業界しか保育支援ができないわけではない。その好例がタクシー会社が子どもの送迎を請け負う「子育てタクシー」である。2006 年設立の全国子育てタクシー協会では，全国のタクシー会社のうち，「子育てタクシー」を運行する会社で構成され，協会はドライバー研修，補償制度の拡充等を実施している。チャイルドシート，ジュニアシートを積んで子連れ利用を想定しているだけでなく，子どもだけでも利用可能で，塾や稽古事への送迎，保育園の送迎，親・祖父母・知人宅等への送迎を依頼できる。

料金は登録会社によって異なるが，たとえば東京都の加盟会社は，予約制で，4 歳以上の子どもはタクシー料金だけで利用でき，3 歳の子どもは 15 分 1050 円で同乗職員がつく。身分証を提示して相手への引き渡しまでしてくれるなど，子どもの安全に配慮した送迎サービスを行っている。運行準備中の会社も含め，2008 年 12 月現在全国の 56 社が加盟し，子育てタクシーとしてサービス提供している。

4　求められる社会的コンセンサス（白井千晶）

認知度と利用頻度をあげること【制度の浸透】

では，多様な育児支援を実現するためには何が必要なのか。

第一に，認知度と利用頻度をあげることが必要である。保育サービス

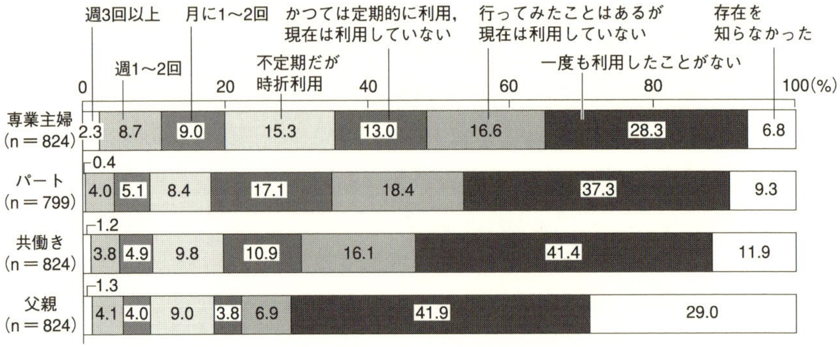

図 15.4　母親父親別つどいの広場や子育てサロンの利用状況

出典：こども未来財団『平成18年度子育てに関する意識調査　報告書』2007.2

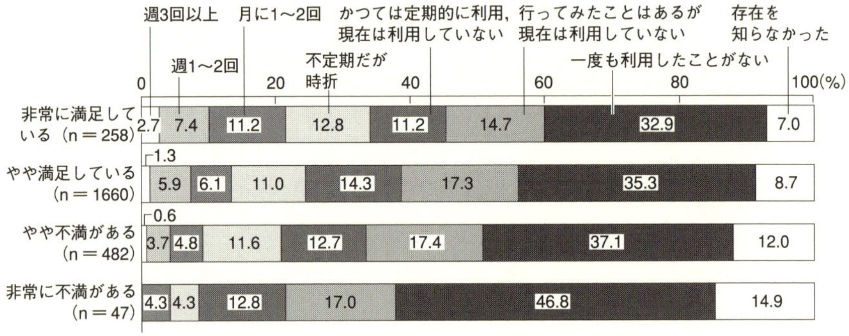

図 15.5　母親の自分の子育てへの満足度別つどいの広場や子育てサロンの利用状況

出典：こども未来財団『平成18年度子育てに関する意識調査報告書』2007.2

の多様化は隔世の感がある。しかし，全国どこでも利用できるほど普及しているわけではなく，一方，設置運営側が期待したほど利用者数がのびていないサービスもある。

図 15.4 は，こども未来財団が調査した「つどいの広場」や「子育てサロン」の利用経験である。子育てサロンとは都道府県の事業で，3 歳未満の乳幼児を対象に，既存の施設（社会福祉法人，NPO 法人，学校法人等施設）に相談や集いを提供することに都道府県と地方自治体が各 2 分の 1 を助成したり，専任の相談員を配置したりするものである。

図によると，専業主婦は利用割合が高いが，それでも月 1 回以上利用する者は 20 %，5 人に 1 人しかいない。就労しているとさらに利用頻度が下がり，月 1 回以上利用する者は 10 %に満たない。男性はさらに利用頻度が低く，約半数がこれまでに一度も利用したことがないばかりか，3 割がその存在さえ知らない。

注目されるのは，**図 15.5** にみられるように，子育てに非常に満足している者で一度でも利用したのは 60.0 %，子育てに非常に不満がある者の利用は 38.3 %と，満足している者ほどつどいの広場や子育てサロンの利用率が高い。子育てのウェルビーイング（well-being・心理的福利）と利用率は相互に関連しているようである[8)]。利用率を上げる試みによって，保護者のゆとりや安定感，心理的福利（ないし幸せ感・満足感）をもたらすネットワークの形成や「場」づくりが促進されるだろう。

つどいの広場や子育てサロンは新規事業であるし，主に就労していない母親が対象になっている。それより古い事業で，緊急時のニーズも高いファミリーサポートセンターでさえ，「知らない」が過半である（**図 15.6**）。ファミリーサポートセンターは 2007 年現在，全国に 480 カ所設置されており，この 13 年で飛躍的に拡充し，シッター業や託児業など，民間業者の営業を妨害しているとさえいわれているにもかかわらず，認知度は高くないのである。

より包括的に，各種子育て支援サービス・制度の利用状況をみると（**図 15.7**），図中にあげられた 10 の公的子育て支援のどれも利用していない者が 45.0%と約半数に達する。就労の有無にかかわらず，誰もが利用できる「場」を提供することを目指した「子育て支援センター」でさえ，利用経験率は 2 割を切っている。

さまざまな育児支援を行っても，知られていなかったり，利用されなかったりしている。この認知度や利用率を上げることは，就労者にも非就労者にも大きな支援につながるはずだ。就労者にとっては，保育所と仕事と家庭のトライアングルではなく，子育て仲間や地域社会の人びととつながる機会をもたらすだろう。また有職でない親は育児負担感や閉塞感をやわらげ，育児の共有感をもたらすだろう。それは「少子化対策」では届かなかった育児支援といえる。

準市場型・公設民営型の落とし穴

第二点目に，準市場型の落とし穴に自覚的でなければならない。準市

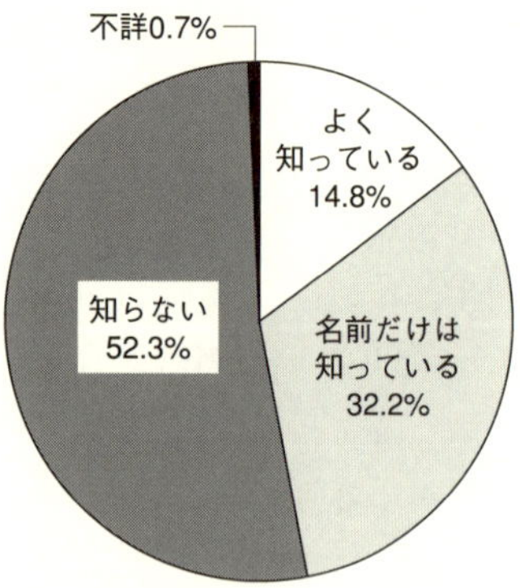

図 15.6　ファミリーサポートセンターの認知状況

出典：厚生労働省『平成18年地域児童福祉事業等調査結果の概況』

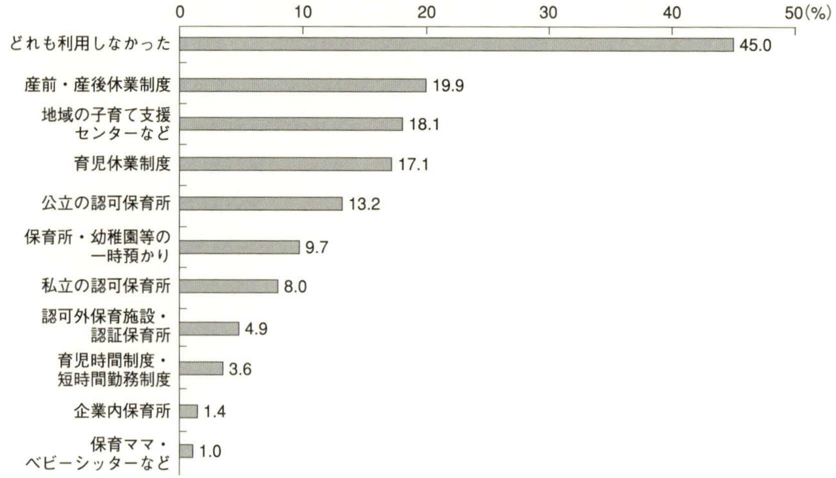

図 15.7　各種子育て支援サービス・制度の利用状況

注：1歳以上の子どもをもつ初婚同士夫婦
出典：厚生労働省審議会資料（第13回「出生動向調査基本調査」夫婦調査より）

場型として，保育園の公設民営化が進み，政府はますます市場型への誘導を図っている。「待機児童ゼロ作戦」で，保育所の設置数増大，定員増大に貢献しているのは私立であって，公立はむしろ統廃合されて保育所数を減らしたり，定員が減員になったりしている。

国が保育所運営費を負担することは，児童福祉法に基づく法定負担のはずだが，「三位一体」「骨太の方針」「規制緩和」というかけ声の下，国庫負担金が廃止されて，地方自治体の一般財源で行うこととなった(同時に地方交付税も減額となった)。また東京都の認証保育所の施策は，企業参入を呼び込むと同時に経営努力を保育所に求めるものでもある。

内閣府による保育のコスト面に関する調査研究報告書『保育サービス市場の現状と課題―「保育サービス価格に関する研究会」報告書―』(内閣府国民生活局物価政策課，2003）によると，公立保育所は私立より 2〜3 割運営費コストが大きいと報告されている。保育所設置，保育士の能力の点では私立を上まわるとされるが，サービスの拡充では私立に劣っているという。

それでは，民間に運営委託して公設民営とし，コスト減を図るにはどのような手法があるのか。それは，①給与水準の低い若い保育士に置き換える，②非常勤職員割合を増やす，③給食を外注する，④延長保育，一時保育等，自由契約部分で収入増を図る，⑤施設面積，職員基準等を最低基準に落とす（入所数を弾力的に最大限受け入れる)，といった方法にならざるをえないだろう。近年，保育所の民営化に保護者から反対運動が起こるのは，こうした事情が理由である。

保育サービスにはコストがどうしてもかかる。国が算出したコスト負担でみると，保育所全体のコストのうち公費負担は 6 割，とくに 0 歳児は 8 割が公費支出となっている（2008 年 11 月 21 日，第 18 回社会保障審議会少子化対策特別部会資料，2008 度保育所運営費負担金予算（案）額を基に算出)。しかし，これは国の基準額を基に試算されたもので，実際の利用者負担額は各自治体の裁量であるため，現実にはかなりの部分を自治体が負担している。

図 15.8 に，東京都板橋区が公開している一人当たりの保育コストを示した。「区の保育料」は，保護者負担額の最高額を指しているから，階層構造や平均所得からいって実際の保育料はこの半額〜8 割程度の家庭が多い。すると，国が定める保育料の 2〜5 割しか保護者に請求していないことになる。そればかりか，国が定める保育料で保育がまかなえるはずもなく，実際には，利用者負担は 1 割に過ぎず，区市町村が保育コストの 8 割を負担している（**図 15.9**)。

民営化・市場化路線によって，保育コスト自体を多少は減らせる可能性はあるが，コスト&ベネフィットの観点からは，保育や子育て支援は

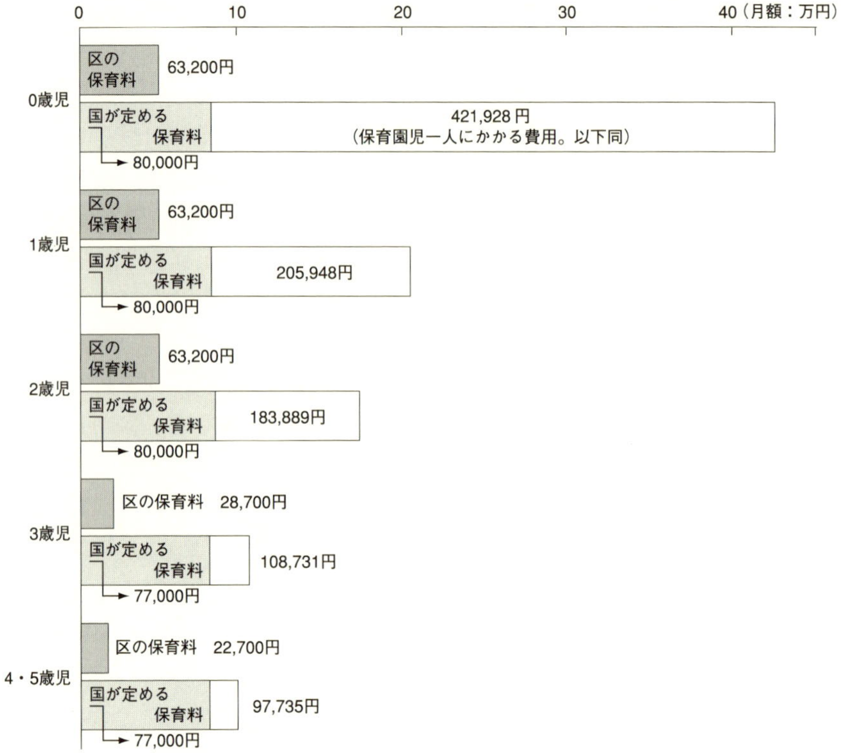

図 15.8　園児一人にかかる費用と保護者の負担額

注１：区の保育料が保護者の負担額。保育料は年齢別最高額
注２：東京都板橋区平成18年決算数値

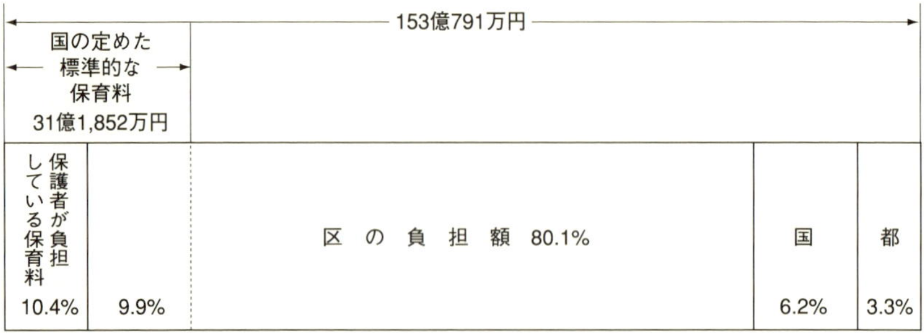

図 15.9　保育園の運営にかかる費用の負担割合（東京都板橋区）

たとえ半額が助成されたとしても，大きな利潤を生み出さず，民間企業が参入するモティベーションは非常に低い（とくに0歳児の保育は利潤を生み出さない)。非収益部門である保育・子育て支援を，消費主義・市場主義に丸投げすることはできないだろう。

助成金制度によって費用をばらまき，第三者評価という形で監視強化して運営・経営責任にはタッチしないという流れには，さまざまな経営主体（NPO法人，社会福祉法人，学校法人，有限会社，株式会社等）が自由競争できるというメリットがある一方で，保育がコマーシャリズムに絡めとられ，保育内容がよくてもコマーシャリズムに乗り遅れた保育が淘汰されてしまうという落とし穴もある。

費用負担に関する社会的コンセンサス

では，誰が子育て支援のコストをどのくらい負担したらいいのだろうか。日本ではその社会的コンセンサスが十分に得られていない。つぎにあげる事例について，読者は誰がどのように費用負担すべきと考えるだろうか。

事例①大学の学内保育施設

教職員のための保育施設を古くからもってきた大学がある。東京大学，京都大学，名古屋大学などでは，職員組合等が保育施設を私設し，その後公立や私立の認可保育所に移行した。地域に開かれた公共性の高い保育園になる一方で，措置制度であるから教職員や学生が優先的に入所できないというジレンマをもつ。ゆえに，東京大学では2008年4月に新たに学内者向けの保育施設を4園開設した。京都大学でも，教職員向けの学内保育施設が公立認可園に移行したが，それとは別に，学内者向けに新たな事業が始まった。「保育園入園待機乳児保育室」「病児保育室」「学童保育」である（科学振興調整費・女性研究者の包括的支援事業のモデル校)。年度途中に乳児が入園できない，病時に保育園に登園できない，小学校に入学すると育児支援が手薄になる，という実態に即したモデル事業だ。これらは，事業主（企業や官公庁等）の事業所内託児所と同じ位置づけで，保育サービスの受益者（教職員と学生のみ）と利用負担者（大学が福利厚生として，利用者利用料，事業所内託児所等公的助成）が明確になっている。

他方，生涯学習，大学の地域貢献などのニーズに応じて，次世代型の学内保育施設も登場している。早稲田大学が2003年に開設した地域開放型保育所は，2007年に東京都の認証保育所になり（保育企業に運営委託），一般の人が利用できると同時に学生割引があり，学内受益者と公共性を兼ね備えた施設になっている。費用は，利用者，大学，東京都が負担している。また，多くの大学で，生涯学習の受講生や，通信教育のスクーリングに際し，学内の幼稚園や保育企業への運営委託で一時保育を実施している（日本女子大学，中央大学等）。事業所内託児所の認定を受けて助成を得たり，NPO法人を立ち上げたりして，財源も多様化している。次世代型保育施設は，財源，利用対象者，保育運営者が多様化している。読者はどのモデルが適切だと考えるだろうか。

事例②学会開催時の一時保育

専門学問分野に応じて主に年1回開催される学会は，全国各地で数日にわたって開催されるため，育児中の研究者は参加がむずかしい。しかし，近年になってようやく，学会会場で一時保育室が設置されるようになってきた[9)]。

そこで問題になるのは，学会託児に発生する経費を誰がどのくらい負担するか，ということである。それには，①受益者負担：学会は学内教室等を保育場所として提供するが，保育サービスを受ける利用者が保育料を全額支払う，②公共負担：学会は会員サービスの一貫として利用料を徴収しないで保育室を設置する（規模にもよるが10〜30万円のコストになる），③受益者負担と公共負担の按分：学会は保育室設置にともなう費用（団体保険，備品等）を中心に何割かを負担するが，受益者も相当分負担する（現実的には1時間2,000円など保育料を決めておき，収支の残額を学会が負担する等），④外部負担：こども未来財団の講演会等託児室設置支援事業，産学連携プロジェクト，企業協賛等により，外部から資金を調達する，という四つ考え方がある。

受益者負担にすると，現実的には，自助努力でシッターや一時保育を探したほうが安価になるほど高額負担になる（たとえば，子ども3人をある2日間の学会で託児依頼したら7万円余りで，交通費や宿泊費も発生する）。学会負担にすると，一部の会員だけが利益を受けるのは正当性がないとみなす考えもある。たとえば，コンサートのチケット代に託児の経費が含まれていたとしたら，あるいは，就業する者が支払う雇用保険から一部支払われる育児給付金を受け取ってばかりの人と支払ってばかりの人がいることについて，読者はどのように考えるだろうか。

事例③認可保育所

事例①②は，社会と保育の関係にも敷衍できるということにもうお気づきだろう。つまり，保育の負担を誰がどこまでどのような方式で分担するのか，ということである。ヨーロッパ型は子の養育を公共性の高いものとみなし，高い税徴収によって手厚い保育サービスが提供されている。アメリカ型では子の養育は自助努力によってまかなわれる。

出生率の維持と良質の養育は社会的責任と義務として，同時に子どもの福祉という観点から，保育の機会と費用を社会が負担していくのか。それとも産む人も産まない人もいるのだから，当事者負担が妥当なのか。現代日本では先にみたように，国から地方自治体に負担が移り，自治体格差が大きくなっている。それでも，図 15.8，15.9 にあげたように，国，都道府県，地方自治体，利用者の四者が負担を分け合っている。

今後，保育サービスの体制を改変して，行政は保育申請者が条件を満たしているかを判断するだけで，園に直接申し込む新たな保育制度に向かうか，市場原理型の直接契約制（バウチャー制）に向かうかが議論されている。直接契約制は，ポイント制度のようなもので，従来は保育指数が低かった者もポイントに自費を足して保育園と直接契約を結ぶことができるようにする。保育園は独自に料金設定し，利用者は保育園を選んで契約し，国はバウチャー券を保護者に与えるだけで保育園の整備責任や費用負担責任はない。後者の制度では応分徴収の原則に基づいて，乳児の保育料や特例保育，休日保育等は格段に値上がりするだろう。

読者は，保育は誰が負担するべきだと考えるだろうか。筆者は，現時点では，介護保険や健康保険制度，有償ボランティアネットワークのような，国全体，市民全体を巻き込んだ，互助的・共済的な保育システムをつくるのがベストだろうと考えている。

本書では，これら 3 点の課題に対峙しつつ，社会のニッチを埋め，シティズンシップに基づく社会を形成していくことが明るい未来へのチケットになると提起するが，読者はどのように考えるだろうか。

5　子育てを通して豊かになるもの（岡野晶子）

以上，本書は子育て支援の制度と現場について検討し，現状の問題点を指摘し若干の提言をしてきた。最後に，「子育て」そのものの積極的な意義とそれにふれる活動について述べておきたい。

私たちの生活の中で，子どもを育てる喜び，生命の尊さを実感する機会はどのようにもてるのであろうか。これは，それほど難しいことではないはずである。ここでは，いくつかの事例をあげたい。

国と民間が協力して子どもの体験・読書活動などを応援し，子どもの健全育成の手助けをする基金に，子ども夢基金（独立行政法人国立青少年教育振興機構）がある。キャンプなどの自然遊び，科学実験教室，芸術活動といった，いくつもの魅力的なプログラムを支援している。先日，この基金の助成を受けている活動に参加した。それは，有限会社あいね[10]が主催し，NPO 法人めだかの学校共催の食育体感ツアー（春の田植え＆ミニ菜園教室ツアー）である。不耕起農法[11]という，無農薬でのお米作りが体験できる。田んぼには，カエルやメダカ，イトミミズ，タニシ，ドジョウ，川エビなど，たくさんの生き物が生きていて，その自然循環で土が肥える。こうした生き物との共生，生命のつながり，支え合いを実感できる。

そもそも子育てとは，「文化伝承」である。「目に見えない大切なもの」をつぎの世代へ伝える歩みでもある。筆者も，育児の経験者である多くの人生の先輩たち（多くは子育てを一段落した母親たち）に，支えられてきた。また親同士の助け合いグループ，学び合いグループが，心の支えとなってきた。家庭の中で閉じこもって，一人子どもと向き合っているだけでは見つからないものがある。

こうした日常の中の「小さな喜び」を大切にする仕組みを，社会全体で支えていくことが重要だと考えるのである。実際に，親たちの支え合いの手作りの活動は，地域で少しずつではあるが広がっている[12]。

11 章では，経験の中で得られた知恵をつぎの世代へ伝えていくシステムづくりの例として，板橋区の子育て支援システムを紹介した。隣接する高齢人口の割合が多い北区（65 歳以上，23.69 %，23 区で 2 位，

2008年1月1日現在）では，高齢者が多いという強みを生かした地域づくりが行われている。具体的には，北区で子どもの遊び場をつくる会（NPO法人日本冒険遊び場づくり協会会員）の行っているプレイパークは，「自分の責任で自由に遊ぶ」をテーマに子どもが伸び伸び思いっきり遊べるよう，禁止事項をできるだけなくして自分で考え，工夫して「楽しく遊ぶ」空間を提供している。筆者も何度か参加している。月1，2回，主に日曜日，親が中心となった活動だが，高齢者も積極的に力を貸してくれており，元気な高齢者が地域を支えているということを実感させてくれる。元気な高齢者の存在，シルバーの力は，活動を継続するために必要不可欠である。

また，北区こども劇場[13]も，親子で演劇鑑賞を楽しんだり，自然遊びなど，大人も子どもも，育児を楽しもうをモットーに活動している。親が主体となって，育児から学んだ自分の経験を伝えていこうという姿勢がみられる。日常の中で気づかない，「見えないけれど，大事なこと」を知るきっかけ，仕事をもつ親，もたない親という垣根を越えた交流の場となっている。こうした元気な親たちの活動は心強い。

また，子育て支援を核とした世代間交流の場を提供する「コミュニティカフェ」も全国に誕生している。核家族化が進んだ現代社会において，子どもを通じ，出会いの場は大きく広がる。大人のみの交流は，どちらかというと，似たような興味，関心であったり，同じ社会階層との出会いが中心となるが，子どもがいると，まったく違うタイプの人との出会いがある。子どもから広がっていくネットワークというのは，また違った連体感がある。新たな出会いが，自分のこれまでの見方を大きく変えることになったり，世界が広がっていく。筆者自身は，子どもをつうじて，こうした日常の中に生活の豊かさを感じている。

その他にも，ニュージーランドの政策をモデルにした，親運営の育児グループ「プレイセンター」[14]もある。「子どもにとってもっともよい先生は親」であり，「親への教育なしに子どもによい教育はできない」という理念に基づき，子どもには遊び場を，親には子育てを学ぶ機会を提供している。そこでは，「子育てからの解放」でなく，「子育てを楽しみながら，家族が一緒に成長していく」ことをモットーにしている。

こうした子育てを楽しめる環境づくりが少しずつ進められてきている。

子育ての諸制度が整ってくることで，子どもの教育を専門家に任せるという傾向が強まる中で，親が「子育てを通して成長できた」という満足感を得られるような場の提供が必要とされているのだ。子育ては，「お金がかかる」，「自由な時間が奪われる」などというマイナスイメージが先行する。このマイナスイメージはどこから生まれるのだろうか。本当の豊かさとは何なのか。目に見えないけれど，大切なものが，日常の中には溢れているのだ。

子どもをつうじて自分の生活が豊かになるという実感がもてる社会は，すべての世代にとっても豊かな社会であろう。出産とそれに続く子育ては，一人ひとりが恵まれた「生命」に感謝するという，そんな当たり前のことに気づくチャンスを与えてくれる。日本の社会の中に，こうした温かい支え合いの関係を築く素地は十分あると感じているのは，筆者だけであろうか。

註

1）くわしくは独立行政法人日本労働研究機構欧州事務所『フランスの家族政策，両立支援政策及び出生率上昇の背景と要因』2003，内閣府経済社会総合研究所編『スウェーデン家庭生活調査』2004 を参照。

2）本書ではくわしく論じないが，同性カップル，婚外子，養子縁組，里親家庭など，家族の多様化も視野に入れ検討しなくてはならない。諸外国では，育児だけでなく，家族やパートナーシップのライフスタイルそのものを支援しているといえるだろう。たとえば，オランダ，ベルギーは，同性カップルの結婚を，異性カップルの結婚とまったく同じ法律で保障している。ノルウェー，スウェーデン，フィンランドは，異性婚と同等の同性婚を異なる法律で保障している。ドイツはその中間形態である。フランスは，異性婚も同性も利用可能な，婚姻とは異なる連帯保証制度をつくっている。イギリス，ハンガリー，ポルトガルは，内縁相当の保障を同性間にも認め，スペインは内縁の保障の一部を同性間にも認めている。ラムダ http://www.rklambda.at/および加藤秀一他編『図解雑学　ジェンダー』ナツメ社，2005, p. 175

日本では全出生児中に婚外子が占める割合は 1.93％（2002）であるが，アイスランドは 63.60％，スウェーデンは 56.00％，ノルウェーは 50.00％，デンマークは 44.90％，フランスは 44.30％，イギリスは 43.10％，アメリカは 33.96％である。ヨーロッパでいわゆる保守系といわれるイタリアでも 10.80％である（『平成 16 年版少子化白書』2004）。

3）周燕飛「保育・子育て支援制度の多様化の現状と少子化対策としての課題―東京都の取組みを例として」『季刊・社会保障研究』43(3), p. 197-210

4）石原邦雄編『妻たちの生活ストレスとサポート関係―家族・職業・ネットワーク』東京都立大学都市研究所，(1999)（復刻版，東京都立大学出版会，2001)。松田茂樹「育児ネットワークの構造と母親の Well-Being」『社会学評論』52，2001，33-49。高橋有里「乳児の母親の育児ストレス状況とその関連要因」岩手県立大学看護学部紀要 9，2007，31-41。高橋の研究ではさらに，いわゆる専業主婦および有職女性よりも，産休・育休中の母親のストレスが最も高いことが検証された。その要因の複相性については研究でも述べられているが，仕事から一時離脱している焦燥感や剝奪感，「勤務不良」とされる社会的位置づけ，期限付き休職である一時性などが推察される。

5)『平成 20 年版少子化社会白書』

6) NPO 法人フローレンスは港区の委託を受けて，施設型の病児・病後児保育室も開始した。また，コンサルタント事業（病児保育，子育て支援関連事業の広報戦略，メディア開発，中小企業の福利厚生・ワークライフバランス）も行っている。2008 年には社会貢献活動の一貫として，ひとり親家庭支援寄付会員制度を開始して，ひとり親の経済的負担軽減をはかっている。

7) NPO 法人病児保育を作る会は，働く父母が呼びかけて 2004 年から活動を開始，2005 年 11 月に NPO 法人を設立した会である。首都圏で在宅型（派遣型）の病児保育を提供するとともに，いくつかの市で緊急サポートネットワーク事業の運営協力を行っている。NPO フローレンスのサイトによれば，民間の施設型では病児・病後児保育は経営として成立しないというが，同法人がコンサルタント事業や普及活動，講演を行っていることもあり，今後，よりコストの小さい非施設型で病児・病後児保育が拡充していくだろう。

8) 本調査では論じられていないが，行政による子育て支援サービスの利用がウェルビーイングを上昇させるという因果的効果だけでなく，利用できるような時間的・精神的ゆとりがあることが，ウェルビーイングと関連しているという側面もあるだろう。

9) 1997 年 3 月，日本天文学会が保育室を設置した。それ以降，自然科学系の学会で保育室開設が試みられ，1999 年には 10 以上の学会で，2001 年には 20 学会近くが保育室を設置している。現在では，学会会場内の一時保育室設置（業者委託），近隣託児施設の団体利用，大学既存の保育施設の利用，21 世紀財団の保育サポーター派遣など紹介によるグループ保育の実施，大学周辺一時保育施設の情報提供などがある。これまでに日本天文学会を中心に前述の「学会会場に保育室設置をすすめる科学者連絡会」（加藤万里子代表）が設立されたほか，「物理学会期間中の保育室設置を考える会」「細胞生物学会に保育室をつくる会」「生物物理学会に保育室をつくる会」「獣医学会内保育室設置を進める会」などがある。学会託児は新聞でも話題になり，産経新聞 1997.4.1，日経新聞 2001.1.16（夕刊），朝日新聞 2000.9.14（夕刊），朝日新聞 2000.9.26（新潟版），読売新聞 2001.10.5 等がある。

学内保育施設と学会託児の一覧についてくわしくは白井千晶「学内保育所の状況について」『〈育児〉を契機とするクロスオーバー』若手研究者と育児ワーキンググループ編，お茶の水女子大学 21 世紀 COE プログラム　ジェンダー研究のフロンティア（F-GENS），2008，27-32。白井千晶「学会託児の現状」『〈育児〉を契機とするクロスオーバー』若手研究者と育児ワーキンググループ編，お茶の水女子大学 21 世紀 COE プログラム　ジェンダー研究のフロンティア（F-GENS），2008，39-43 を参照。

10) 有限会社あいねは，14 章でも取り上げた，相澤菜穂子先生が代表で，食育を推進する活動を行っている。「あいね」とは，a-ine という一つの稲という意味。http://www.aine-power.co.jp/ より。

11) まったく耕さない田んぼで，農薬を使わず，生き物と共生しながら，稲本来の力で育てる方法。この田んぼは，1993 年の記録的な冷夏で不作となり外国米を緊急輸入した際も，お米が収穫できたという。

12)「ｉ 子育てねっと」(http://www.i-kosodate.net/reading/library/200804.html)，「みらい子育てねっと東京」(http://www.hahaoya-club.ne.jp/tokyo/join.html)，次世代育成支援協働フォーラム in とうきょう「子育てするならわがまちで！」，とうきょう子育てねっと 2007 などを参照。

13) こども劇場は，「子どもが子どもとして生きられる社会を」をモットーに，全国各地で活動を行っている。

14)「日本プレイセンター協会」(http://www.playcentre.jp/index.html) を参照。

参考文献・資料

泉千勢・一見真理子・汐見稔幸編『世界の幼児教育・保育改革と学力』明石書店，2008

パメラ・オーバーヒューマ／ミハエラ・ウーリッチ『ヨーロッパの保育と保育者養成』大阪公立大学共同出版会，2004

藤井ニエメラみどり・高橋睦子『フィンランドの子育てと保育――安心・平等・社会の育み』明石書店，2007

山田敏『北欧福祉諸国の就学前保育』明治図書出版，2007

日本保育学会『諸外国における保育の現状と課題――日本保育学会 50 周年記念出版』世界文化社，1997

汐見稔幸編著『世界に学ぼう！ 子育て支援――デンマーク・スウェーデン・フランス・ニュージーランド・カナダ・アメリカに見る子育て環境』フレーベル館，2003

内閣府『少子化社会白書』(毎年)

こども未来財団『子育てに関する意識調査』(3 年おき)（その他こども未来財団は児童手当法に基づく児童育成事業として，企業の育児支援，ワークライフバランス，保育環境，地域の子育て支援，母子保健等について多数の調査研究をおこなっており，サイトで公開している）

東京都『子育て応援都市東京・重点戦略――社会全体で子育てを応援する東京の実現に向けて』2005

財団法人日本女性労働協会『緊急サポートネットワーク事業との連携をめざして（ファミリーサポートセンター活動状況調査結果報告書）(平成 17 年度)』

全国のファミリーサポートセンター（育児）の検索／緊急サポートネットワークの検索／保育グループの検索／ファミリーサポートセンター（介護）の検索
http://www.jaaww.or.jp/index.php（財団法人女性労働協会）

社団法人全国シルバー人材センター事業協会 http://www.zsjc.or.jp/rhx/index.jsp

21 世紀職業財団 http://www.jiwe.or.jp/

保育所／児童館／学童／乳幼児健康支援一時預かり事業（病児・病後児保育）／子育て短期支援事業（ショートステイ・トワイライトステイ）
http://www.i-kosodate.net/index.html（i-子育てネット／こども未来財団）

育児サービス・介護サービス情報　フレーフレーネット http://www.2020net.jp/（こども未来財団）保育所，児童館，学童，ファミリーサポート，認可外保育施設，ベビーシッターサービス等，育児サービスを幅広く検索できる

全国病児保育協議会加盟施設一覧
http://www.byoujihoiku.ne.jp/index.html（全国病児保育協議会）

保育・子育て支援年表

＊植山つる他編『戦後保育所の歴史』（全国社会福祉協議会，1978），河嶋静代『ベビーホテルと児童家庭問題』（法政出版，2000），橋本宏子『戦後保育所づくり運動史』（ひとなる書房，2007）などを参考に，オリジナル資料を加え，白井千晶が作成した。

年	事　柄
1840	ドイツの幼児教育者フリードリヒ・フレーベルが小学校入学前の幼児対象の学校を設立。世界初の幼児教育目的の幼稚園といわれる（「キンダーガルテン」）。（数年早く，産業革命中のイギリスで，子どもの工場労働による健康障害と死亡率の高さに対し，ロバート・オウエンが幼児のための性格形成学院を開校）。
1871	プロテスタント宣教師が横浜に亜米利加婦人教授所を設立，女子教育と幼児保育を実施（とくにアメリカ人とのいわゆる「混血児」を対象）。
1872	「学制」がしかれ，身分・性別に関わりなく初等教育が義務教育となる（当初 3 年）。
1875	京都に公立柳池小学校幼稚遊喜場できる（小学校に付設）。
1876	官立（国立）東京女子師範学校付属幼稚園創設。日本における幼稚園の始め。保母は前出のフレーベルの思想を学んだ者。
1878	東京女子師範学校で保育者養成機関が初めてできる（保姆練習科）。
1882	国は上流階級以外にも幼児教育を浸透させる目的で簡易幼稚園を奨励。公立幼稚園も増設。
1890	農繁期託児所初めて開設される。鳥取で筧雄平が，妹を保母にして農繁期の託児所を設置。以降，明治から大正にかけて農繁期託児所が全国的に私設される。同年，初めて子守学校が設置される。（私塾）新潟静修学校の経営者が妻を保育者として。子守学校は，弟妹の子守のために小学校に行けない生徒のために小学校内に設置された弟妹用の保育室。明治期には，農繁期託児所，子守学校，工場付設保育所，戦時保育所（軍人家庭，遺族用），都市貧民地区託児所が設置された。明治期以前もインフォーマルに農繁期託児所がおかれたという。
1900	**1 月 10 日**　クリスチャンの野口幽香らが，普通幼稚園に入園できない貧児救済のため，麹町の貧民街に二葉幼稚園（のちに二葉保育園）を開園。
1902	鐘紡，乳児保育所設立。
1904	日露戦争を契機として神戸市はじめ各地に出征軍人遺族のための保育所つくられる。
1909	内務省，民間社会事業に国庫補助を行う。託児所は，都市における低所得勤労者の生活不安を解消する社会施設の一環として公立で設立され，大正時代に次第に普及。幼稚園が貧困層に普及しなかったことも一因。幼保二元化。
1914	日本で初めての幼児のための絵雑誌『子供之友』婦人之友社より創刊。『婦人之友』全国に通信販売始まる。
	第 1 次世界大戦。～18 年。
1918	「デモクラシー」が流行語。保育分野でも，国家主義から新教育運動や子ども中心主義へ。
1919	大阪市で初めて公立託児所を設立。満 2 歳以上の幼児を預かる。
1922	大阪池田に「家なき保育園」が生まれ自然保育運動おこる。
1923	関東大震災。震災のため東京府東京市宗教団体等，公私の諸団体，個人託児所を設ける。
1924	東大セツルメント設立，託児事業を行う。
1925	小林宗作のリトミック運動始まる。
1926	**4 月 22 日**　幼稚園令および同施行規則。幼稚園が独立した教育機関として初めて制度化。
1927	この頃より農繁期託児所急速に増加。
1929	**10 月**　世界恐慌始まる。
1930	公立市民館，隣保館活動さかん。
1931	荏原無産者託児所生まれる。
1933	**4 月**　児童虐待防止法（47 年まで・旧法）。
1936	保育所問題研究会発足。
1937	日中戦争始まる。東京都私立幼稚園連盟の結成。

年	事柄
1938	国家総動員法公布。厚生省設置。人的資源確保のための政策積極化する。 社会事業法制定。託児所が社会事業施設の一つとして位置づけられ，経常経費の一部助成，宮内庁御下賜金，民間団体による助成などにより漸次普及。厚生省社会局労働局調べでは常設保育所 1,436 カ所（別に鉱山保育所 25 カ所，工場附設保育所 29 カ所）。託児所は低階層・生活困窮者のための社会福祉施設で保育者に資格なし。恩賜財団愛育研究所を設立。
1939	保育問題研究会のモデル保育所として戸越保育所生まれる。
1941	真珠湾攻撃。太平洋戦争始まる。～45 年。
1944	東京都幼稚園閉鎖令を出し「戦児託児所設置基準」を定める。東京市では戦時託児所を貧困者救済に事業を広げ，一般の勤労家庭の乳幼児も受託。公立戦時託児所 167，私立認可戦時託児所 270，受託児 3 万数千人。
1945	**3 月 10 日**　東京大空襲。託児所休業状態に。96 カ所の託児所を休廃止し，残留受託児と縁故疎開不能幼児 300 名を幼児疎開。
	8 月　第 2 次世界大戦終戦。**9 月**　戦災孤児等保護対策要綱決定。**10 月**　GHQ（連合軍総司令部）設置。厚生省健民局廃止，社会局復活。学童，集団疎開から帰る。**12 月**　生活困窮者緊急生活援護要綱決定・実施。東京都立託児所児童，集団疎開から帰り野外保育始まる。**12 月 17 日**　衆議院選挙法改正交付。女性参政権実現。
1946	**2 月**　生活保護基準決定，**9 月 9 日**　（旧）生活保護法公布，10 月 1 日施行。託児所は，急増した生活困窮者に対する保護施設としての託児事業とし，補助金が交付された。50 年全改定。 **4 月**　国庫補助による一時保護鑑別所・児童収容保護所を設置。厚生省社会局に援護課（児童福祉所管）設置。**5 月**　一時保護児童鑑別所を設置。**8 月**　第 90 回帝国議会に「乳幼児保育施設の整備拡充に関する建議案」提出さる。**9 月**　民生委員令公布（10 月施行）。
	2 月　愛育会日本保育研究会再発足。 **3 月 8 日**　戦前の保育問題研究会会員有志の呼びかけで児童問題懇談会。保育所拡充の民主的保育団体結成を合意。**10 月 19 日**　同元会員中心に民主保育連盟（民保連）発足。52 年 12 月解散。 **4 月**　日本保育研究会「巡回保育」を始める。
	4 月　浮浪児その他児童保護等の応急措置実施。**6 月**　ララ物資による援助はじまる。ララ（LARA; Licensed Agencies for Relief in Asia: アジア救援公認団体）提供の日本向け援助物資。南北アメリカ在住日系人主体の「日本難民救済会」を母体とする。船便ゆえ支援物資は衣類と粉ミルク中心。
1947	**3 月 31 日**　学校教育法公布，4 月 1 日施行。幼稚園が学校の一つとして制定される。**4 月 7 日**　労働基準法公布。男女同一賃金の原則，女子保護規定明文化（時間外労働の制限，休日労働・深夜業禁止，危険有害業務の制限，坑内労働禁止，産前産後休業，育児時間，生理休暇）。労働省に婦人少年局設置。**12 月 12 日**　児童福祉法公布。48 年 1 月 1 日施行。生活困窮者の保護施設としての託児事業が児童福祉施設として位置づけられ託児所が「保育所」に。法律上初めて「保育所」名称が使用される。
	3 月　生活苦等で子どもたちの家出増大し戦時の 20 倍に及ぶ。**5 月 1 日**　全日本進駐軍労働組合（全駐労）東京自由分会，婦人部中心で自由保育園発足。町内の子どもも入所，のちに認可（東京自由保育園）。（園長谷川正太郎，1945 年東京一般自由労働者組合を結成，委員長に。同年全日本進駐軍要員労働組合の副委員長になる。） **11 月 24 日**　民主保育連盟，保育施設をつくる協議会発足。
1948	年頭，保育所総数 1,476 カ所，在園乳幼児総数 135,503 人。年末，保育所数 1,787（うち社会事業法による公立 368，私立 1025，生活保護法による公立 60，私立 102，法令によらぬもの公立 0，私立 232）。 **2 月**　全国孤児一斉調査。**3 月**　厚生省児童局に母子衛生課設置。文部省「保育要領」刊。**7 月**　民生委員法公布・施行（児童委員の制度化）。少年法公布，49 年 1 月施行。**8 月**　生活保護基準改定（マーケット・バスケット方式確立）。**9 月**　労働省「育児時間を確保するため大規模な事業所にできる限り託児所を設置するよう」指導。浮浪児根絶緊急対策要綱。**11 月**　農林省農政局に生活改善課設置。**12 月**　児童福祉施設最低基準施行。制定当初は保母一人が受け持つ子どもの数 3 歳未満児 10 人 3 歳以上児 30 人。厚生省「保母養成規程」決める。
	4 月　六大都市および広島市の保育所 300 カ所に「ララ物資」給食を開始。
	7 月　日本私立幼稚園連盟，戦後第 1 回総会。

年	事　柄
	10 月 28 日　野田醬油従業員組合，経営協議会で保育所設置決定。**11 月 12 日**　東京都北区労働者クラブでは民主保育連盟の協力で，初の民主保育園・労働者クラブ保育園設立。民主保育園活動は 1950 年代に全国で約 50 カ所に広がる。
1949	**2 月**　前年から北関東，東北で少年少女の人身売買事件続出，その数 2500 人を超し世論沸く。労働省は労働基準監督の徹底を通達。 **2 月**　保育所数は全国の公・私立 2264 カ所，収容力 226,400 人。満 5 歳未満総人口の 1.9 %。
	3 月　第一回保母試験を開始。**5 月**　保育施設給食実施要綱の実施。**9 月**　厚生省，「保母指導者講習会」開催。**10 月**　文部省，「無認可幼稚園に対する処置について」発表。 **6 月**　労働組合法公布・施行。**12 月**　身体障害者福祉法公布，50 年 4 月施行。
1950	**1 月**　児童福祉施設最低基準の特例に関する省令公布・施行。**4 月**　児童保護措置費等が地方財政平衡交付金に繰り入れられる（52 年度まで）。**9 月**　厚生省「保育所運営要綱」刊。
	3 月　新制中学初の卒業生に求人なく，8 割の失業が伝えられる。**5 月 4 日**　生活保護法公布（旧法廃止。教育扶助の規定が加わる）。**8 月**　生活保護法による診療方針および診療報酬公示，同 8 月生活保護法指定医療機関担当規定公示。それまでの戦争浮浪児に代わって，家出の街頭児が拡大し全国で 4 万人と推定される。また相次ぐ炭鉱ストに家族・子どもぐるみのスト目立つ。
	4 月 10 日　自由労働者組合，新宿職業安定所に「みんなの力保育園」（テントの簡易保育所）を設置させる。日雇労働者の保育所づくり運動全国的に進む。
	6 月　朝鮮戦争始まる（～53 年），朝鮮特需。
1951	**3 月**　社会福祉事業法公布・施行，6 月より適用。**6 月**　児童福祉法改正（五次）。39 条（保育所の規定）に「保育に欠けるものを保育所に入所すること」が追加される。貧困対策の一環から家庭の階層を問わない政策に。実際には所得制限あり，昭和 20 年代の保育所は利用者の 7 ～ 8 割が旧Ａ・Ｂ階層。60 年時点で保育所入所非課税世帯の占める割合は 80.3 %。**7 月**「保育所の入所措置等の指導について」児童局長通知。「①入所児童については保育所の幼稚園化という現象が起こらぬようつとめること。②適正にして迅速な保護費の支弁に努めること，事務費の一部を事業費に流用することは避けること，費用徴収を過重に行うことを避けること。③公立保育所はすべて措置児童のみを入所させること」などを指示。**11 月**　平衡交付金に組み入れられた児童保護措置費予算不足のため全国各地で措置費不払いが起こり，全国社会福祉大会で平衡交付金制度から補助金制度に戻すことの請願を決議（52 年度予算大蔵原案において，児童保護費および生活保護費を 5 割補助〔現行 8 割〕とすることを条件に児童保護措置費を平衡交付金の枠からはずして補助金とすることが示される）。
	4 月 7 日　日教組婦人部，産休補助員獲得 100 万人署名運動。55 年 7 月 30 日に産休補助教員確保法成立。保健所における妊産婦・乳幼児の保健指導を規定。
1952	**1 月**　保育所，2 歳児 10 人につき保母 1 人となる。**3 月**　厚生省児童局編「保育指針」出版。厚生省，保育給食用脱脂粉乳の配給。
	京都府のだん王保育園，夜間保育開始，開所時間午前 7 時～夜 10 時，母子家庭，父子家庭のために（保育園開設 50 年，仏教系宗教法人による）。55 年，京都市の特殊保育事業に指定される。56 年，だん王夜間保育園開設（夜 10 時まで）・同年学童保育開始。だん王夜間保育園は，だん王保育園施設内に。**5 月**　日本子どもを守る会結成。**12 月**　民主保育連盟解散，保育問題懇談会生まれる。
1953	**2 月**　児童福祉施設最低基準に定める保育所の保母の特例に関する省令公布・施行。 **4 月**　53 年度より児童保護措置費は平衡交付金制度から補助金制度（国庫負担 8 割）となる。 **7 月**　「児童福祉法による国庫負担に関する限度およびその取り扱いの改訂について」児童局長・官房会計課長連名通知。「54 年度より定員を超えて児童を入所させることは認めない方針である」と指示。**8 月**　「保育所入所児童に要する費用の徴収基準の設定について（案）」児童局長通知（この案の内容を修正して54年 4 月より全国画一の徴収基準を設定）。**12月**　「保育所の認可等について」児童局長通知。国庫補助対象施設以外の認可は事前内議を指示。54 年度予算大蔵原案は生活保護費，児童保護措置費を 5 割補助（削減の三割分は地方交付税交付金に組み入れ）に引き下げ。同年保育所措置費徴収率 70 %により国庫負担金が不足，市町村の保育予算に大幅の赤字発生，措置費の未払いによる保育所の閉鎖，廃止が全国的に起こる。
	2 月　保育問題研究会復活。**11 月 5 日**　東京保母の会発足。56 年 7 月に全国社会福祉協議会（全社協）保育部会保母会に発展。 **6 月**　要養護児童 92,000 人，要保育児童 260,000 人（厚生省調査）。民生委員調べによる全国の「混血児」は 3,490 人。

年	事　柄
	1月26日　栃木病院の看護婦ら，結婚強制退職抗議集会。全寮制反対，通勤・結婚を認めよと要求，全医労の支援で達成。**3月9日**　東大職組婦人部，託児所要求で局長交渉。必要性は認めるが不適当と回答。**6月30日**　東大職組婦人部，近所の個人宅で初の共同保育（後のゆりかご保育園）開設。共同保育のはじめ。
1954	**4月**　保育所入所児童に要する措置費（保育料）の徴収基準を設定，全国画一に。**8月**　厚生省児童局保育課，母子福祉課と改称。
	6月　都教祖北支部婦人部総会で保育所設置決定，55年10月1日に地域の寺の協力で開所（1～4歳児・定員25人）。**10月**　旭川病院労組，全医労初の院内保育所開設，他支部へも波及。**12月2日**　都教祖北多摩支部婦人部中心の運動で三鷹市議会，保育所設置を可決，56年8月1日に市立乳児保育所開設。**12月18日**　働く母の会発足。子どもの幸福，母親の働く権利，保育所設立など決議。会員78人が63年には800人に。共同保育の運動の中心に。
	1月　社会保障費削減反対緊急社会福祉大会開催，「国庫負担8割遵守」を要求（全国社会福祉協議会）。この年，社会保障費削減反対運動さかん。この年の秋頃から個人立保育所に対する課税問題起こる。57年2月に国税庁の行政指導により解決。
	54年の親子心中件数全国で281件。
1955	**4月**　児童保護措置費事務費を「現員現給による限度設定方式」で支弁。**8月**　保育所入所児童の措置費の徴収基準改訂実施。**12月**　「保育所の措置費の適正実施について」児童局長通知。①措置費の徴収，②定員制，③入所措置，④現員現給制，⑤措置費経理事務の迅速，のそれぞれ適正な実施と，⑥行政事務監査の重点的実施等について指示。**12月**　「保育所認可等について」児童局長通知，私的契約児童が過半数を超えている施設，定員を超過している施設は，事業の停止または認可の取り消しの措置をとる可能性があることを指示。
	2月2日　国労婦人部，授乳のために職場に乳児を連れてくる女性に乳児用乗車証（生後1年間）を発効させる。**3月18日**　全電通婦人対策部，53年から託児所・授乳室を要求。札幌，仙台，広島，高松，佐世保局で託児所試行を達成，京都・金沢では授乳室設置。12月に「託児所試行5カ所の現況について」発表，職場保育所つくりの第2次運動おこる。**6月1日**　働く母の会会員中心に東京大和町保育園（認可外）開設，58年まで。**6月12日**　京都市，日雇労務女性のために無料保育所（テント張り）開設。**7月**　国際電信電話労組婦人部，新社屋に保育室（授乳室）開設させ，56年6月1日専任保母採用。58年閉鎖。**9月11日**　福島県教祖飯野支部，一日託児所実施，幼児172人，臨時保育者24人（教師・青年団員など）。10月24日に臨時町議会で保育所新設（県の補助つき）決定。**10月31日**　全医労，看護婦の通勤者調査中間報告，通勤・結婚の自由要求広がる。
	10月　東京私立保育園連盟結成。
	12月　家庭電化ブーム始まる。電気洗濯機・電気冷蔵庫・白黒テレビが「三種の神器」。
1956	**2月**　文部省「幼稚園教育要領」を定める。**11月**　初の「厚生白書」発表。
	2月　大阪市私立保育連盟結成。**3月10日**　東京社会福祉協議会（東社協）保母の会結成大会。東京保母の会も合流。**3月**　総評青婦対策部，婦人の保護規定と利用状況調査。既婚者の割合は日教組60％，全日通39％，全逓31％，国労30％，全電通27％，全医労15％。**5月**　未認可保育所を守る会結成（日本子どもを守る会提唱）。
	6月　夜間保育所（だん王保育園）京都に開設。
1957	**1月**　57年度予算大蔵原案は保育所入所児童の80％（生活保護階層9.3％，ボーダーライン階層10.7％を除き）5割補助とする。この予算は補助率8割を復元し，新規に6％の給与引き上げと年額2,000円の超過手当が予算計上されたが，徴収強化による2億円が削減され，保育所措置費予算は前年度比7500万円増の24億8351万7千円にとどまる。
	6月　（東京）保育問題研究会（東京保問研）歴史部会，『保母─その生活と歴史』発行。59年12月には同保育政策部会，『保母の生活白書』発行。
	1月　保育所予算確保の「童謡デモ」世論動かす。以後この年，全国運動。**8月31日**　日本医療労働組合協議会（日本医労協）結成，全医労，全日赤，都医協，国鉄医協など6労組加盟。**12月13日**　日赤中央病院労組婦人部，職場保育所開設。58年に森岡日赤労組，結婚の自由と保育所達成。
	この年から中卒児の集団就職始まる。下期から58年下期までなべ底不況。
1958	**1月**　保育所58年度予算大蔵原案は，行政管理庁，会計検査院の「家庭負担保育料の不適正」の指摘を理由に前年度予算に比し6億5千万円を削減し，18億円（厚生省要求予算額36億

年	事　柄
	円）に査定。これに対し各団体合同でデモ。予算は復活するが，徴収強化が削減され，前年度比4,900万円増に抑えられる。**4月10日**　学校保健法制定。就学時健康診断は，小学校入学前年に市町村教育委員会が実施，子どもの心身障害や疾病等を発見し，就学支援を行う。**7月**　厚生省「保育所措置費改善案」実施。保育所措置費単価制となり，この措置費の支弁と課税階層別徴収金基準額による費用徴収を決定。これが国と市町村との国庫負担金交付金の決裁基準となり保育行政大きく変わる。期末手当0.5カ月初めて出る。**12月**　大阪市「家庭保育実施要領」，「共同保育」を制度化する。
	9月　全国私立保育園連盟結成。
	1月　東京葛飾区青戸団地の個人宅で持ち回り共同保育開始。7月に事務所の一室で共同保育所（乳児8人）。12月7日に新設園舎開園（17人），公団住宅保育所の始まり。**4月**　東京北区に連合自治会運営で豊島こどもクラブ（初の学童保育）発足。**6月18日**　北海道大学職員組合婦人部（54年結成），職場保育所「子どもの園」開設（2005年別地に園舎建設，認可保育園に）。
1959	**1月**　国民健康保険法施行，全面改正なる。**4月15日**　最低賃金法公布，7月10日施行。**6月**　厚生省，保育所実態調査を実施。**10月**　文部省，初の「教育白書」発表。
	3月14日　全電通東京市外電話局の女性ら，職場託児所設置を要求し実力行使，子連れの母親らが職場に集まり休憩室で保育始める。60年に東京・大阪で託児所達成（全電通大阪市外支部は58年7月24日に共同託児所を発足していた）。**4月24日**　総評婦人対策部・私立保育連盟の協力で職場保育所懇談会発足，60年8月20日に「労働組合と保育所」発行。**8月15日**　働く母の会の呼びかけで公団住宅保育所連絡協議会発足。東京・関東管内12団地30人・公団との交渉・情報交換など。**9月**　炭鉱労働者救済の黒い羽根募金開始。
1960	**4月**　日本学校安全法施行（現学校健康会），保育所に適用。保母給与の実態調査まとまる，全国平均8,738円（厚生省統計調査部）。
	7月1日　東京都特別区において，家庭福祉員（保育ママ）制度開始（家庭保育室）。補助事業化は69年，児童の保育に技能経験のある有資格者が，家庭において，就労等をする保護者の子どもを保育する。東京都はこの事業を実施する市区町村に対して事業経費を補助。
	3月28日　三池炭鉱所，16保育園（園児1,300人）を強行閉鎖，三池労組などを監視する警察官の駐留所に，6月23日に三池主婦会，青空保育園開設。7月に三池の保育園を守る会発足。**8月**　三池闘争。60年1月25日に三池鉱山，三池炭鉱所をロックアウト。組合，全面無期限スト，3月17日に第二組合結成，3月28日に会社，生産再開を強行，11月1日にロックアウト解除。
1961	**2月**　「保育所への入所措置基準について」児童局長通知。全国画一の入所措置基準を設定。**3月**　厚生省，「社会福祉施設に対する労働基準法第八条の適用について」通知。保育所に労働基準法第8条13項適用。**4月**　僻地保育所設置要綱実施。季節・僻地保育所，特別保育対策事業として国庫補助の対象となる。生活保護基準改訂。マーケット・バスケット方式をやめ混合方式に。**11月29日**　児童扶養手当法公布，62年1月1日に施行。生別母子世帯（貧困母子家庭）の子どもに初年度毎月一人800円支給。
	5月　株式会社団地サービス発足。団地保育所を経営。**8月**　日本保育協会設立。東京無認可保育所保母連絡協議会結成。62年7月7日に東京無認可保育所保母労働組合結成。保育所づくり協議会発足。**12月5日**　「みどり会」（東京板橋の小山・陽光保育園合同の学童保育，4月発足）の呼びかけで，厚生省・都民局へ学童保育関係者が合同陳情。 全国各地で保母労働組合の組織化進む（東京，京都，高知等）。
1962	**4月**　産休代替保母制度実施。厚生省，3歳児の一斉検診実施。
	5月　学童保育関係者，都民生局へ助成要求，共同募金配分申請，経験交流。**7月**　東京都学童保育連絡協議会発足。中央児童福祉審議会，「児童福祉施設最低基準の改善に関する意見具申」で職員定数の改善を具申（最低基準の向上），所長1人，保母3歳未満児6人1人，3歳児20人1人，4歳以上30人1人（保母2人以上必要），調理人（雇傭人に含める），雇傭人従来通りの他，90人以上80人1人（3歳未満児20人につき調理人1人加算）と。
	4月10日　労働者クラブ保育園（東京北区）産休明けゼロ歳児保育実施（認可園で初）。67年10月に港区が東京の公立ゼロ歳児保育実施。
	10月2-3日　第一回国公立大学婦人職員全国集会。以後毎年開催。**11月6日**　全医労，国の責任で全施設に託児所をと厚生省交渉，63年4月19日に厚生省，国立病院・療養所に保育所設置決定。

年	事柄
1963	**3月**　参議院予算委員会，幼児教育の一元化について論議。「保育所認可等について」児童局長通知，保育所の適正配置その他その事業の進展を図るものとするとして定員60人以上施設（措置児童のおおむね2割以上は3歳児未満を入所させ，かつ定員のおおむね1割以上の歳児未満児の設備を設ける）を認可すること，社会福祉法人立を原則とすることなどを指示。65年7月一部改正。**5月**　厚生省，初の「児童福祉白書」発行。**6月15日**　東京・渋谷で初の公立学童保育開設。都民生局，学童保育事業費（7カ所520万円）計上，東京都内63カ所。64年4月1日に学童保育事業運営要綱実施。**7月24日**　厚生省，児童館の設置・運営に対する国庫補助制度創設。
	2月2日　東京保育所づくり協議会準備会決起集会，保育所増設，予算増額など。**4月20日**　東京都保育所労働組合結成，賃上げ，民主化，父母との連携，乳幼児集団教育など。**8月**　新日本婦人の会，「わたくしたちの保育所づくり」発行，スローガン「ポストの数ほど保育所を」。**9月**　東京都北区保育園保護者会連合会結成，都庁に保育料据え置きの請願署名1万人分提出，行政不服審査請求提出。保育料値上げ反対運動全都に拡大。**10月21日**　東京海上火災，松沼一郎に神戸支店転勤命令，共働き別居配転，妻へ退職勧告。64年2月24日に松沼さん夫妻を励まし守る会結成。65年8月2日に東京地裁に提訴，69年1月10日に和解，69年7月1日に同居達成。
	電気冷蔵庫第1次ピーク。
1964	**3月**　文部省「幼稚園教育要領」制定。**4月**　厚生省児童局，家庭児童局となる。保育所措置費基準額大幅引き上げ（とくにD2階層，3歳未満児分など）。保育所，2歳未満児8人につき保母1人となる。**5月**　「児童福祉施設最低基準」一部改正。2歳未満児8人に1人，2歳未満児9人に1人の保母となり，2歳未満，2歳児，3歳以上の3区分に。6月1日現在で厚生省は第一回要保育児童数調査。**7月1日**　母子福祉法公布・施行。**8月**　東京都，4月の階層是正措置に続き保育料引き上げを実施。保護者から不服審査が出され不払い運動起こる。行政不服審査請求10月998件。**12月**　婦人少年局，女子パートタイマーに関する調査（63年12月〜64年2月），規模10人以上女子パートタイマー2人以上使用の699事業所4,170人。労働条件，社会保障関係など。
	5月17日　日本子どもを守る会，『子ども白書』発行，以後毎年。
	2月3日　東大病院保育室開所，東大病院職組結成以来の要求で，68年9月には独立施設に，78年4月認可。**3月17日**　住友セメントの従業員鈴木節子，「結婚したら35歳で退職」の念書を理由に解雇され，25日組合の支援で東京地裁へ地位保全の仮処分申請。66年12月20日に結婚退職制無効，憲法違反の判決。会社側控訴，68年8月に東京高裁で和解，職場復帰（2児出産後任意退職），念書・結婚退職・35歳定年を撤回させる。**6月**　岩波労組婦人部，24時間全託児の母親の育児時間を週1回，面会時間2時間30分確保。
	10月　東京オリンピック開催。米10 kg 975円。出稼ぎが社会問題化（出稼ぎ家庭32万人，「欠損家庭」126万世帯）。企業倒産戦後最高4,212件。**12月**　東京で幼稚園入園願書受付に2晩徹夜，警察出動。
1965	**4月**　保育所，2歳児8人につき保母1人となる。厚生省，全国の要保育児童数および保育所要設置数調査をまとめる。**6月22日**　ILO 123号「家庭責任をもつ婦人の雇用に関する勧告」採択。**8月**　厚生省「保育所・保育指針」発表，最低基準一部改正，3歳未満児8：1，3歳以上児30：1の2区分に。
	2月17日　東京医労連の呼びかけで，病院内保育所設置運動の第2回交流会，東京医労連保育所連絡会発足。**3月12日**　東京無認可保育所連絡協議会結成，33園加盟。**5月13日**　東京保育問題連絡会（東保連）準備会発足，「東保連ニュース」隔月発行，地域の保育協議会・各種保育団体と交流。66年1月12日に正式発足。
	4月3日　京大職組，職場保育所開設。66年9月に南部保育所開設（以後，市立認可園風の子保育園）。69年4月1日に大学敷地内に朱い実保育園認可（現在京都市公立認可保育園）。（63年女子大学院生を中心に自宅での共同保育「朱い実」開始，64年に婦人研究者連絡会，現女性研究者の会結成）。はたらく婦人の中央集会「ポストの数ほど保育所を」決議。
1966	**4月**　最低基準一部改定，3歳未満児7人につき保母1人となる。文部省が「留守家庭児童会育成事業補助要綱」による児童会育成事業を開始（学童保育は40年代から設立し始め，60年代に制度化）。都知事の保育所児童の措置権が23特別区の区長に移管される。**12月**　中央児童福祉審議会，「耐火構造建築物の保育所の場合，保育室または遊戯室を二階に設けること，またとくに厳しい制限を付して三階以上に設けることもやむを得ない」と「最低基準改正」に

年	事　柄
	ついて答申。**12 月 9 日**　厚生省，保育所緊急整備 5 カ年計画要綱案決定，67 年 4 月実施。30 万人分約 3,900 カ所の保育不足判明，5 歳児の保育園利用者 23.8 ％。
	1 月　全国私立保育園連盟，賠償責任保険を発足させる。**4 月**　全逓婦人部，女性の意識調査（回収28,938人），長く働きたい71%，仕事に誇り58%，組合活動参加40%など。東京無認可保育所連絡会，「東京無認可保育白書」を出す。**6 月 6-9 日**　日教組第 30 回定期大会，三原則（選択，有休，先任制）の育児休暇立法化を決定。署名200万人，国会動員数10回，要請ハガキなど75年達成まで継続。**12月23日**　全電通，女性400人以上の局に託児所（1 歳未満）創設。
	6 月 7 日　東京世田谷のナオミ保育園，病後児保育を始める。
	自動車保有台数 1,000 万突破，テレビ受信契約 2,000 万件突破（普及率 83.1 ％），ラジオ含め NHK 放送普及率は 89.8 ％。
1967	**3 月**　新経済社会発展計画。**10 月**　「児童福祉施設最低基準」一部改正，3 歳未満児 6 人につき保母 1 人となり，2 階以上の保育室および遊戯室を認める。
	4 月　東京都知事に美濃部亮吉当選（革新都政）。**11 月 18 日**　東京都無認可保育所協議会，美濃部都知事に助成を陳情，68 年 1 月に全国初の財政援助決定，4 月 1 日に家庭保育室実施，67 年美濃部都政，長時間保育のためパートをおくことを予算化。東京都，朝夕 2 時間ずつの特例保育（長時間保育）実施決定。
	10 月 1 日　学童保育研究集会。東京都学童保育連絡協議会（72 年全国学童保育連絡協議会に改称）主催。68 年に全国へ呼びかけ，以後毎年開催。学童保育実施状況は留守家庭児童会 35 道府県 317 カ所，東京都内学童保育所 198 カ所他。
1968	中央福祉審議会答申「当面推進すべき児童福祉対策に関する意見具申」（保育所における乳児保育対策）（0 歳児 3：1 を答申）。**4 月**　3 歳児 25 人につき保母 1 人となる。**8 月**　厚生省，小規模保育所の設置認可。「小規模保育所の設置認可等について」児童家庭局長通知。定員は 30 人以上 60 人未満とし，措置児童のおおむね 3 割以上は，3 歳未満児を入所させるものとし，かつ定員のおおむね 2 割以上の 2 歳未満児のための設備を設ける施設を小規模保育所とし，措置費は 60 人までの保育単価を適用する。ただし定員 30 人の施設は特別の単価を適用する（10 月 1 日以降認可）。**12 月**　「全国要保育児童実態調査報告」発表，乳幼児推計人口に対する要保育児童は 14.5 ％であるのに対し，入所定員は 9.5 ％で，21 万 5,800 人分足りない。
	2 月　自民党，東京都の無認可保育所への助成を憲法違反だと反論。**3 月**　東京都 68 年度予算で無認可保育所への助成措置を決定。0 歳児モデル保育所の設置。東京都の制度として保育室制度の事業を開始。保育所不足等のため要保護児童が無認可保育所に入所をよぎなくさせられている実態に鑑み，かかる児童に適切な保護を加えるために，市区町村が実施する保育室運営事業にかかる経費を東京都が補助，市区町村が助成。昼間保育室の保育時間は午後 7 時まで（夜間保育室は夜 10 時まで）。東京都・豊島区保育室事業開始，児一人 1,200 円。 電々公社（現 NTT）育児休業制度実施。**7 月 27 日**　公務員共闘婦人連絡会，ILO 100 号条約実施，111 号条約批准，0 歳児保育・保母の労働条件で関係省交渉。
	東大職員対象の「東大本郷保育園」設立，78年に大学が土地を無償貸与し社会福祉法人経営の認可保育園「たんぽぽ保育園」に，利用者の 3 分の 2 が地域住民。名古屋大学，乳児預かり所設立，69 年に共同保育所，76 年には認可保育園に（どんぐり保育園。社会福祉法人設立，大学が土地を無償貸与）。68 年に共同保育所設立，76 年に認可保育園（ひまわり保育園），現在市民 40 ％・大学関係者 60 ％。4 月東大阪蛇草保育所，長時間 2 部交代制実現。
	「婦人労働者」1,000 万人を超える。
1969	**4 月 1 日**　国の 0 歳児保育の加算分予算化（69 年度は 400 人分），厚生省 0 歳児の保育を認める（全国 33 カ所で開始）。「保育所に置ける乳児保育対策の強化について」児童家庭局長通知。原則として所得税非課税世帯である低所得階層に属している 0 歳児が 9 人以上入所しており，特別の設備を設けている施設には，保母および看護婦または保健婦を含めて，乳児 3 人につき 1 人の費用となるよう特別保育単価を適用する。国は乳幼児保育について，利用者への所得による入所制限を段階的に改める。最低基準一部改正，3 歳未満児 6：1，3 歳児 20：1，4 歳以上児 30：1。保育所の措置予算内容削減。児童手当審議会の設置。
	家庭福祉員（保育ママ）制度，東京都の補助事業となる。これを実施する市区町村に対して経費が助成される。**7 月**　大阪枚方市に市民病院医師が病児保育室開設する，団地内の市民病院分院内に枚方病児保育室，半年後市から補助が出る。自治体委託として全国で初めて。
	4 月　社団法人全国私立保育園連盟設立。

年	事　柄
	4 月　京大朱い実保育園認可。**11 月 23 日**　父母の運動により大阪でも病児保育実施。東京・世田谷にベビーホテル登場。
	小学校で女性教師過半数となる。
1970	**5 月 10 日**　家庭労働法公布，10 月 1 日施行。厚生省全国児童調査，カギッ子 483 万人と発表。
	6 月 1 日　長野県上田市，地方自治体初の育児休業制度（一部有休）実施。**12月**　東京都児童手当実施。新潟県民生部，新潟市内で夜間勤務の母子世帯のために夜間保育を始めることを決定。
	8 月 27-28 日　東京無認可保育所協議会の呼びかけで無認可保育所全国集会，関係機関に陳情，以後毎年開催。74 年 6 月 1 日には全国無認可保育所連絡協議会発足。**12 月 16 日**　中央児童福祉協議会，「緊急に実施すべき児童福祉および母子保健施策について」意見具申，事業所内保育施設に政府助成など。
	東大医科学研究所が運営委員会として無認可保育所開始「臨時授乳室ひまわり保育園」，研究所運営施設。**4 月 14-15 日**　全医労，第 1 回保育所支部（院内保育所）代表者会議。
1971	「留守家庭児童会補助事業」は 71 年度で打ち切られ，学童保育が「校庭開放事業」に統合される。**5 月 27 日**　児童手当法公布，72 年 11 月施行。
	都保育，公私格差是正，民間保育園職員の本俸を公務員給与並に引き上げ実施。
	東大教職員組合運営「駒場地区保育所」設立，72 年に都・区の補助を受けた無認可保育所として地域の子どもの受け入れ開始，03 年 4 月に NPO 法人設立（東大駒場保育の会）運営，04 年 4 月に新建物に移行，同年 9 月に認証保育所に，大学が土地建物を無償貸与，利用半数が東大関係者。日本女子大学学内保育所さくらナースリー開設，教職員の運動・資金集めにより新設幼稚園の 2 階に，以前は卒業生が自宅を開放しためぐみ保育園。
1972	妊娠中の女子国家公務員に 1 時間の時間短縮認められる。
	東京都，病休代替職員制度を実施。
	第 2 次ベビーブーム。東京の出生数 209 万人でピーク。ベビーホテル繁盛（一泊 6,000 円，日帰り 3,000 円程度）。
1973	**9 月 20 日**　厚生省が無認可保育所解消方針を決定と報道される。**10 月**　生活保護基準 5 %引き上げにともない，保育所の事業費も約 5 %引き上げ。保育所，定員151人以上施設に非常勤調理員 1 人を予算化，非常勤保母 1 施設当たり 1 日 2 時間増（60 人以下施設は 1 日 5 時間に）。
	4 月　公立保育園で産休明け保育実施（品川）。
	10 月　社団法人日本保育協会解散，社会福祉法人日本保育協会設立。**11 月 27 日**　日本医労協，厚生省看護課交渉，病院職場保育所に一部補助約束，74 年度から乳幼児 1 人月 1 万円，保母 1 人年間 4 万円など実施。
	10 月〜オイルショック。女性労働者中，既婚者 50 %超える。
1974	**1 月 1 日**　人事院規則 10-7（女子職員および年少職員の健康，安全，および福祉）の一部改正，通院休暇を産後一年まで延長，多胎妊娠産前 10 週。総理府「婦人問題総合調査報告書」にて，学童保育の制度化を提言。 厚生省医務局，「病院内保育事業の運営者補助」を実施，国立・私立・公立病院の保育施設に国庫補助。「看護婦等の人材確保の促進に関する法律」（現「看護師等の人材確保の促進に関する法律」）により看護師等の人材の確保の目的で設置され，病院内保育所運営費補助事業による地方自治体の助成が行われる。病院内保育所運営費補助事業実施要綱（02 年 4 月 1 日）により，利用対象を医師を含む職員に拡大，09年現在の院内保育運営補助事業は，医療従事者の子の福祉と，病児病後児保育の機能を併せ持つ目的とされ，規模別に年数百万円の補助がつく。「事業所内保育施設実施要項」に基づき事業所内保育所に国庫補助。78 年より児童手当基金を元に児童手当協会が事業所内保育施設の建築費用に助成，94 年より事業主が事業所内保育施設を運営する場合，その運営費（保育士の人件費等）の一部を助成する。
	無認可保育所の 4 月危機始まり，慢性化の兆し。全国男性保育者連絡会生まれる。
	世界不況，スタグフレーション。地方財政危機深刻化。
1975	**4 月**　休憩保母として 31 人〜60 人施設は 2 年計画で常勤保母 1 人を配置することに。75 年度は 10 月から 3 分の 1， 4 月からでは 6 分の 1 分。育児休業法成立，看護婦・保母も対象に。「義務教育諸学校等の女子教職員および医療施設，社会福祉施設等の看護婦，保母等の育児休業に関する法律」公布，76 年 4 月施行。措置費支弁の際 3 歳児通年制実施。
	東京都，再度区長公選制に。学童保育事業が東京都から区に移管，他，人事権や保健所等が大

年	事　柄
	幅に区移管となる。**4 月**　東京都の 74 年度保育関係予算に求人対策費 200 万円計上（75 年度は東京都私立保育園連盟に交付）。
	1 月　東京私学労組調べ「財政難で個人立幼稚園相次ぎ廃園・募集停止」。**6 月 7 日**　東京都保育問題協議会（東京保問協）結成集会，各区市町村地域保問協，保育運動団体が結集。求人対策のため園長会主催により保育園で「保母養成保育研修学校」を行う。76 年に同園父母の会による土曜午後保育開始。
	2 月　完全失業者 100 万人超える。
1976	厚生省が「都市児童健全育成事業実施要綱」により「児童育成クラブ」の設置・育成事業を開始（これが事実上の学童保育への国庫補助の始まりといわれる）。内閣広報室調査で「男は仕事，女は家庭」に同感しない者 40 %。
1977	**3 月**　児童福祉法施行令第 22 条の改正により男性保育者，法的に認められ男性保育者資格取得の道が開かれる，36 人の保父が誕生。乳児指定保育所制度創設，「0 歳児を 3 人以上保育している」，「0 歳児 1 人当たりの面積 5 ㎡」という条件を満たせば，職員配置を 3：1 にする補助制度（9 人以上 0 歳児がいれば看護婦または保健婦を配置），これ以降厚生省の指導基準として定着。**6 月**　小中学校新学習指導要領まとまる。
	九州大学病院内託児室が一般認可保育園に（杉の子保育園）。名古屋大学病院，職員娯楽室を利用して看護婦授乳所を設置（ひまわり共同保育所の認可にともない産休明け年度途中入園ができなくなったため，職組と親が病院に働きかけ），09 年に現在職組と大学による共同保育所。認可外保育園に病児保育ももつ（こすもす保育園）。
	3 月　全国消費者物価上昇率 9.2 %。保育所総数 19,716 カ所，在園乳幼児総数 1,804,541 人。
1978	児童手当基金を元に，児童手当協会が事業所内保育施設建築費用に対して助成。総理府「婦人白書」で，女子の労働人口は 2,010 万人，全労働人口の 37.4 %を占めると発表。
1979	保育施設設備の共用化について児童福祉施設のみから社会福祉施設へ対象が拡大。
	4 月　東京都，鈴木保守都政に変わる，都の保育予算大きく減少。 大阪枚方市民病院の病児保育室開設，自治体直営としては，全国初。 70 年代後半，ベビーホテル（深夜・宿泊・24 時間等の夜間を含む認可外保育所。一時保育，月極等）が都市部で増加。
1980	政府「乳幼児保育に関する基本法」試案を発表。休養保母制度創設，休養保母を 1 名ずつ配置（ローテーションの谷間を埋める要員）。ベビーホテルが参議院予算委員会で取り上げられる。70 年代末，ベビーホテルの急激な増加と子どもの死亡事故続発により，テレビ局がベビーホテル告発キャンペーンを開始，ベビーホテル問題が社会問題として浮上したため。**10 月**　厚生省がベビーホテル調査を全国の地方自治体に指示。
	津田塾大，大学院生が共同運営の学内保育施設設立・運営，さくらんぼ保育所。2000 年に大学が財政支援，民間保育サービス会社に委託。定員割れの保育所が多くなってくる。
1981	**2 月**　全国地方自治体にベビーホテル一斉点検の通知。**4 月**　ベビーホテル問題に対応するための乳児院の活用等についての通知。ベビーホテルの長期滞在児の乳児院・養護施設への措置および乳児院の短期入所措置制度の創設。**6 月**　児童福祉法の一部改正，ベビーホテル等無認可保育施設に対する報告徴収権，立ち入り調査権を設け法的権限を強化。ベビーホテル対策もあり以下の通知と制度実施。**7 月**「無認可保育施設に対する指導監督の実施について」の厚生省通知。「夜間保育の実施について」厚生省通知。**8 月**「延長保育特別対策の実施について」厚生省通知。午後 7 時までの延長保育を実施する保育所に保育単価の加算。「全国ベビーホテル実態調査」（厚生省児童家庭局調査）によれば全国のベビーホテルは 587 カ所，東京都が 1 位で 169 カ所（全国の 28.8 %，うち新宿区が 15 カ所で大久保地区に集中）。
	全国初の認可夜間保育所誕生。夜間に子どもを預けて働くことに対し育児放棄であると賛否両論。中野区では特別区で最初に夜間保育室制度を創設し，区が助成する 2，3 カ所の保育室で夜10 時までの夜間保育を実施。東京都児童福祉審議会「保育料は早急に国基準に改めるべき」と提言。
	「3 歳までは家庭で育てよ」キャンペーン広がる。
1982	保育所措置費国庫負担切り下げ始まる。労働省，ベビーホテル利用の母親の実態調査の結果発表（43 %がサービス業，25 %が母子世帯，深夜も利用する人は 35.1 %）。
	都，無認可保育所に対する指導監督要綱と「当面の指導基準」を出す。指導監督のために福祉局児童部母子福祉課無認可係が設置される。新宿区で初めて延長保育実施される。渋谷区，小平市で保育料裁判始まる。

年	事　柄
	認可保育所（公営・民営）22,682カ所，無認可保育所6,602カ所，ベビーホテル550カ所。
1983	全国夜間保育園連盟結成（認可夜間保育所8カ所，対象児202人）。同連盟はじめての調査報告書『全国夜間保育所実態調査報告書』刊行。第2回は5年後刊。全婦人労働者の68.9%が既婚者。
1984	厚生省全国母子世帯調査（83年度），5年で母子家庭が13％増加と発表。
	東京都23区，保育料大幅値上げ実施（各園で反対する署名請願運動。父母会，職員一同で保育料の条例化と区児童福祉審議会の措置に関する請願）。豊島区立保育園，19時までの延長保育実施（11園）。大阪市東淀川区に夜間保育所「あすなろ」できる。朝6時30分〜夜23時30分。現在，一時保育，病児保育，休日保育も実施。同施設で障害児保育，放課後児童健全育成事業，児童館も実施。
1985	保育予算国負担分8割から7割に10％一律削減。女子雇用労働者1500万人を超える。豊島区公立保育園で四カ月児保育開始（14園）。
1986	男女雇用機会均等法施行。保育予算国負担分7割から5割に大幅削減。
	豊島区公立保育園3カ月児受け入れる（3園）。東京に夜間保育所「しいの実保育園」誕生，夜間専門保育園として東京都で初めての認可保育園（8：00-22：15)。前身は64年4月設立長橋ベビーセンター，長橋産婦人科医院の付属施設として，0歳児定員30名で24時間保育，68年7月長橋ベビー保育園として認可，革新都政誕生により乳児保育が推進され，認可保育園として生まれ変わる。
1987	**7月31日**「子供を持つ看護婦確保経費補助事業の実施について」院内保育所整備。児童福祉施設最低基準の向上，施設長，職員の要件などの記述を簡素化。アグネス論争始まる。
1988	子ども人口（15歳以下）総人口の2割を切る。DINKS流行語となる。
1989	認可保育所の所得制限全撤廃，保育に欠ける全所得階層の乳幼児を対象に。**6月**「無認可保育施設に対する指導監督の強化について」厚生省通知。厚生省児童調査（9月調査）で父母共働きは52.1％。全国ベビーシッター協会発足。
1990	**6月**　厚生省統計情報部，前年の合計特殊出生率を発表，「1.57ショック」。**8月**　内閣内政審議室に「健やかに子どもを生み育てる環境づくりに関する関係省庁連絡会議」設置（関係14省庁を集めて発足，現行施策などに関する報告書を提示)。保育所保育指針改訂。
1991	**1月**　政策指針「健やかに子どもを生み育てる環境づくりについて」取りまとめ。「都市児童健全育成事業実施要綱」は廃止され，「放課後児童対策事業実施要綱」による放課後児童対策事業に引き継がれる。厚生省，企業依託型保育サービス事業導入へ。**5月**　児童手当法一部改正（支給対象：第2子以降，義務教育就学前まで→第1子から，3歳未満へ。支給対象拡大，支給期間縮小)。**5月15日**　育児休業法公布，92年4月施行。正式名は「育児休業，介護休業等育児又は家族介護を行う労働者の福祉に関する法律」。主に常勤の男女労働者は子が1歳に達する誕生日の前日まで休業することができる。休業期間は給付金が支払われる。厚生省，育児休業法の実施にともなう保育所 入所基準緩和を決める。
	東京都において既存の昼間保育所を利用した夜間延長型保育制度が創設される。定員割れが生じている認可保育所の空床を利用して，午後10時まで15人程度の子どもを預かる方式。豊島区，短期特例保育（保育室も含む)，在宅福祉サービス開始（民間)。佐賀唐津市に日本初の医師会立保育園できる，当該地区内医療機関に勤務する看護職員等の乳幼児対象。
1992	国家公務員週休2日制学校5日制。**7月**　厚生省，ベビーホテル・ベビーシッターなど児童関連サービス実施調査公表。
1993	**2月**　厚生省「保育問題検討会」設置。措置制度をめぐって意見が対立。自治労・保育運動団体は措置制度の維持，厚生省側委員は措置の対象者を一定の所得水準以下（500万円以下）の者に限定，それ以外の者は保護者と保育所との契約により保育所へ入所する制度の導入を主張。厚生省，主任児童委員の設置を決める。 総合研究開発機構（NIRA）が学童保育の制度化を提言。子供の未来21プラン研究会報告（厚生省）は学童保育の法制化を提言，厚生省が学童保育の法制化の検討を開始する。 駅型（駅前）保育所ができはじめる。
	12月　東京都，深夜保育等子育て支援策を決める。豊島区，上半期の対策補助が区議会で採択される（認可外保育室の4月危機対策)。
1994	**1月19日**　保育問題検討会報告書提出，異例の両論併記（現行の措置制度維持拡充と直接入所制度)（直接入所方式導入を厚生省は断念)。児童手当法改正。児童育成事業の創設。児童福祉サービス提供事業に対して，助成を実施（児童館整備，事業所内保育施設，駅型保育施設，

年	事　柄
	各種育児支援サービスなど)。厚生省94年度予算で児童家庭対策「エンゼルプラン・プレリュード」開始，民間主導型の保育サービスの育成・強化。財団法人「こども未来財団」が94年7月1日付けで発足，駅型保育モデル事業（民間企業）等の補助事業を厚生省から受託。児童手当制度内の既存積立金を取り崩した300億円で「こども未来基金」を設置し，厚生労働省所管の財団法人「子ども未来財団」を設立。運用益を使って民間事業へ独自の助成が開始。子育て・児童健全育成の支援を目的に，民間事業振興，調査研究，子育て家庭支援事業，育児情報提供，ボランティア活動助成等。エンゼルプラン・プレリュードにおけるその他の新規事業はすべて児童手当が財源で（正確には，厚生保険特別会計児童手当勘定から支出）従来特別保育事業として位置づけられ，一般会計予算の財源が充当されていた延長保育や長時間保育サービス事業についても，時間延長型保育サービス事業として再編された。児童手当の財源は事業主たる企業の拠出金で，保育サービスの市場化の契機に。 労働省，ファミリーサポートセンター事業に関する通知を各都道府県に。原則として市町村に一カ所ファミリーサポートセンターをおく。通産省「家庭支援サービス分野におけるニューサービス検討委員会」設置，ベビーシッティングサービスなどをニュービジネスとして振興するための支援策。 「事業所内保育所事業」開始。乳幼児の定員が10名以上の事業所内保育施設に対し，事業主が事業所内保育施設を運営する場合，その運営費（保母の人件費等）の一部を助成。09年現在申請先は21世紀職業財団で，設置費・増築費の2分の1が助成（限度額それぞれ2,300万円），1職員に1年30万円等。運営費助成は「通常型」10人～14で年間380万円，「時間延長型」(11時間以上）10人～14で年間505万円，「深夜延長型」(時間延長型で，22～5時の間に運営される時間がある）10人～14で年間533万円，「体調不調児対応型」(安静室を設け，看護師をおく）上限に165万加算等で，助成は5年まで。 「在宅保育サービス援助事業」開始。企業があらかじめ登録されたベビーシッター会社と契約を結び，事業員向けの在宅保育サービスを提供する場合に，国がその利用料の一部を助成，02年に「ベビーシッター育児支援事業」に。 **12月16日**「今後の子育て支援のための施策の基本的方向について」(エンゼルプラン）文部省，厚生相，労働省，建設省発表，95年度より開始。「緊急保育対策5カ年事業」が12月18日に発表される。「産休，育休明け入所対策モデル事業」，「低年齢児保育促進事業」，「開所時間延長促進事業」，「一時保育事業」など。病児・病後児保育〈乳幼児健康支援ディサービス事業〉，放課後児童対策などが唱われる。95年度より。厚生省，駅型保育所4カ所の設置を決める。
1995	「緊急保育対策5カ年事業」当年度より5カ年。低年齢児保育の促進，開所時間延長の促進，多機能保育所の整備等について公費約250億円，数値目標設定。**4月**　育児休業給付（賃金の25％）支給開始。**6月**「児童計画策定指針について（地方版エンゼルプラン)」を通知（厚生省から自治体に通知，各自治体における計画策定を求める)。「夜間保育所の設置認可等について」厚生省通知。**7月**「特別保育事業の実施について」「時間延長型保育サービス事業実施要綱」。
	10月23日　東京都，「一時保育・特定保育等事業実施要綱」発表，一時保育・特定保育の条件を定め，市区町村に実施促進を義務づけるとともに，都の補助を始める。東京都，高齢人口が年少人口を上回る。
1996	**3月27日**「保育所入所手続き等に関する運用改善等について」(児発第27/5号)，「保育所への保育の実施を定員を超えて行うことについては，母親の産休期間の満了等の理由により年度の途中で緊急に保育の実施が必要となった児童に限り，これを認めてきたところであるが，就労形態等が多様化してきていることにかんがみ，当該理由を問わず，年度途中に定員を超えて保育の実施を行っても差し支えないこととする」。
1997	週40時間労働制（エンゼルプラン)。**6月**「児童福祉法等の一部改正に関する法律」が成立，保育所が契約施設となり，保育料の費用徴収階層が簡略化，98年にはこれまで徴収されなかった所得税非課税世帯に対する保育料の徴収がされるように。措置から利用者との契約による直接入所に（自由選択制)，コストに応じた保育料に。自治体による情報提供が義務づけられる。学童保育が「放課後児童健全育成事業」として法制化される。児童家庭センターが児童家庭支援センターとなる，98年4月／施行。
	東京都の保育室の運営基準および助成の改変（良質の保育室にして助成を手厚く)。**7月**　横浜市で独自の事業，横浜保育室事業を開始，3歳未満児対象で基準を満たした認可外保育施設を「横浜保育室」として認定，保育室と利用者に助成する。横浜市児童福祉審議会「認可保育所の整備を積極的に進める一方で，緊急的な対応策として，認可保育所に限らず認可外保育施設をも視野に入れていくことが市民のニーズに応えるために必要」との答申により，5月に

年	事　柄
	「横浜市緊急保育計画」を策定。08年4月1日現在，128施設，定員4,123名（認可市立保育所は106施設9,017名，認可私立保育所296施設26,565名。その他一般認可外施設，家庭福祉員，ベビーホテル計1,258名在籍）。
1998	**2月13日**　「保育所への入所の円滑化」（児発第73号），「市町村において待機児の状況がある場合に，当分の間」最低基準を下回らないことを条件に年度当初においては認可定員の15％，年度途中においては25％まで入所ができるよう入所定員の弾力化を実施（01年3月にさらに25％枠を撤廃）。**2月18日**　「保育所における短時間勤務の保母導入について」（児発第85号），「最低基準上の定数の一部に短時間勤務（一日6時間未満または月20日未満勤務）の保母を当てても差し支えない」，「常勤の保母の総数が，最低基準の定数の8割以上」と最低基準の運用を通知で変更（さらに01年3月に年度途中の入所について短時間保育士での対応を許可）。**2月18日**　「保育所における調理業務の委託について」（児発第86号），「保育所本来の事業の円滑な運営を阻害しない限りにおいて…調理業務の委託を認める」，「施設内の調理室を使用して調理させる」。**3月10日**　文部・厚生両局長「幼稚園と保育所の施設の共用化等に関する指針について」（文初幼第476号・児発第130号），「幼稚園及び保育所について，保育上支障のない限り，その施設及び設備について相互に共用することができる。」，「（基準面積と職員の数については）それぞれ幼稚園設置基準，児童福祉施設最低基準により算定するものとする。」 **4月**　児童福祉法改正による保育所入所方法の見直し（エンゼルプラン），改正児童福祉法施行（以下3点を柱とする児童家庭福祉制度の見直し）。①保育制度の見直し（保護者の保育所選択を可能に，保育料負担方法の見直し，放課後児童健全育成事業の法制化など），②児童自立支援施策の充実（児童家庭センターなど相談・支援施設の活動強化など），③母子家庭支援策の見直し（母親の雇用促進を中心とした施策の実施）など。**4月1日**　児童福祉施設最低基準の一部改正・0歳児と保育士の配置が3：1に変更される。乳児指定保育所制度は廃止（0歳児保育室面積は実質的に5㎡から3.3㎡に引き下げ），「調理業務のすべてを委託する施設にあっては調理員を置かないことができる」。**4月1日**　学童保育は児童福祉法と社会福祉事業法に基づく第二種社会福祉事業に位置づけられ施行される。**4月9日**　「保育所分園の設置運営について」（児発第302号）本園から30分以内であれば分園を設置することができる。本園との一体的な運営をするため，分園には嘱託医，調理員はおかなくてもいい。総務庁，乳児・夜間保育等で厚生省に是正勧告。延長保育特別対策事業が延長保育促進基盤整備事業に移行，補助事業から保育所の自主事業へ（利用者負担増によるサービス展開に道を開く）。夜間保育を開所時間がおおむね午前11時から午後10時までの11時間とする方針。新エンゼルプランをふまえた特別保育事業実施要綱が実施に移され，延長保育促進事業及び長時間延長保育促進基盤整備事業が本格的に進む。
	12月14日　品川区，夜間保育実施へ，3園で夜10時まで，4月から1時間400円で。
1999	**3月**　厚生省全国福祉主管課長会議，定員の弾力化，分園方式，待機児童解消計画など。**4月1日**　男女雇用機会均等法の大幅な改正，同日児童福祉法施行令施行，「保母」から「保育士」へ名称変更（それまでは男性「保母」は通称として「保父」と呼ばれていた）。01年の児童福祉法改正で名称独占資格となる。**5月**　厚生省，子育てマップ公表，一保育所待機児童4万人。**8月**　厚生省は保育所の認可を社会福祉法人や財団法人に限定していた従来の要件を緩和し，民間企業の参入を認める方針，認可設置主体の制度撤廃，定員の弾力化。**10月**　少子化対策臨時特別交付金，6割が保育所整備。**12月17日**　少子化対策推進関係閣僚会議「少子化対策推進基本方針」発表（「有識者会議」の提言の趣旨をふまえ，政府が中長期的に進めるべき総合的な少子化対策の指針として策定）。**12月19日**　「重点的に推進すべき少子化対策の具体的実施計画について」（「新エンゼルプラン」）00〜04年度。ファミリーサポートセンター事業等。エンゼルプランの5年間の目標に対する実績は，低年齢児枠拡大94%，延長保育73%，病後児保育22%，学童クラブ93%，地域子育てセンター33%，一時保育23%，多機能保育所93%。
	東京都，財政危機により「財政再建プラン」。
	学校給食の外部委託の実施。認可保育所（公営・民営）22,401カ所，無認可保育所9,691カ所，ベビーホテル727カ所。
2000	**3月30日**　「保育所の設置認可等について」（児発第295号），一定の条件のもと企業やNPO，個人が認可園を運営できることに（それまでは原則として公立か社会福祉法人のみ）。「保育所運営費の経理等について」（児発第299号），一定の条件のもと保育所運営費の一部を人件費積立預金，修繕積立預金，備品等購入積立預金にすることが可能に（それまでは運営費は単年度内で児童の待遇に関することで使用することが原則）。「不動産の貸与を受けて設置する保育所の認可について」（児発第297号），「建物の賃貸借期間が賃貸借契約において10年以上とされている場合」，「1年間の賃借料に相当する額と1千万円を保有していること」などを条件に賃

年	事　柄
	貸借契約での認可園運営が可能に（それまでは公有地などの借地のみが認められていた）。国が家庭的保育事業を立ち上げる。低年齢児の保育需要の増大に対し，応急的入所待機対策として，保育者の居宅で，保育所または児童入所施設と連携を図りながら少人数の低年齢児の保育を行う事業。国から家庭福祉員（保育ママ）に助成。家庭福祉員が雇用する補助員に自治体が助成をする例もある。05 年度からは連携保育所との関係強化のため一体的保育所実施型で事業を実施。06 年度からは「保育所実施型家庭的保育事業」および「病後児保育モデル事業」を実施。**6 月**　改正児童手当法施行（支給対象を義務教育就学前まで延長）。**8 月**「児童福祉施設最低基準等の一部を改正する省令」（厚生省令第 112 号）保護者からの苦情を受け付ける窓口の設置が義務付け。**11 月**「健やか親子 21 検討会報告書：母子保健の 2010 年までの国民運動計画」公表。**12 月**　政府・行政改革推進本部規制改革委員会「規制改革についての見解」を決定。PFI 契約による民間委託の推進，短時間勤務保育士枠の拡大，直接入所方式導入の検討，バウチャー方式（利用料の直接補助方式）導入の検討，第三者評価制度の検討，夜間保育，休日保育の推進などを提言（「規制改革 3 カ年計画」3 月 30 日に閣議決定）。
2001	**3 月 30 日**「待機児童解消に向けた児童福祉施設最低基準に係る留意事項等について」（雇児保第 11 号），屋外遊戯場に代わるべき公園，広場，寺社境内等が近隣にあれば，必ずしも保育所と隣接する必要はない，年度後半においては「定員の 125 %まで受け入れられる」という入所定員の弾力化の枠を撤廃（最低基準の範囲内ならば何人でも受け入れる）。「保育所における短時間勤務の保育士の導入について」の一部改正について（雇児発第 218 号），「年度途中の児童の入退所に伴い最低基準上定数増となる保育士については，短時間勤務の保育士であっても差し支えない。」
	6 月 19 日「男女共同参画会議（仕事と子育ての両立支援策に関する専門調査会）」の答申，「仕事と子育ての両立支援策の方針について」，7 月 7 日閣議決定。「待機児童ゼロ作戦―最小のコストで最良・最大のサービスを―」法人立保育所，保育ママ事業などの民間活力を導入。公立保育園を株式会社に運営委託することが可能に。①潜在を含めた待機児童を解消するため，待機児童の多い都市を中心に，02 年度中に 5 万人，04 年度までに 10 万人，計 15 万人の受け入れ児童数の増大を図る。施設の運営は民間を極力活用し，最小コストでの実現を図る。②新設保育所については，学校の空き教室等の既存の公的施設や民間施設を活用して社会福祉法人，企業，ＮＰＯ等をはじめ民営で行うことを基本とする。③定員の弾力化や設置基準の緩和を行う，④現在 17 %の公営保育所における延長保育の民営なみ（62 %）の実施，一時保育，休日保育等多様なサービスの実施の倍増以上をめざす。⑤ｉ-子育てネット等を活用し，提供される保育サービスに関する内容・第三者評価や各種子育て支援情報を提供する。小泉政権発足。構造改革，規制緩和，民営化路線。**7 月 24 日**　総合規制改革会議。「重点 6 分野に関する中間とりまとめ」，①国の設置基準等に，地方公共団体が合理的でない基準を上乗せすることのないよう，すでに実施された規制緩和措置については，地方公共団体に対し，早期かつ逐次，周知徹底を図るべき，②当該民間企業が効率的な経営の結果として得た剰余金の使用に関し，積立金の扱いを見直すなど会計処理の柔軟化を進めるべき，③一定の基準を満たす認可外保育所については，法律上，明確な位置づけを与え，これらに対する指導監督制度（たとえば横浜保育室等）を導入するとともに，これらの認可外保育所に対する施設整備費補助について直ちに検討し，長期的には認可保育所も含めた利用者への直接補助について検討するべきである，④現行法令を適切に運用し，経営主体にかかわらず，保育所の情報公開義務を適切に果たさせるべき，第三者評価を促進する仕組みを整備するべき，⑤保育所と幼稚園等の教育施設とが施設の共用化（文部省・厚生省による平成10年の指針）を促進し，運営や施設利用の面で一層連携を深める必要がある。
	東京都が認証保育所を制度化。
	東北大の大学病院内に，病後時保育室「星の子ルーム」開設。大学病院教員・大学院生等の団体と看護部が協同して。大学内の病児保育施設として全国初。「文部科学省科学技術振興調整費女性研究者支援モデル育成」事業により，病後児保育施設として全学の職員・学生が利用可能に。
2002	**4 月 1 日**　院内保育，「病院内保育所運営費補助事業実施要綱」が施行され，「子供を持つ看護婦確保経費補助事業の実施について（87 年 7 月 31 日）」は廃止。94 年の「在宅保育サービス援助事業」が「ベビーシッター育児支援事業」として開始。事業主等の福利厚生としてベビーシッターサービスの利用 1 日につき 1,700 円（08 年 4 月 1,500 円より改定）の利用料金の割引が受けられるベビーシッター育児支援割引券（又は延長保育従事保育士割引券）が発行される。**9 月 20 日**「少子化対策プラスワン」厚生労働省発表。「子育てと仕事の両立支援」が中心であった従前の対策に加え，「男性を含めた働き方の見直し」など 4 つの柱に沿った対策を総合的かつ計画的に推進。**11 月 22 日**「母子及び寡婦福祉法等の改正」成立，03 年 4 月 1 日

年	事　柄
	施行。子育て短期支援（ショートステイ，トワイライトステイ）事業の法定化，母子家庭の保育所の優先入所，就労支援事業，母子家庭自立支援給付金事業，養育費確保の推進，児童扶養手当制度の見直し，国および地方公共団体における総合的な自立支援体制の整備。東京都，福祉改革，サービスを自ら選択。豊島区，区立保育園の民営化を検討。
	10 月　お茶の水女子大，学内にお茶の水女子大保育施設いずみ保育所開設，05 年 4 月にお茶の水女子大学いずみナーサリーに，学生・教職員対象，時間外は同大学生をシッター紹介。
2003	幼稚園での預かり保育事業開始。国の規制緩和により，保育所に企業の参入を認める。市町村地域子育て支援推進強化事業の実施。**7 月**　少子化社会対策基本法成立，9 月施行。次世代育成支援対策推進法および児童福祉法改正法成立。
	4 月 7 日　早稲田大学が地域開放型保育所「ナーサリー早稲田」設置，学生割引あり，07 年 2 月 1 日に移転新築して東京都認証保育所「ポピンズナーサリー早稲田」として設置。 出生数 112 万人。東京都，出生率 1.0 を割り，全国最低。認証保育所，都内 154 カ所に。都内認可保育所では定員割れも。
2004	小泉政権下の地方財政の「三位一体改革」で，公立保育所運営費の国庫負担金が一般財源化。使途が決められていた国庫負担金が廃止され，地方自治体の裁量で使える地方交付税に切り替え，同時に地方交付税も減額。財政の厳しい地方自治体では，コスト削減，民間に移管，民営化，公立保育所の統廃合，保育料引き上げなどの対応をとることに。双生児家庭育児支援事業開始，事業主に雇用されている社会保険加入者が対象，ベビーシッター割引券が発行される。産前産後育児支援事業開始，事業主に雇用されている社会保険加入者が対象，ベビーシッター割引券が発行される。育児支援家庭訪問事業，子育て支援総合推進モデル市町村事業，子育て支援総合推進モデル都道府県事業の実施。**4 月**　児童虐待防止法改正，10月 1 日施行。①児小泉政権下の地方財政の「三位一体改革」で，公立保育所運営費の国庫負担金が一般財源化。使途が決められていた国庫負担金が廃止され，地方自治体の裁量で使える地方交付税に切り替え，同時に地方交付税も減額。財政の厳しい地方自治体では，コスト削減，民間に移管，民営化，公立保育所の統廃合，保育料引き上げなどの対応をとることに。双生児家庭育児支援事業開始，事業主に雇用されている社会保険加入者が対象，ベビーシッター割引券が発行される。産前産後育児支援事業開始，事業主に雇用されている社会保険加入者が対象，ベビーシッター割引券が発行される。育児支援家庭訪問事業，子育て支援総合推進モデル市町村事業，子育て支援総合推進モデル都道府県事業の実施。**4 月**　児童虐待防止法改正，10月 1 日施行。①児童虐待の定義の見直し，②国および地方公共団体の責務の改正，③児童虐待に係る通告義務の拡大，④警察署長に対する援助要請等，⑤面会・通信制限規定の整備，⑥児童虐待を受けた子ども等に対する学業の遅れに対する支援，進学・就職の際の支援等に関する規定の整備。**11 月 26 日**　児童福祉法の改正，12 月 3 日施行。乳児院に幼児が，児童養護施設に乳児が入所可能となる，中核市程度の人口規模の市も，児童相談所の設置が可能になる。**12 月**　育児休業を現行の最長 1 年から 1 年 6 カ月に延長する改正育児•介護休業法が成立，4 月に施行。給付金も 1 歳 6 カ月まで。公務員は 3 年間取得可能。期間雇用者も適用範囲に。小学校就学前の子を養育する労働者は 1 年に 5 日まで子の看護休暇を取得できることが盛り込まれる。
	群馬県吾妻郡六合村，幼保一元化。過疎により。
	6 月　「1.29ショック」。03年の合計特殊出生率が1.29と02年の1.32を下回り過去最低を更新。
2005	**4 月 1 日**　次世代育成支援対策推進法施行（10 年間の時限立法）。**4 月 1 日**　児童福祉法一部改正施行（少子化対策，子育て支援のため），市町村は，子育て支援事業につとめること。**4 月**　厚生労働省・文部科学省，総合施設モデル園（幼保一体施設）全国 36 カ所発表。食育基本法の制定，国・地方公共団体は，家庭・学校，保育所等における食育を推進する施策を講ずる。06 年 3 月「食育推進基本計画」緊急サポートネットワーク事業の実施。
	東京都，保育室は都の補助 2 分の 1 削減案，都内保育園定員割れにより統合再編実施。
2006	4 月時点での保育所の状況，保育所数 22,699 カ所（公立：11,848，私立：10,851），定員 2,079,406 人，利用児童数 2,003,610 人。「就学前の子どもに関する教育，保育等の総合的な提供の推進に関する法律」（いわゆる認定こども園法）の公布，**10 月 1 日**　幼保一元化のための施設として認定こども園制度開始。保育園，幼稚園で要件を満たす施設は都道府県知事の認可を受けることができる。
	4 月　島根大学医学部付属病院内に院内保育所設置（うさぎ保育所）。大学職員・医学部在籍学生も利用可能。**12 月**　筑波大学が職員向け「ゆりのき保育所」開設，21 世紀財団助成。
2007	**5 月 31 日**　「緊急医師確保対策」医師養成促進，労働環境整備，院内保育所財政援助等。厚生

年	事　柄
	労働省は「保育所保育指針」改定検討会で「保育計画」を「保育課程」と改める。学校教育法の改正，特別支援教育の開始。**10 月**　「家庭的保育」（保育ママ）の全国的な組織として NPO 法人「家庭的保育全国連絡協議会」が設立。**11 月**　政府は「子どもと家族を応援する日本」重点戦略検討会議の基本戦略分科会の最終報告をとりまとめる。**12 月 18 日**「仕事と生活の調和（ワーク・ライフ・バランス）憲章」，「仕事と生活の調和のための行動指針」。**12 月 21 日**「保育所保育指針の改定について」。**12 月 25 日**規制改革会議・第 2 次答申。
	東京都の保育所，認可保育所 1,673 カ所（定員 164,807 人）に対し，認証保育所 367 カ所（定員 11,130 人）に。**8 月**　東京都児童福祉審議会専門部会で家庭的保育制度に関して集中討議。
	4 月　京都大学が京都大学医学部附属病院内に「京都大学女性研究者支援センター病児保育室」を開設，女性の京都大学教職員・学生の子どもが，病中・病後のため幼稚園・保育園・学校へ登園・登校できない時，親が仕事や研究を休むことなく，子どもの保育ができる環境を提供する。科学技術振興調整費「女性研究者の包括的支援事業」の一貫として。
2008	**2 月**　「新待機児童ゼロ作戦」の策定・公表，17 年までに未就学児の保育サービスの利用者数を現在約 200 万人から約 300 万人にする目標を設定。**3 月**　「規制改革推進のための 3 か年計画（改定）」閣議決定。**4 月**　大阪大，自主運営方式保育園を大学設置運営母体となり，たけのこ保育園，まきば保育園へ，NPO 法人運営。**5 月**　「次世代育成支援のための新たな制度体系の検討に向けた基本的考え方」を取りまとめ。**11 月**　改正児童福祉法成立，保育ママ制度化，児童虐待対策強化，養育里親制度化，こんにちは赤ちゃん事業制度化。08 年度の育休取得率，女性 90.6 %，男性 1.2 %。
	8 月　東京都「社会的養護の下に育つ子どもたちへの専門的ケアのあり方について」
	9 月 1 日　京大女性研究者支援センターに，「保育園入園待機乳児のための保育施設」開室，京大の女子学生・女性研究者の，年度途中の出産等で保育園待機となっている乳児を預かる。
2009	**6 月 24 日**　改正育児・介護休業法成立，3 歳未満の子どもをもつ従業員を対象に短時間勤務制度の導入を企業に義務づけ，従業員が希望すれば残業を免除。共働きの両親がともに育休を取得する場合，取得期間を現行の子どもが「1 歳になるまで」から「1 歳 2 カ月まで」に延長。要介護状態の家族の世話に利用できる年 5 〜10 日の介護休暇を創設。
	全国児童相談所の児童虐待の相談対応数 44,211 件で過去最高に。
2010	児童福祉法改正，2012 年 4 月 1 日施行。①障害児の定義の見直し（精神に障害のある児童（発達障害児も含む）が加えられる），②障害児に対する身近な支援の充実（障害児施設（通所・入所）を児童発達支援センターに一元化），③放課後等デイサービス事業の創設（就学している障害児の放課後や夏休み等の居場所を確保）など。
	子ども手当の創設（中学校修了前までのすべての子どもの父母等に月額 1 万 3000 円支給）。
	1 月　子ども子育て応援プランの次期 5 カ年計画として，子ども子育て応援ビジョン閣議決定。**4 月**　認定子ども園の認定件数が 532。**5 月**　児童相談所の設置数が全国で 205 カ所に。**8 月**　児童扶養手当が父子家庭の父にも支給されるように改正。
2011	**3 月**　厚生労働省が自治体にはじめて「里親委託ガイドライン」を通知。社会的養護では里親委託を優先すべきと。

あとがき

本書の４人の著者は，社会学を専攻した研究者であるとともに，子どもを通して出会う現象に，日々悩みつつ，実践する生活者でもある。幼い子どもを預けて働くことが，めずらしくなくなったけれども，実際に子どもを預ける際には，いろいろな疑問に遭遇する。また，理想の子育て支援とは，決まった形があるものでもない。本書が，乳幼児期の保育，女性の生き方など，子育て支援のあり方ついて幅広く考えるための一助になれば幸いである。

保育の現場は，制度改革が進み，保育環境が改善されている。しかし，本書５章から７章で紹介した事例のように，この新しい流れにのることができず，消えていく数多くの事例があることもまた事実である。10章では，制度的には未熟だけれども，大事な視点を提示してくれる家庭福祉員（保育ママ）を取り上げた。本書をまとめようと思ったきっかけは，この第３子の保育ママの体験にあった。とくに本書の中では，決して主流とはいえない子育て支援者たちの声を多く取り上げたところに特徴がある。

また，編者２人が３人の子どもに恵まれ，仕事も続けてこられたのは，多くの周囲の支えがあったからである。本書は，これらの多くの出会いの中のごく一部の紹介である。生きているのだけれども，生かされている生命の営み，豊かな日々を与えてくれる子どもたち，そしてその子どもたちを支える子育て支援者たちに感謝したい。そして何より，理解と協力を続けている家族たち，また，「生命のつながり」を全身で示し，研究生活を支え続けてくれた亡き祖母に，感謝の言葉を伝えたい。

最後になったが，本書をまとめるにあたっては，新泉社編集部の竹内将彦氏に，ご助言また多大なご協力をいただいたことに改めてお礼を申し上げたい。

2009年８月

岡 野 晶 子

編著者紹介

白井千晶（しらい・ちあき）
1970年生まれ。早稲田大学大学院文学研究科社会学専攻博士後期課程単位取得満期退学
現在：日本学術振興会特別研究員，首都大学東京・東洋大学・早稲田大学非常勤講師
専門：家族社会学，医療社会学
著作：『変容する人生』（コロナ社，2001，共著），『不妊と男性』（青弓社，2004，共著）ほか

岡野晶子（おかの・あきこ）
1968年生まれ。早稲田大学大学院人間科学研究科博士後期課程修了
現在：東京女学館大学非常勤講師
専門：心理・社会学，福祉の視点からの人間発達論
著作：『社会学的まなざし』（新泉社，2002，共著），『社会学が拓く人間科学の地平』（五弦社，2005，共著），『社会学的問いかけ』（新泉社，2005，共著）ほか

荒井浩道（あらい・ひろみち）
1973年生まれ。早稲田大学大学院人間科学研究科博士後期課程修了
現在：駒澤大学准教授
専門：社会福祉学，ソーシャルワーク論
著作：『家族福祉論』（ミネルヴァ書房，2008，共著），『〈支援〉の社会学』（青弓社，2008，共著）ほか

杉本昌昭（すぎもと・まさあき）
1967年生まれ。早稲田大学大学院文学研究科社会学専攻博士後期課程単位取得満期退学
現在：早稲田大学客員研究員
専門：社会学・社会情報学
著作：『現代の四国遍路』（学文社，2003，共著），〔訳書〕タルコット・パーソンズ『知識社会学と思想史』（学文社，2003，共訳）ほか

子育て支援 制度と現場――よりよい支援への社会学的考察

2009年10月1日　第1版第1刷発行
2011年 6月1日　第1版第2刷発行

編著者＝白井千晶，岡野晶子
発　行＝株式会社 新 泉 社
東京都文京区本郷2-5-12
振替・00170-4-160936番　TEL 03(3815)1662／FAX 03(3815)1422
印刷・製本／創栄図書印刷

ISBN978-4-7877-0902-8　C1036